Du liebst mich, oder doch nicht?

Wie Frauen mit beziehungsängstlichen Partnern wirklich umgehen sollten

Janett Menzel

Über Janett Menzel

Janett Menzel lebt und arbeitet als Mentorin, Autorin und Fachjournalistin in Berlin.

Ebenfalls von ihr erschienen:

Über die Kunst, allein zu sein: Wie man Einsamkeit und Angst vor dem Alleinsein überwindet und sich nebenbei neu lieben lernt (2017)

Heimliche Liebe: Wie Geliebte ihre heimliche Affäre verstehen und überleben (2017)

Du liebst mich, oder doch nicht?

Wie Frauen mit beziehungsängstlichen Partnern wirklich umgehen sollten

Janett Menzel

ISBN: 198163245X
ISBN-13: 978-1981632459

Für Elsbeth.
Ich wünschte, du hättest dich anders entschieden.
Du fehlst so sehr.

*

Mit Zugang zur exklusiven Facebook - Gruppe für Beziehungsängstliche und Partnerinnen beziehungsängstlicher Menschen

*

Alle Beispiele Betroffener wurden anonymisiert und aufgrund der Wahrung ihrer Interessen streckenweise verschleiert. Etwaige Ähnlichkeiten zu Ihnen oder Ihnen bekannten Menschen sind reiner Zufall.

Dieses Buch ersetzt keine therapeutische Behandlung und/oder psychologischen Rat. Für Schaden wird keine Haftung übernommen.

INHALTSVERZEICHNIS

Danksagung

Ich danke allen Menschen, die mir offen ihre Geschichten erzählt haben, aus denen ich Rückschlüsse und wertvolle Inhalte für dieses Buch ziehen konnte.

Was du vor dem Lesen wissen solltest

„Der Mensch hat dreierlei Wege klug zu handeln: durch Nachdenken ist der edelste, durch Nachahmen der einfachste, durch Erfahrung der bitterste."

Konfuzius

Ich spreche in dem gesamten Buch aus der Perspektive eines Menschen, der beide Seiten erlebte: der ängstliche Part und der, der unter der Angst des Partners leidet. Ich unterteile das Buch daher zur besseren Abgrenzung in drei Bereiche: die Angst deines Herzenspartners und deine, die vielleicht bereits da war oder durch die Angst deines Herzenspartners ausgelöst wurde. Im dritten Teil versuche ich eine Brücke zu schlagen.

Ich beschäftige mich mit dem „Problem Beziehungsangst", in Verbindung mit Nähe-Distanz, Bindungsstilen (Bindungsangst) und vermeintlicher Beziehungsunfähigkeit, seit etlichen Jahren. Ich durfte darauf aufmerksam werden, weil ich selbst bindungsängstliche Partner hatte, die mir den Spiegel vorhielten. Ich wuchs zudem bei einer Mutter auf, die ähnliche Erziehungsstrukturen, die diese Angst fundamental ausbildet, erleben musste. So lernte auch ich weder emotionale Stabilität (Beständigkeit) noch wie eine „normale" Beziehung aussieht und gelebt wird. Wer keine Beständigkeit gelernt hat, der weiß auch nicht, wie er mit beständigen Gefühlen umgehen soll. Es ist neu und beängstigend. Nach einer Weile langweilt es und es erscheint Menschen wie mir, als gäbe es keine belebende Energie mehr in der Partnerschaft. Zwischendrin aber glauben wir vermeintlich, dass durch die alltäglichen Aufgaben auch die früher so große Liebe, die uns verband, verschwunden sei. Als würde etwas stocken und als bräuchte es nur wieder etwas Aufregendes, um die Liebe sprudeln zu lassen. Etwas Aufregendes meint für viele von uns leider Aufregung. Wir sind oft unstete oder gar keine Emotionen anderer gewöhnt und kennen aus der Vergangenheit extreme Gefühlslagen.

Wir initiieren Dramen und Krisen, um diese Unbeständigkeit, das, was wir kennen, wieder zu uns zu ziehen, weil wir uns in diesem bekannten Milieu gut orientieren können. Kommt aber der Alltag ins Leben, so läuft die Liebe „nebenbei“ und das ist es nicht, wieso wir in eine Liebesbeziehung gegangen sind. Es ist das Gefühl, geliebt und warm gehalten zu sein. Wir suchen in Partnerschaften nach einem Gefühl aus früheren Beziehungen, meistens die ersten zu unseren Bezugspersonen oder die ersten Partner.

Diese früheren Verbindungen waren jedoch oft tückisch. Sie verletzten uns und viele von uns mussten lernen, dass wir tun und lassen können, was wir wollen: Wir werden sehr wahrscheinlich nie ausreichen. Vielleicht würde irgendetwas mit uns nicht stimmen. Für uns gäbe es keine beständige Liebe usw. So lernten wir auch, uns mit den Gegebenheiten auseinanderzusetzen und zu arrangieren.

Jeder fand seine eigenen Mechanismen, die Angst abzuwehren und mit der Traurigkeit, die die fehlende, echte und ehrliche Liebe auslöste, umzugehen: die eine Liebe, die jeder Mensch verdient hat, ganz egal, was im Leben der Eltern geschah und gleich, ob wir etwas falsch, richtig, gut oder nicht taten. Diese Arrangements mit dem Leben trafen wir zu unserem Schutz.

Viele von uns lernten die Situation positiv zu betrachten: Sie gab uns einen Freiraum, den wir erst schätzen lernen mussten, aber anfangs hassten. Es gab uns das Gefühl, dass es einen Grund und Sinn für all das gäbe (zum Beispiel wir, weil es uns nicht hätte geben sollen oder dass man Frauen und/oder Männern nicht trauen dürfte und andere Glaubensmuster, die uns bis ins Erwachsenenalter beherrschen). Viele von uns lernten, dass wir nichts fordern dürften - jedenfalls nicht zu offen und nicht zu ehrlich. In einigen herrscht daher bis heute Wut, weswegen sie gebende Menschen als Erleichterung empfinden, während Menschen mit fordernden Bedürfnissen als Last betrachtet werden: ein Spiegel unserer eigenen Angst. Wir übertreiben deshalb gern in vielem, was wir tun und sagen: in unseren Schuldzuweisungen klagen wir an und schämen uns dann wieder. Manchmal denke ich, dass wir in unseren Urteilen mehr unsere eigene Gefühlswelt anklagen als die der Partnerinnen und Partner.

Wir haben gelernt, dass wir uns nicht trennen dürften, weil sonst der oder die Andere traurig wäre und wiederum wären wir schuldig. Denn dem Partner ginge es nun wegen uns schlecht. Wir dürften niemanden im Stich lassen. Einige „verschwinden“ deshalb einfach, auch Angst, sich den Schuldzuweisungen stellen zu müssen: Das gerade aktuelle Wort dafür ist „Ghosting“.

Nur wer so richtig in Sachen Liebe die Nase voll hatte in seiner Kindheit oder frühen Jugend, der hat gelernt, dass man lieber gar nichts an Gefühl und Liebe offeriert, weil es so etwas wie Liebe und Nähe für ihn nicht gäbe.

Wir haben gelernt, dass wir stets perfekt sein müssten, weil wir sonst verlassen würden, auch wenn wir wissen, dass niemand perfekt ist oder je sein wird. Wir haben es probiert und sind gescheitert. Aber die Angst, jemand könnte unsere Schattenseiten erkennen, wenn wir ihn zu nah an uns heranlassen, ist so groß, dass wir sie gern verhüllen: durch kurze und oberflächliche Beziehungen, heimliche Affären, bei denen wir sind, wer wir wirklich sind, On-Off-Beziehungen, in denen wir durch das Herstellen der Distanz wieder glauben, zu uns zu finden, oder in Isolation und Einsamkeit, sodass uns erst recht niemand erreicht. Und vielleicht kennst du diese oder ähnliche Sätze: „Ich bin beschädigt.“, „Erwarte nichts von mir.“, „So bin ich eben.“ oder „Sei nicht böse. Ich habe dir ja von vornherein gesagt, dass ich in Sachen Liebe nicht gut bin.“ usw.

Ich denke nicht, dass Beziehungsangst ein Störungsbild im Sinne einer psychischen Krankheit ist. Meist ist es unsere Angst, nicht gesehen zu werden, vergessen zu werden, nicht geliebt zu werden - als Endinterpretation des eigenen „Ungeliebtsein-Gefühls“. Dabei haben wir eine Menge versucht, um uns der Liebe würdig zu erweisen, uns zu beweisen und uns zu verbiegen. Bei vielen ging irgendwann gar nichts mehr. Dieser Punkt bezeichnete den Start aller Katastrophen - für andere und für uns.

Einige Beziehungsängstliche tendieren zu null Liebe (investieren in die Liebe zum Beruf, Tieren, Hobbys, Sport und in Freundschaften, überall dort, wo Kontrolle möglich ist); andere wiederum tendieren zu dem, „was sie können“, haben oberflächliche Affären oder One-Night-Stands; wiederum andere probieren sich noch aus, schauen, welche Richtung sie einschlagen. Einige landen entweder in Therapien, weil sie selbst keinen Weg sehen, oder sprechen von Schuld, die sie anderen geben, um sich nicht selbst zu beschuldigen. Oft liegt es daran: Wir haben früher viel an andere gedacht und würden auch morgen noch an andere mehr denken als an uns. Wir glauben aufgrund unserer Erfahrungen jedoch, wir wüssten jede neue Situation und jeden neuen Menschen haargenau einzuschätzen. Unsere Messlatte ist unsere Erfahrung und die darf sich keineswegs wiederholen.

Unter uns gibt es tatsächlich kleine und große Meister im Durchschauen. Einige von uns sind weniger treffsicher und unterstellen ihren Partnern Charaktereigenschaften, die sie nicht aufweisen. Viele bagatellisieren ihr Verhalten oder projizieren destruktive Glaubensmuster auf die Partnerin. Oder sie glauben zu wissen, was in der Zukunft geschehen würde. Menschen zu beobachten, sie zu analysieren und latente Bedrohungspotenziale wahrzunehmen, wird dann zur Kontrolle der Angst genutzt.

Die meisten Menschen wehren ihre Angst ab und versuchen, sich wieder in einen emotional sicheren Zustand zu versetzen. Vielleicht liest du dieses Buch, weil du versuchst, deine Angst und/oder die deines Partners zu verringern, um dasselbe zu erreichen: emotionale Sicherheit. Angstabwehrmechanismen sind menschlich. Menschlich ist es auch, zu lernen. Bis ins hohe Alter kann unser Gehirn neues Wissen aufnehmen. Selbst eingefahrene Verhaltensweisen können wir jederzeit korrigieren. Das bedeutet im Umkehrschluss: Menschen mit einer bestimmten Angst können ihre Angst entweder überwinden oder dafür Sorge tragen, dass Angst sie nicht länger lähmt. Den Grundstein dafür legen neutralisierende und positive Erfahrungen, für die der Wille Bedingung ist. Dann können sich auch Bindungsstile verändern.

Vorwort

„Man muss durch schlechte Erfahrungen hindurchgehen und nicht drumherum.“

Liza Minelli

Die Begriffe Beziehungsangst und Bindungsangst geistern durch unzählige Blogs und Websites und es existieren vielfältige Meinungen über den Umgang mit beziehungsängstlichen Menschen. Die meisten Inhalte widmen sich den Partnerinnen, die nach Lösungen für die Angst ihres Herzenspartners suchen. Es ist verständlich, dass man als Partner*in versucht, seiner Liebe die Angst nehmen zu wollen oder zumindest dabei zu unterstützen, neues Vertrauen in Bindungen zu gewinnen. Wer bei seinem Herzenspartner beispielsweise On-Off-Verhalten oder starke Nähe-Distanz-Mechanismen erlebt, wünscht sich sicher nichts sehnlicher, als das Auf und Ab der extremen Gefühle loszuwerden. Was ich mit diesem Buch versuche, ist eine Gratwanderung zwischen beiden Seiten. Es wird mir unweigerlich an der einen oder anderen Stelle misslingen, deine Gedanken und Gefühle zu bestätigen. Im besten Fall kann ich dich zu einem Aha-Moment oder gar Umdenken einladen. Es ist auch nicht mein Ziel, deinen Partner als Opfer oder Täter zu deklarieren.

Wer mit einem ängstlichen Partner eine Beziehung führt bzw. führen möchte, wird auf Hindernisse stoßen: eigene und die des Partners. An den eigenen zu arbeiten, stellt bereits eine Herausforderung dar. Dieser kann man sich stellen. Doch was Partnerinnen selbst tun können, um ihre Angst vor dem Verlust des (ängstlichen) Partners zu vermindern, wurde mir bislang noch zu wenig thematisiert. An den Ängsten des Partners zu arbeiten, sei es durch deine Verhaltensänderung, um seine Angst zu mindern, oder durch Strategien mit manipulativem Charakter, kann in meinen Augen ein Unterfangen werden. Viele Partnerinnen erhoffen sich von Beratern/Coaches jedoch genau solche Wunderstrategien, die dem Herzenspartner seine Beziehungsangst nehmen. Ich betrachte das kritisch, besonders Änderungen an deinem Verhalten, die dich als Mensch, Frau und Partnerin klein machen und halten. In meinen Augen tut man weder sich selbst noch Beziehungsängstlichen einen Gefallen damit. Mir gefällt jedoch der Gedanke der Würde und Selbstwirksamkeit. Am fairsten halte ich es deshalb, wenn die Arbeit an der Angst in Absprache und mit dem Einverständnis deines Herzenspartners geschieht, während du dich weder verstellen noch grundlegend ändern musst, um ihn in deinem Leben zu halten.

Dass das oft unmöglich ist, weil er beispielsweise nicht offen für Kompromisse, Lösungen oder gar Gespräche ist, ist mir bewusst, ebenso wie der Umstand, dass viele Partnerinnen ihrem Herzenspartner absichtlich nicht das Gefühl vermitteln möchten, sie würden ihn zu steuern versuchen. Ängstliche Menschen sind sensibilisiert für Gefahrenpotenziale. Heimliche, unauffällige Methoden, die ihn nicht zwingen, aktiv für die Beziehung zu handeln, erscheinen oft als letzter Rettungsanker. Bei vielen Partnerinnen schwingt zudem eine gewisse Versagensangst mit. Sie müssten nur irgendetwas richtig machen, damit sich seine Angst klärt und es nicht zur Trennung kommt.

Daher betrachtet mein Ansatz beide Partner: Was sie füreinander, für sich und für das Gelingen der Beziehung tun können, insofern sie es wollen. Es geht mir nicht um *richtig* und *falsch*, sondern um eine Form des Respekts auf mehreren Ebenen: für dich, deine Bedürfnisse und

Ängste und ihn, seine Bedürfnisse und Ängste. Eine Harmoniebereitschaft auf beiden Seiten ist die Grundvoraussetzung für eine gelingende Beziehung.

Ich lade dich auf den folgenden Seiten auf ein Picknick mit mir ein. Unsere Gespräche werden sehr ehrlich sein und es wird nicht darauf hinaus laufen, dass nur Beziehungsängstliche die Schuld bekommen. Ich kann dir zudem keine Patentlösung oder Wunderstrategie, wie du den Menschen deines Herzens gewinnen oder „sichern" kannst, bieten. Ich kenne ihn nicht und dich ebenso wenig. Aber ich kann dir sagen, wie du es nicht schaffst. Ich möchte dir vor allem zeigen, was dieses Ereignis mit dir zu tun hat. Ich werde dir daher (m)ein System vorlegen, wie du (und der Mensch deiner Wahl) zusammen wachsen und zusammenwachsen könnt. Ich werde dir aber auch ehrlich aufzeigen, wann es besser ist, loszulassen.

Ich möchte noch etwas vorwegnehmen: Die Angst, die vor, in und nach Beziehungen vorhanden sein kann, die eingangs erwähnten Hindernisse, müssen nicht zwangsweise therapiert werden. Unsere Angst kann auch „nur" ein Signal dafür sein, dass wir noch nicht bereit sind oder sich bedauerlicherweise keine tiefen romantischen Gefühle einstellen wollen.

Interpretationen, um herauszufinden, WIESO dein Partner nicht lieben kann oder möchte oder dir wieder jemand begegnet ist, der „der Falsche" war, dürften dich oft in eine innere Sackgasse geführt haben. Doch diese Sackgasse zeigt in meinen Augen, dass die Arbeit bei dir beginnen darf. *Denn du hast ihn gewählt. Du hast ihn angezogen. Du findest ihn attraktiv. Du möchtest ihn lieben und von ihm geliebt werden. Du möchtest mit ihm zusammen sein.*

Es sind die eigenen Gefühle, die man lernen kann, auszuhalten. Erträgt man sie, erträgt man auch die anderer. Erkennen kann man nur etwas, was man selbst von sich kennt. Niemand wird kommen und einen *heilen*. Den Partner so sicher wie möglich zu haben, will jeder Mensch. Und jeder Mensch hat stückweise Angst davor, zu viel geben zu müssen, verletzt, weniger geliebt oder gar verlassen zu werden. Leider nutzen wir unsere Angst oft als Schutzmaßnahme. Wir erlauben uns zu wenig, dass das Gegenteil von dem, was wir fürchten, geschehen darf. Sich selbst eine neue Chance zu geben, wäre ein wunderbarer Anfang für etwas, was schön und beiderseitig zufriedenstellend sein könnte. Das kann man natürlich nur herausfinden, wenn man es versucht und sich traut. Jetzt wirst du sicher denken:

Genau! Er muss sich nur trauen und es mit mir versuchen!

Warte noch. Uns zu verstehen, kann ganz schön schwer sein, weil die Situation, aus der wir kommen, eine leidvolle und verzwickte ist. Selbst wir brauchen mitunter Jahrzehnte, um zu verstehen, was in uns geschah und geschieht. Wir wurden früher verletzt, meist mehr als nur einmal. Wir tragen eine Unmenge an Enttäuschung und Wut mit uns herum. Wir fühlen uns schuldig oder schämen uns. Ganz tief in uns drin sind wir unendlich traurig, dass es so kam. Diesen Schmerz loszulassen, sollte der Weg raus aus der Angst sein. Normalerweise stellt ein Therapeut einem Beziehungsängstlichen daher solche oder ähnliche Fragen:

- Hat Ihre Partnerin geäußert, dass sie ein (für Sie schmerzhaftes) Ziel verfolgt, z. B. nur eine Affäre will, keine Kinder, nicht zusammenziehen, viel Freiraum benötigt, Sie irgendwann verlassen wird, sich nur um sich kümmert oder Sie einengen wird?

- Woher nehmen Sie die 100-prozentige Sicherheit, dass sie Sie verletzen wird?
- Ist sie tatsächlich *so wie der Mensch, vom dem Sie diese Verletzung kennen*?

Die Antwort unseres Verstandes lauten oftmals: *Nein, ist sie nicht.* Und dann kommt die Stimme der Angst, die nachschiebt: *Aber ich glaube, dass ich schon jetzt Übereinstimmungen sehe.* Die eine ehrliche Herzensantwort wäre: *Beweise mir tagein und tagaus, dass du mich nicht verletzen wirst.*

Es gibt eine Gruppe, die sich ihrer Angst zwar bewusst ist, aber sie nicht handhaben kann. Diese würde ambivalent und verunsichert reagieren, wegen ihrer großen Angst, dass du dich von ihnen abhängig machst und sie dich verletzen könnten, und ihrer ureigenen Angst, sie würden abhängig und verletzt von dir. Beides ist in ihrem System mit dem Stempel „zerstörerisch" angelegt. So etwas soll und darf nicht sein. Während sie selbst nicht fliehen können, weil sie auch nur ein Mensch sind, der Liebe und Zuwendung, eine warmes Nest aus Geborgenheit und Anerkennung braucht, drängt sie ihr erlerntes System oft in Richtung Trennung: um den Worst Case zu vermeiden. Sie landen oft in On-Off-Beziehungen oder bleiben freiwillig Single.

Eine andere Gruppe Beziehungsängstlicher leidet zwar unter der Enge und dem Selbstverlust in Partnerschaften, aber hat größere Herausforderungen mit Einsamkeit und dem Aspekt, nicht gebraucht zu werden, was sie häufig mit *zu nichts zunutze zu sein* verbinden. Sie haben gelernt, dass sie große Kompromisse leisten müssten, allem voran bei sich, dass sie ihr wahres Gesicht verstecken müssten, um in einer vermeintlich liebevollen Umgebung *Teil sein zu dürfen*. Sie fürchten Beziehungen, aber sie fürchten noch mehr das Getrenntsein. Manchmal suchen sie große Nähe und klammern. Manchmal fordern sie und reagieren schnell verletzt, wenn sie in ihrer Angst stecken, du würdest sie nicht lieben oder die Trennung wäre nahe.

Die letzte Gruppe aber ist die größte Herausforderung: die, die nicht wissen, dass sie Angst haben. Sie klagen an, sie beschuldigen, sie trennen sich mit einem erhabenen Lächeln, verachten und spotten über deine Gefühle. Sie meinen, es läge an dir. Nicht an ihnen. An dir. Sie sind die, die am ehesten mit „Wenn du mich lieben würdest, dann ...“-Sätzen kontern. Oft wollen sie weder mit dir oder jemand anderem über das, was ihnen geschehen ist, sprechen. Noch wollen sie ihre Muster ändern, um sich nicht länger ein Bein zu stellen. Sie wünschen sich die volle und ungeteilte Liebe und Zuwendung und können selten akzeptieren, dass eine normale Beziehung so nur schwer zu führen ist. Im Prinzip lagern sie ihre Angst aus, indem sie andere dafür verantwortlich machen und die Konsequenzen tragen lassen.

Bei dir liegt die Entscheidung: Du kannst bleiben oder gehen. Das mag hart in deinen Ohren klingen, aber es entspricht der Wahrheit. Ob du eine solche Beziehung möchtest, dich gar verletzen lässt oder noch weiter bemühst, dich mit Krümeln abgibst oder loslässt, um dich auf die Suche nach dem ganzen Kuchen, der allein dir gehört, machst, entscheidest du. Ich kann aus eigener Perspektive gut nachvollziehen, dass das Hadern zwischen dem einen und dem anderen Weg eine große Herausforderung darstellt. Man möchte die beziehungsängstliche Person nicht im Stich lassen (so wie andere sie im Stich ließen), sie nicht verletzen (so wie andere sie verletzten). Es fällt schwer, genau den Schmerz, der vom Partner gefürchtet wird, zufügen zu müssen, um selbst gesund und zufrieden zu sein.

TEIL I

SEINE ANGST

Allgemeines zu Beziehungsängsten

„Angst haben wir alle.
Der Unterschied liegt in der Frage wovor."

Frank Thiess

Die Liebe macht vielen Menschen Angst: Entweder scheuen sie die Partnersuche, gehen eine Beziehung ein, die wegen einem der Partner von vornherein zum Scheitern verurteilt ist oder sie sehnen sich nach Partnern, die unerreichbar oder gar emotional nicht verfügbar sind - trotz besseren Wissens. Die Betroffenen sind nicht nur die, die leiden. Auch die, die das Leid (bewusst oder unbewusst) produzieren, sind Betroffene. Sie haben eine Bindungsangst aufgebaut, die entweder von den Eltern erlernt wurde oder aber durch eine frühere Partnerschaft verursacht wurde. Besonders häufig erscheinen Frauen als die, die „nicht gewollt" sind. Sie treffen mindestens einmal in ihrem Leben an einen gebundenen oder (emotional) nicht verfügbaren Partner. Statt weiterzuziehen, zweifeln sie an ihrem Wert, geben sich die Verantwortung oder gar Schuld oder leiden Jahre und Jahrzehnte unter der Bindungsangst ihres Partners.

Männer hingegen finden sich nach aktuellem Stand weniger oft in einer dysfunktionalen Beziehung. Das hat nichts mit dem Geschlecht an sich zu tun. Erstens sind viele Frauen noch immer emotionaler, also mehr bereit, Gefühle zu investieren als Männer. Diese wiederum sind auch dann tendenziell eher offen für eine Beziehung, in der sie nicht zwingend Emotionen ausleben müssen, im Gegensatz zu Frauen. Wie Männer eine Beziehung definieren und wie Frauen es tun, muss vor allem nicht miteinander übereinstimmen. Hinzu kommt der zweite

Aspekt: Frauen bewerten sich noch immer stärker nach dem Grad des Gewolltseins als Männer. Sie messen den Wert der Beziehung und ihren Wert in der Beziehung und für den Mann anhand eigener Kriterien, die sie wiederum als Zeichen der Liebe definiert haben.

Die Männer der letzten Generationen wuchsen zumeist mit unterschiedlichen Standards auf, zum Beispiel mit harter Arbeit, einem hohen Verdienst, der Rolle eines Ernährers in der Familie oder dem Muster eines guten Vaters, Liebhabers oder eines Protegés. Frauen hingegen sind nach biologischer Psychologie größtenteils auf eines bedacht: Zusammenhalt. Wenn wir uns dieses Wort einmal näher betrachten, fällt auf, dass es sich aus den Wörtern „zusammen" und „Halt" zusammensetzt. Viele leiten ihren Halt im Leben durch den Aspekt des Zusammenseins ab. Das betrifft nicht alle Frauen und das klassische Konzept einer Frau sowie das eines Mannes sind bereits seit den 80er Jahren stark im Wandel. Männer würden demnach immer mehr aufweichen, Frauen immer männlicher werden. Auch aktuelle Studien zeigen, dass keineswegs Frauen häufiger allein wären und sich einsam fühlten, sondern Männer. Diese würden sogar weniger oft eine unzufriedene Beziehung beenden als Frauen. Frauen ziehen bereits seit langem ihren Halt auch aus dem Zusammensein mit anderen, zum Beispiel ihrer Familie, ihren Freunden und Bekannten. Männern hingegen fehle das.[i]

Wenn Männer ihren Partner oder Partnerin betrügen, dann weil es oft ein eigenes oder gemeinsames Thema gibt, das verdrängt oder nicht angesprochen wird. So ergeht es auch Frauen, deren Männern von Bindungsangst betroffen sind. Menschen, die viel einstecken, geben und opfern, treffen übermäßig hoch auf Partner, die schon zu Beginn der Beziehung Anzeichen von aktiver Bindungsangst aufzeigen, indem sie Schwierigkeiten mit Nähe und Distanz hatten. Gab es viel Nähe oder wurde sie „erwartet“, zogen sie sich schnell und scheinbar grundlos zurück. Der Druck war groß genug für sie, um ihr Flucht-oder-Kampf-System zu aktivieren. Die wenigen beziehungsängstlichen Männer aber gehen in die Konfrontation. Die meisten wissen nicht einmal, wie Durchsetzungsvermögen und Konfliktfähigkeit gelingen könnten, wenn es um Gefühle geht. Deshalb flüchten sie eher heimlich, ohne dein Wissen, beenden den Kontakt oder die Beziehung abrupt, per Telefon und Nachricht oder lassen Treffen und die Beziehung langsam auslaufen („Diese Woche ist es ganz schwierig!“).

Gerade in den ersten Wochen der Partnersuche sind diese Merkmale weit verbreitet. Im englischen Raum fand dieses Verhalten daher die Bezeichnung *Ghosting*. Der Partner wird zum Geist. Andere hingegen legen den Wert auf Gehorsam, um die Kontrolle über den Verlauf der Beziehung zu behalten, sind eiskalt oder geben eher Geld, Anwesenheit oder den Status „Beziehung“, als offene und liebevolle Gefühle zu zeigen.

Auch bindungsängstliche Männer landen in dysfunktionalen Beziehungen zu bindungsängstlichen Frauen. Auch sie treffen auf ihre eigenen Herausforderungen. Viele von ihnen haben daher den „Kampf um die Liebe“ aufgegeben. Meine Wortwahl ist hier sehr treffend. Denn Liebe in einer Beziehung aufrechtzuerhalten, eine Beziehung wegen beständiger Liebe zu führen und dennoch das Risiko der Lieblosigkeit erfahren zu müssen, stellt den Kampf dar.

Dabei sind Beziehungen schön, sie nähren uns, geben uns auch in schwierigen Zeiten die Kraft, in uns zu ruhen und Halt zu erfahren. Doch wie kann es geschehen, dass einige Menschen Beziehungsangst entwickeln, zuerst sehr intensiven Kontakt zu dir wollten, um dann in Angst zu erstarren, gefühlskalt zu werden oder gar nichts mehr zu können, außer Trennung? Kommt wirklich alles aus der Kindheit und von den Eltern?

Die Autoren Carter und Sokol widmeten sich diesem Thema: „Wir definieren feste Bindung als das Versprechen, *mit guten Absichten* Partner in einer *monogamen, zeitlich unbegrenzten, verantwortungsvollen* und *realistischen* Beziehung zu sein.“ Das zeige den Willen, eine Beziehung zu pflegen, sogar dann, wenn Aufgeben leichter als Beziehungsarbeit wäre.“ Doch bindungsängstliche Beziehungen seien Partnerschaften, in denen einer „mehr >>will<< und der andere >>mehr Raum für sich<< beansprucht.“[ii]

Dies zeigt sich nicht erst nach Jahren in einer Partnerschaft, sondern bereits während der Partnersuche. Wäre die Angst eine Person, so würde sie den Menschen mit Bindungsangst einem Test unterziehen, um zu sehen, ob der Mensch bereit ist, sich selbst eine Hilfe zu sein, indem er die Ursachen seiner Angst erkennt. Auch die andere Seite, die oft unter dem Bindungsängstlichen leidet, kann diese Anzeichen erkennen. Beziehungsangst kann sich in Form von Angst vor Nähe, Angst vor Trennung, Angst vor Selbstverlust bis hin zu Angst vor Verlust der eigenen Gefühle ausdrücken. Viele haben bereits jemanden kennen- oder lieben gelernt, der vor ihnen und den Liebesgefühlen in einer Partnerschaft davongelaufen ist. Trennung erschien demjenigen leichter. Oder sie haben an sich selbst festgestellt, dass sie in einer Beziehung verstärkt Distanz gesucht haben, die sie dann „Raum für mich selbst“ oder „Zeit für mich“ nannten. Wir kennen ebenso viele Menschen, die nie langanhaltende Beziehungen hatten, häufig wechselnde Partner oder *irgendwie immer* auf Partnersuche sind.

Viele von ihnen verbinden mit einer festen und „langfristig angelegten“ Bindung Einschränkung,

Einengung oder Opfer. Sie können sich mit idealisierten Vorstellungen eines Partners zum Tagträumen leichter arrangieren, als sich den Risiken und Schwächen in der Liebe zu stellen wagen. Dazu gehört auch, die Schwächen des Partners genauso zu lieben wie die Potenziale und Stärken. Dazu gehört vor allem, dass man sich in seinen eigenen Stärken und Entwicklungspotenzialen kennt und Achtung: akzeptiert und liebt.

Wehren sie aber selbst aus Angst, nicht gewollt zu sein, ihre Bedürfnisse ab oder haben sie gelernt, dass sie ihre Bedürfnisse unterdrücken müssen, um gewollt zu sein, dann fällt es leichter, die der Anderen ebenso abzuwehren oder unterdrücken zu wollen. Dass du es anders machen würdest als sie, weil du es anders gelernt hast, ein anderes Bild von Beziehung erlebt hast, können sie nicht wissen. Sie gehen von dem aus, was sie kennen.

Wie auch immer geartet: So entsteht es, dass sie mit fremden Bedürfnissen, die ihnen eigentlich gar nicht bekannter vorkommen, als sie zugeben, sehr schlecht umgehen können. Sie haben entweder teilweise das Recht eines jeden Menschen auf eigene Gefühle und Bedürfnisse wie Liebe und Aufmerksamkeit „vergessen". Es zu äußern, mussten viele verdrängen. Oder sie haben erfahren, dass es nur auf eine bestimmte Art „funktionierte".

Nur eine sehr kleine Anzahl der beziehungsunfähigen Männer sind wirkliche „Narzissten", „Soziopathen", „Psychopathen" oder „Beziehungsunfähige", wie das Internet und die Presse die Eiskalten gern betitelt - die, die kommen und gehen, dich verletzen, auslachen und sich keinen Deut um dich und deine Gefühle scheren.

Man darf die Sicht hinter die Fassade wagen, sonst erkennt man den Unterschied nicht. Denn wir sprechen bei den wahren Narzissten und x-pathen-Persönlichkeitsstörungen von weniger als fünf Prozent der weltweiten Gesellschaft. Es ist sehr viel wahrscheinlicher, dass ein anderer Grund eine Beziehung verhindert. Deshalb beißen sich viele an Beziehungsangst fest, ohne zu merken, dass jeder auf seine Art mehr oder weniger Angst hat, wenn es um Liebe geht. Doch wenn wir uns mit den Ängsten anderer auseinandersetzen können (weil sie da sind), dann lenken wir auch von den eigenen Unsicherheiten ab. Besonders Frauen, die alles sehr gut meinen und vom Herzen her für geliebte Menschen da sind, ihnen nur schwer beim Leiden zusehen können oder eine starke soziale Ader besitzen, übersehen ihre eigenen Ängste. Dabei möchten sie ihnen etwas Wichtiges zeigen: als Vervielfältigung der eigenen wunden Punkte, einmal schön gespiegelt in Übergroß, sodass man es nicht übersehen kann.

Ein zum Beispiel eher weibliches Konstrukt einer Bindungsangst gibt es nämlich: Frauen, die sich *irgendwie immer* den Falschen aussuchen, wieder an jemanden geraten sind, der nicht erreichbar ist und offensichtlich willentlich vergeben ist. Die Interpretation ist oft schlussendlich, dass diese Männer schuldig wären, weil sie desinteressiert an ihnen als Partnerinnen, beziehungsunfähig, emotional gestört, heimlich bindungsunwillig oder eben beziehungsängstlich sind. Der Stempel *Beziehungsangst* ist dabei noch gar nicht lange aktuell; früher war es die Beziehungsunfähigkeit, die mit Klassikern wie dem von Michael Nast, „Generation Beziehungsunfähig“, ihren Schub bekam.

All das ist starke Kritik am Partner, zeigt verletzte Gefühle und Rechtfertigung, um selbst keine Schuld, Scham oder Angst fühlen zu müssen. Dasselbe wollen Beziehungsängstliche übrigens auch. Beziehungsängstliche tun das eher durch Rückzug, Ablenkung, Kompensationen und Schweigen. Sie ziehen sich aus der Situation heraus, um sich damit nicht beschäftigen zu müssen. Die andere Seite ihrer

PartnerInnen sind eher die Ergründer und Redner, die verstehen und lösen möchten.

Ich spreche die verschiedenen Reaktionen auf Beziehungs(un)wille, Beziehungs(un)fähigkeit und Beziehungsstile deshalb an, weil mir vor einem Jahr in einer Beziehung etwas auffiel: Es gibt nicht nur die eine Form von Beziehungsangst. Ob man(n) nun plötzlich alles für falsch und ungenügend einstuft, Frau freiwillig trauert, leidet und weiterhin hofft oder man(n) eine bekannte Ablehnung von ersehnten Partnerinnen durchspielt: All das signalisiert Bindungsängste - bei einem selbst und/oder beim Gegenüber. Mir fiel vor allem auf, dass mitunter sogar nur die EINE Frau (vielleicht du) die Angst des Mannes triggern könnte, während eine andere das nicht täte oder ausgerechnet du ihn an jemanden erinnerst, der ihn verletzt hat oder dass dir dein Herzenspartner nur in übergroßer Version deine Angst spiegelt (oder du ihm ein geeignetes Verhalten, was er sich gern abgucken lernen darf). Die Variationen sind so vielfältig und unterschiedlich wie die Blumen und Pflanzen in einem Floristikhandel.

Beziehungen können sowohl Angst nehmen, als auch schaffen, so die Psychoanalytikerin und Autorin Verena Kast.[iii] In einer Beziehung treffen immer Welten voller Erfahrungen und Werte aufeinander. Man kann sie nicht wegreden und nicht wegtrainieren. Die Vergangenheit ist da und sie kommt auf den Tisch, in dem Moment, in dem man sich nahekommt. Besonders, wenn man in einer Beziehung (zu sich selbst oder zu einem Menschen) einen besonders geschätzten „Bereich“ droht, zu verlieren (ob die Drohung nun realistisch ist oder nicht), können sich solche Ängste ausbreiten. Diese Bereiche konzentrieren sich zum Beispiel auf

- das eigene Selbst
- die Selbstständigkeit

- den Selbstwert (und Identität)
- die Beziehung an sich als Wert und
- ihre darin gelebten Gefühle.

Beziehungsängste sind demnach Ängste, Werte zu verlieren. Dieser Verlust kann sich sowohl in eigener (gefürchteter) Trennung zeigen oder durch Angst, dass sich der Partner trennt. Denn Letzteres beziehen wir häufig negativ auf uns: Wir geben uns die Schuld, fühlen uns gar liebensunwürdig oder ungenügend. Auch so kann Bindungsangst entstehen, indem man sie von einer besonders geliebten Person übernimmt.

Jeder bringt also seine Welt mit in den Kontakt. Wenn die Jugendliebe Tina früher den Sven verlassen hat, weil Rolf ein dickeres Auto fuhr, dann kann es geschehen, dass Sven ab dato Liebe mit Vermögen und Status gleichsetzte - bis heute. Das ist ein sehr plattes Beispiel, aber solche oder ähnliche Konstrukte finden wir, wenn wir es wagen, hinter die Fassaden der Angst zu schauen. Ich beispielsweise habe Liebe früher mit Leistung und Abwesenheit in Verbindung gebracht („Tue etwas!" oder „Tue nichts!" oder „Sei still, auch wenn du leidest!" oder „Arbeit und Geld ist wichtiger als Liebe und Zuwendung!" oder „Du bist auf dich allein gestellt."). Ich habe es so gelernt. Dein Herzenspartner und auch du hast eigene Geschichten, die dich prägten. So darf man Beziehungsängste betrachten: als Geschichte, die wir uns erzählen und die wir glücklicherweise auch bis ins hohe Alter umdichten dürfen.

Bindungsangst: Zwischen Wahrheit und Mythen

„Die Liebe ist so unproblematisch wie ein Fahrzeug.
Problematisch sind nur die Lenker,
die Fahrgäste und die Straße.“

Franz Kafka

Der Verstand ist nicht immer unser Freund - besonders nicht in Sachen Liebe. Meine Erlebnisse zeigten mir, was Beziehungsangst in der Tiefe heißt. Jemand ohne diese Angst wird das nur schwer verstehen können. Wir reden hier von

- Enge bei Aktivitäten, die für den Anderen normal sind (allabendliche Treffen mit Fernsehschauen oder ganztägige Wochenendbeschäftigungen)
- nicht loslassen können beim Sex
- bei Aktivitäten in Gedanken woanders zu sein
- plötzlicher Panik morgens beim Aufwachen
- nachts nicht einschlafen können, weil mir der Platz im Bett nicht reicht
- dem Unwillen, dass der Andere in meinem körperlichen Sicherheitsabstand (eine Armlänge) eingreift
- dem Unwillen, stets per Handy schriftlich und mündlich zur Verfügung zu stehen (und sei es auch nur ein „Guten Morgen, Schatz!“ in steter Wiederholung)
- dem Unwillen, alles, was ich tue, kleingenau erklären und rechtfertigen zu müssen

- der Unfähigkeit, ohne inszenierte Krisen die Wochen zu überstehen
- dem Unverständnis, was eine „normale“ Beziehung bedeutet
- dem Irrglauben, der Partner würde die eigene Einsamkeit und Langeweile vertreiben müssen
- der Ungewissheit, ob ich nicht auf lange Sicht völlig versagen würde, was die Erwartungen des Anderen angeht
- dem Misstrauen, dass mein Partner nicht völlig versagen würde
- dem Misstrauen, dass ich irgendwann sowieso seine Liebe verlieren würde, wenn er erst einmal erkannt hat, wie ich „wirklich“ bin
- dem Irrglauben, ich sei ersetzbar
- dem Irrglauben, ich würde mich nicht abgrenzen können
- und dem einen bohrenden Gefühl, dass es eventuell besser gewesen wäre, wenn ich keine Beziehung mit dem Anderen begonnen hätte, weil ich nun nicht mehr „aus der Nummer“ herauskomme.

Das sind nur einige der Gefühlswelten, die Beziehungsängstliche beschäftigen. Wir alle haben unsere Päckchen zu tragen, negative Einstellungen und Erfahrungen gesammelt, hadern hier und da mit der Zukunft, tun uns in Sachen Liebe nicht immer leicht oder gut. Während einige Beziehungsängstliche (über)vorsichtig sind, gibt es auch welche, die aus tiefer Sehnsucht oder emotionalem Hunger heraus einen potenziellen Partner mit ihren Wünschen und Bedürfnissen überrumpeln, um sich dann urplötzlich wieder zu verabschieden - meist, wenn die erste Normalität erscheint.

Beziehungsangst ist für dich sicher wie ein

Minenfeld. Jeder kleine, unbewusste oder gut gemeinte Schritt kann dazu führen, dass der bindungsängstliche Mensch sich zurückzieht, trennt oder aus Angst Streit beginnt. Ob es sich um die Angst vor zu viel emotionaler oder körperlicher Nähe handelt, der gefürchtete Selbstverlust als Einschränkung der eigenen Freiheit oder ob es in Wahrheit die Angst vor Trennung ist: Bindungsängstliche Menschen haben Erfahrungen gemacht, die ihnen lehrten, dass Liebe, Beziehungen, Nähe oder Distanz gefährlich sind oder werden können. Ergo vermeiden sie diese in Tiefen. Entsprechend sind die einen schon beim Sex oder beim Kennenlernen der Eltern und Freunde vorsichtig oder gehen erst beim Zusammenziehen oder beim ersten Urlaub auf Distanz. Andere halten eine Weile durch, trennen sich dann, „weil es zu viel wird" oder „nicht ausreicht", lassen ihre Angst abebben und kommen dann wieder an (On-Off).

Wie bereits erwähnt, ist es ein gewisses Unterfangen, Beziehungsangst in ihrer Dimension umfassend darzustellen. Es existieren etliche Mythen um Menschen, die vor Liebe flüchten. Es scheint, als wäre nur die Angst schuld, weshalb diese weggemacht werden muss. Im Folgenden möchte ich einige davon neutralisieren.

Mythos 1

Du kannst deinem Traummann seine Angst vor dir, Beziehungen und der Liebe nehmen.

Der einzige Mensch, der etwas gegen seine Angst tun kann, ist derjenige, der sie hat, erkennt und kennt. Der andere Part kann unterstützend wirken. Aber wenn man selbst tiefe Bedürfnisse hat, die nach Erfüllung drängen, wird man leicht ungeduldig und bezieht vieles auf sich. Doch hat dein Partner Angst und will nichts gegen die

Angst unternehmen (oder schafft es nicht), könnten all deine Bemühungen im Sande verlaufen.

Mythos 2

Warum willst du nicht mit mir zusammen sein, wenn du mich liebst (wie du sagst)?

So paradox, wie es scheint: Es gibt Beziehungsängstliche, die das gegenteilig sehen, die nur Affären oder „nichts Festes“ möchten und dennoch von Liebe sprechen. Das Wort Beziehung hat den Geruch von Verpflichtung, *Müssen* auf allen Ebenen, Selbstverlust und Bedrängnis inne. Bei Beziehungsangst dreht es sich hauptsächlich um die bekannte Unbeständigkeit von Harmonie und Zuwendung. Wer eine Beziehung eingeht, der weiß, dass es irgendwann schiefgehen könnte oder sich jemand weiterentwickelt, entzieht oder gar fremdgeht, krank wird oder arbeitslos und so weiter. In solchen Krisen muss sich jede Beziehung beweisen. Die einen bestehen den Test, die anderen fallen durch. Die einen beweisen dann erst recht, dass sie verlässlich sind und die anderen brechen schon unter der kleinsten Last zusammen. Paradoxerweise sind es nicht die Beziehungsängstlichen, die bei Problemen kapitulieren - vorausgesetzt, sie haben sich auf die Beziehung eingelassen, weil sie sie anfangs für sicher hielten. Sie sind eher die Typen, die von vornherein misstrauisch sind, ob die Beziehung zu dir auch Bestand haben wird. *Wie du wohl mit ihrem Charakter und ihren Schwächen umgehen wirst und ob du dich - wenn du ihn erst einmal sicher hast - von ihm abwenden wirst, Aufmerksamkeit und Zuwendung entziehen wirst. Wirst du ihn manipulieren, anschreien oder dich trennen, wenn er anfangs Zeit braucht oder sich gerade erst an die*

Situation mit dir gewöhnt? Wirst du ihn auch noch mögen, wenn er dich einmal nicht so liebt, wie du dir das wünschst? Wirst du ihn für jemand anderen verlassen, der oberflächlich betrachtet besser erscheint? Solche Fragen stellen wir uns.

Viele von uns haben schon ihre Antworten gefunden, leider. Aber sie lassen sich korrigieren, wenn beide Gefühlswelten stimmig ineinanderpassen. Der erste Kritikpunkt ist oft, dass Liebe auch Beziehung hieße und jede Beziehung auch Liebe, sowie Liebe ohne Beziehung unsinnig wäre, wenn sie denn überhaupt eine ist. Viele tendieren dazu, eine Beziehung sicher haben zu wollen, während Beziehungsängstliche schon die Liebe an sich anzweifeln. Nichts darf zu viel oder zu wenig sein. Vor allem unterscheiden wir Liebe vom Gefühl des Verliebtseins. Es ist ein Balanceakt, den nur wenige beherrschen.

Die gute Nachricht ist, dass es nicht das Ziel seiner Angst ist, dass du den Akt beherrscht, sondern, dass er den Versuch erst gar nicht erst unternimmt, um ein erneutes Scheitern zu vermeiden. Er wird nach Anzeichen suchen, die ihm seine Angst bestätigen oder eigene Impulse schaffen, damit du dich zurückziehst. Er wird das nicht immer verstehen oder bemerken, je nachdem, wie reflektiert er ist. Aber es ist gut, dass du verstehst, was in ihm vor sich geht, wenn er in die Luft geht oder sich zurückzieht. Wie du damit umgehen kannst, bespreche ich an einer späteren Stelle.

Mythos 3

Nur ein Partner hat Bindungsangst. Deshalb muss der mit Angst tätig werden und trägt die Verantwortung.

Statistiken zufolge[iv] treffen mindestens die Hälfte aller

Nichtängstlichen auf einen Ängstlichen. Die Anderen hätten eine passive Beziehungsangst, die sie dank dem aktiven Beziehungsängstlichen verdrängen und sich selbst gegenüber verneinen können. Zum Unterschied: Menschen mit passiver Beziehungsangst geraten in Angst, wenn sie im Partner etwas sehen, was sie selbst in sich tragen, aber nicht ansehen wollen, zum Beispiel ein gesteigertes Bedürfnis nach Bindung und Nähe aus Angst vor dem Alleinsein oder Verlust. Paradoxerweise halten sie sich an Menschen, die Nähe eher vorsichtig behandeln, was sich als Angst zeigt. Sie bemühen sich erst recht, denjenigen davon zu überzeugen, dass sie es wert sind und Liebe wohltuend und harmonisch sein kann, er keine Angst haben bräuchte. Sie geraten dabei in einen Strudel aus Selbstwertproblemen und Kampf um diese Liebe und diesen Menschen, um am Schluss ihm die Verantwortung für das Scheitern zu geben. Andere wiederum üben von Anfang an sehr viel Kontrolle aus (zum Beispiel ‚love bombing‘[1]), um den potenziellen Partner zu gewinnen. Die Ausprägungen sind vielfältig und beinhalten wertvolle, weil aufschlussreiche, Spiegelerlebnisse.

Menschen, die wirklich keine Angst haben, sind nur dann misstrauisch oder in einer Form extrem, wenn ihnen ihr Bauchgefühl das vermittelt. Hier ist nicht eine unstimmige Intuition gemeint, die man mit Angst verwechseln könnte. Es meint den Impuls, es besser nicht zu wagen, ohne dass man es erklären kann. Aber auch erklärbare Gründe gegen einen bestimmten Menschen als Partner spiegeln nicht zwingend Angst wider. Wenn jemand kein Interesse hat oder sich keine Gefühle

---

[1]‚Love bombing' bezeichnet das stete Bekunden des Interesses oder der Liebesgefühle am Anfang einer Beziehung oder wenn aus einem Off wieder ein On werden soll.

entwickeln, man keine Gemeinsamkeiten sieht oder in einer Beziehung wegen unterschiedlicher Werte nicht zusammenfindet, ist das keine Angst vor Beziehungen. Bindungsangst wird leider oft auch dann als Grund genannt, wenn man nach einer Erklärung dafür sucht, dass jemand keine Bindung mit einem eingehen möchte.

Mythos 4

Warum „kannst" du mich nicht lieben? Du probierst es doch gar nicht.

Auch das sind mögliche Erklärungsversuche. Schlussendlich wollen alle Beziehungsängstlichen alte, noch schmerzende Erfahrungen vermeiden. Sie haben die Wunden ihrer Vergangenheit nicht vollständig geheilt und befinden sich noch immer in einer Abwehrhaltung, die dem Schutz ihres Lebens und ihres Herzens dient. Zu viel, zu wenig, nicht gut (genug), zu gut (im Vergleich): Liebe wird zu allem, aber ist kein Wunder mehr.

Diese Abwehr ist in Wahrheit auch ein gut gemeinter Schutz. Immerhin halten sie so Menschen und Situationen von sich fern, die sie an die damaligen erinnern. Waren sie beispielsweise einmal mit einem Menschen zusammen, der sie betrogen hat oder haben sich leichtfertig in eine destruktive Beziehung gestürzt, zu viel in eine Beziehung investiert und dabei sich selbst aus dem Blick verloren, wurden hintergangen oder ausgenutzt, achten sie nun kleinlich darauf, dass so etwas nicht erneut geschieht. Aber auch traumatische Erfahrungen können Angst vor Liebe und Bindungen auslösen. Diese sind noch schwerer zu bewältigen und benötigen vernünftigerweise therapeutische Unterstützung.

Meiner Erfahrung nach und vielen offenen Gesprächen zufolge probieren es Beziehungsängstliche durchaus, so zu lieben, wie der Partner/die Partnerin es sich wünscht. Mehrmals, sowohl in der Situation als auch in Gedanken. In der Psychologie nennt man das Probehandeln. Es gilt als eine vorbereitende Strategie. Dennoch scheitern viele bei den Versuchen, nicht nur, weil sie ihre Blockaden spüren, sondern weil ihre Angst erst dann *so richtig* zuschlägt. Ihre Angst macht sozusagen nur ihren Job und geht auch gegen die kleinsten Versuche an, sich in ein vermeintlich gefährliches Gebiet zu begeben. Hat man die Möglichkeit, sich offen mit seinem Partner, in diesem Falle dir, auszutauschen und zu sprechen, ohne be- bzw. verurteilt zu werden, ist eine gute Basis geschaffen. So setzen weder Scham noch Schuld ein, die oft bei Angst mitschwingen.

Obacht ist für dich nur geboten, wenn er seine Angst als Plattitüde bzw. unveränderbare Unfähigkeit nutzt, um etwas nicht zu tun.

Mythos 5

Nähe ist gut. Liebe wird ihn nähren. Eine Beziehung zu haben, ist immer besser, als keine Beziehung zu haben.

Menschen mit Angst vor Nähe und Verlust sehen das gegenteilig. Nicht wegen dir oder weil etwas mit dir nicht stimmen würde, sondern weil sie Liebe und Beziehung a) trennen und b) aus allen Ecken betrachten. So wägen sie beispielsweise deine Bedürfnisse und ihre Möglichkeiten, ihre Bedürfnisse und deine Möglichkeiten sehr genau ab. Sie schauen hin: *Was wünscht sie sich von mir? Kann/Will ich das geben? Was kostet mich das (an Energie/Zeit/usw.)? Was wünsche ich mir und kann sie mir das geben? Wie würde sie reagieren, wenn ich darum bitte? Würde sie meine Bedürfnisse (also: mich) ablehnen?*

Hier zeigt sich oft, dass die Gegenseite es nicht erfüllen könnte/möchte: den gewollten Freiraum, die nicht stets stattfindenden Gespräche oder Texten über WhatsApp und andere Messenger, nicht jeden Abend oder alle zwei Abende beieinander sein und etwas Bestimmtes tun, nicht immer nur Fernsehen oder Weggehen oder am Wochenende die gesamte Zeit miteinander verbringen.

Dem Bindungsängstlichen geht es um die negativen Aspekte einer Beziehung und sogar die positiven werden teils aus Schutzdenken pathologisiert. Selbst eine anfänglich wunderschöne und warme, geborgene und sicherheitsspendende Beziehung kann durch den Alltag oder kleinere Probleme „zu kalt" werden.

Für Beziehungsängstliche halten Beziehungen Trennung, Seitenhiebe und Enge bereit, denen sie ausweichen wollen oder irgendwann müssen. Hinzu kommt, dass gerade die Sicherheit gebenden Elemente dem Bindungsängstlichen z. B. schnell monoton, langweilig und einschränkend erscheinen. Er kann sich mehr fühlen, wenn beispielsweise Spontanität oder Freiraum vorhanden sind, weniger Zweisamkeit und mehr Unabhängigkeit, er dich „abrufen" kann statt du ihn usw. Auch hier sind die individuellen Ausprägungen verschieden.

*

Menschen sind unser direkter Spiegel. Deshalb treffen vermeintliche Beziehungs- und Liebesangstbefreite auch so häufig auf vermeintliche Liebesängstliche und umgekehrt. Die kleinsten Ähnlichkeiten zu früheren Beziehungen (auch Mutter und Vater) oder aber Unterschiede zu dem, was sie kennen, machen sie nervös.

Aus meiner Erfahrung heraus ist Nervosität darüber leicht wegzustecken, doch der emotionale Stress steigt in vielen Fällen an und geht in echte, sogar panische Angst über. Der Andere bleibt mit schierer Verwunderung und Verletzung zurück. Denn als Reaktion steht oft „noch mehr" oder „gar nichts mehr" unter der Rechnung beziehungsängstlicher Menschen. Auf der einen Seite fürchten sie, dass sie dich verlieren, während sie zeitgleich Angst haben, sich für dich zu verlieren. Während sie sich zwischen der Angst vor Verlust und Selbstverlust, Trennung und Alleinsein entscheiden müssen, fällt ihnen einmal mehr auf, wie schwierig Beziehungen doch sein können. Weil Liebe und Beziehungen nicht dasselbe sind. Viele können sehr gut lieben, aber meiden Beziehungen. Der Gedanke, dass man heute, weil man sich liebt, eine Beziehung führen „muss", ist auch der Grund, dass viele unter heimlichen Affären oder Dreiecksbeziehungen leiden. Beziehungsängstliche entwickeln oft sehr abstruse und für dich eventuell skurrile Sichtweisen auf Beziehung und Liebe.

Sind die Bindungsängstlichen einmal in den Strudel aus Liebe versus Beziehung geraten, wird zunehmend negativ interpretiert. Der Berg, so fühlt es sich an, wird höher und höher. Das Fass läuft über. Die Luft wird stickiger. In der Brust wird es eng. Was vom dir gut gemeint oder als Akt der Liebe, Zeichen der Zuneigung und Signal der Sympathie gemeint war, wird als Gefahrenzone umgedeutet. Überall lauern Stolperfallen und vermeintliche Abgründe. Aus deiner Freundlichkeit wird Manipulation, aus deinem Interesse Kontrolle.

Wir vergessen zu leicht, zu vertrauen, sich und der Welt, den eigenen Fähigkeiten, sich durchzusetzen, Nein zu sagen und Grenzen zu schaffen. Wir glauben, uns aufgeben zu müssen, um dem Anderen zu gefallen und wissen dabei um die Konsequenzen für uns. Der oft einzige Ausweg: Distanz (durch Trennung, Kontrolle, Aggressionen, Recycling, Fremdgehen, langfristigen heimlichen Affären usw.).

Mythos 6

Es gibt geheime Strategien, die du noch nicht kennst, um ihm seine Angst zu nehmen.

Es gibt unterschiedliche Fähigkeiten und Perspektiven. Diese zu verinnerlichen, ins Gespräch zu gehen, den Menschen zu fragen, wie es sich für ihn anfühlt, wenn X geschieht, du Y tust oder unterlässt, kann Nähe erschaffen. Es sollte euch beiden auf ehrliche Weise möglich sein, euch in euren Bedürfnissen weder zu maskieren noch zu unterbrechen und gleichzeitig den Erwartungsdruck herauszunehmen bzw. zu lindern.

Nützlich ist es zudem, wenn du deine Ängste, wie zum Beispiel die Angst vor seinem Verlust, begutachtest und an ihnen arbeitest. Währenddessen kann sich dein Herzenspartner in seinem Tempo um seine Ängste kümmern. Jeder muss sich um seine eigenen Ängste allein kümmern können und dürfen. Wen sie sich als Unterstützung holen bzw. ob sie Unterstützung möchten, darf ebenso allein entschieden werden. Während sich zu reflektieren und sich über Angst zu unterhalten gute Annäherungselemente darstellen, bleibt das Handeln jedoch beim jeweiligen Partner.

Ich bezweifle, dass eine Strategie, die im Verborgenen beim ängstlichen Partner angewendet wird, garantiert dazu führen würde, dass er seine Angst verliert. Vertrauen trotz negativer Erfahrungen und die Bereitschaft zu neuen, positiven Erfahrungen vermögen das. Ist der ängstliche Partner aber nur auf Eigenschutz vor wiederholtem Schmerz aus oder gar darauf, eher andere zu verletzen, bevor er selbst verletzt würde, oder bringt keinen Willen mit, seine Gedanken zu überprüfen, kann es schwer werden. Noch schwerer wird es, wenn sich der Partner manipuliert und gesteuert fühlt. Deshalb plädiere ich für die offenen und ehrlichen Wege.

*

Angst in welcher Form auch immer: Für viele Menschen ist es leichter, zu sagen, sie hätten keine. Sie wehren den Vorwurf vehement ab, wenn sie darauf hingewiesen werden. Sie bestreiten jede Furcht, jede Emotion, haben keine Minderwertigkeitsgefühle und fühlen sich rundum wohl und sicher. Das ist für einen Menschen unnatürlich und deshalb sicher gelogen. Aber diese Selbstlüge erlaubt ihnen, ihre Angst und Unsicherheiten abzuwehren.

Jeder Mensch hat seine eigenen Abwehrsysteme bei Angst. Dem werden wir uns in späteren Kapiteln widmen. Wer dabei bleibt, zu sagen, er hätte keine Ängste, der möchte glauben, dass es so wäre - der fühlt sich wohler, wenn er nicht daran denkt und nicht darüber spricht. Denn nicht selten werden die Dinge erst wahr und real, wenn wir offen über sie sprechen. Dann plötzlich haben wir eine Herausforderung und diese auch noch mit jemandem, der uns handeln sehen möchte, besprochen. Es führt zu weiteren Nachfragen - in einer Woche, einem Monat, - ob man schon etwas unternommen hat. Oder es sorgt sogar für Vorwürfe, warum man noch immer nichts getan hat - schließlich hätte man doch darüber geredet. „Ich habe keine Angst!“ ist eine sehr leichte Flucht.

Wider der Verletzlichkeit: Angst, Wut und Traurigkeit als Schutz

„Allzuviel Verletzlichkeit macht einsam
und allzuviel Einsamkeit macht verletzlich.“

Peter E. Schumacher

Man muss sich der Tatsache bewusst sein, dass Angst ein Schutzmechanismus zum Selbsterhalt und damit gleichzeitig Symptom ist, das auf die mögliche Zerstörung des Selbst hinweist. Eigentlich ist es Furcht als angeborenes Urgefühl, die uns stoppt oder antreibt. Sie ist verantwortlich für das Kampf-Flucht-Verhalten. Angst hingegen ist eher wie die kleine Schwester, die das volle Lernprogramm noch nicht durchschritten hat. Daher reagiert sie teilweise voreilig und bei „bekannten“ Gefahren, auch wenn diese keine lebensbedrohlichen Ereignisse nach sich zögen. Angst ist zwar ein ambivalenter Schutz, aber sie hat ein klares Ziel vor Augen: vor Verletzungen zu schützen - besonders dann, wenn man mit ihnen und den ausgelösten Gefühlen nicht umgehen gelernt hat.

Angst misst anhand der Zahl der Verletzungen und erworbenen Kompetenzen. Damit sind persönliche Reaktionen und Ressourcen gemeint. Wie wir mit (möglichen) Verletzungen umgehen, steht deshalb Synonym für unsere Verhaltens-, Denk- und Gefühlsmuster. Einzelne Kompetenzen im Umgang mit Ängsten hingegen sind zum Beispiel:

- über unsere Gefühle und Grenzen zu sprechen
- unsere Begrenztheit (Unvollkommenheit) zu äußern statt in Perfektionsversuchen zu schweigen

- durch einen gesunden Umgang mit unserer Verletzbarkeit resilient gegen Schuld und Scham zu sein
- Durchsetzungsvermögen zu beweisen statt Angst vor Vorwürfen oder Wutausbrüchen zu haben
- die Grenzen anderer zu erkennen statt sie zu verletzen.

Wie wir mit Angst auch umgehen: Die Mehrzahl will heute ihre eigene Verletzlichkeit beschützen, sich nicht angreifen lassen, nicht spüren wollen, wie unvollkommen sie in Wahrheit sind, ihre Menschlichkeit und Nicht-Perfektion verheimlichen. Das ist ein sehr wirksamer, wenn auch unauthentischer, Schutz vor den Urteilen anderer, deren eventuelle Ablehnung und möglicher Rückzug.

Menschen mit Beziehungsängsten leiden am stärksten unter Schuld- und Schamgefühlen. Sie schwanken zwischen dem Gefühl, etwas falsch gemacht zu haben (oder zukünftig Fehler zu begehen) und dem Gefühl, als Person falsch zu sein. Am Ende der Kette steht oft die drohende Traurigkeit, ausgelöst durch fehlende Zugehörigkeit und Einsamkeit als Folge der Isolation. Ihre Angst wird schnell zu einem inneren Antreiber und sagt entweder: „Zieh dich zurück, bevor es wieder so endet wie damals!“ oder „Bemühe dich noch mehr, damit es nicht wieder so endet wie damals!“ Beide Interpretationen werden geleitet durch Angst.

Einige meiner Klienten zeigten zudem einen starken Hang zu Wut (auch passiv-aggressives Verhalten) und Traurigkeit. Bei ihnen fand ich ein starkes Ungleichgewicht zwischen Input und Output. Sie waren mit vielen Informationen, Meinungen, Fremdbedürfnissen und -ansprüchen konfrontiert. Sie selbst aber hatten keine bzw. wenige Strategien, um sich und ihre Meinungen, Bedürfnisse und Ansprüche auszudrücken. Was in ihr System hineingelangte, und je mehr sich das Fass füllte, ließ Enge entstehen. Je enger es wurde, desto wütender wurden sie. Sie richteten die Wut manchmal gegen andere, aber meistens gegen sich selbst, weil sie nicht wussten, was sie aussprechen und einfordern „durften". Dass ihr Gegenüber jederzeit die Wahl hatte, sich abzugrenzen, Nein zu sagen oder über bestimmte Aspekte ins Gespräch zu gehen, sahen sie nicht. In ihrem Kopf herrschte zu viel Nebel. Wenn die Wut wich, tauchte Traurigkeit auf.

Allgemein kann man sagen, dass Wut der Schutzmantel der Traurigkeit ist. Sie mahnt zum Durchsetzen und zum Kampf - gegen Verlust und Gefühle der Traurigkeit, Melancholie und Einsamkeit. Diese hingegen sind schmerzhaft und richten den Fokus auf einen selbst - sie vergeben Verantwortung (Schuld), triggern Minderwertigkeitsgefühle (Scham), wie zum Beispiel die Angst, nicht zu genügen. Wut hingegen ist meist auf andere gepolt, kann sich aber auch gegen einen selbst richten, wenn wir andere als wertvoller betrachten. Blieb die Handlungsenergie der Wut aber aus, führte es meine Klienten stets in eine Leere. Die Traurigkeit war der Schrei nach Er-*füll*-ung. Sie mahnte dazu, dass meine Klienten *für sich* und *in sich* etwas fanden, was sie erfreute, ihre Kreativität weckte und ihnen Frieden schenkte. Daraus würde automatisch Zufriedenheit und Erfüllung - weil Selbstausdruck - resultieren.

Wenige von ihnen aber hatten eine Vision für sich. Stattdessen passten sie sich an und kamen schnell an einen Punkt, an dem sie entweder die Traurigkeit oder die Wut lahmlegte. In der Angstforschung bezeichnet man dieses Verhalten als „Sich-tot-Stellen", neben Kampf und Flucht. Flucht markiert Distanz, Abwerten und Bagatellisieren von beziehungsschädlichen Handlungen („Ich habe keine Angst!" oder „Dreh nicht schon wieder durch!"), Trennung und absichtliches

Nicht-verfügbar-Sein. Kampf stellt das Verhalten dar, das mit Diskussionen, Übergriffigkeit, Schuldzuweisungen und Noch-mehr-Leisten einhergeht („Wenn du mich lieben würdest, dann..."). Sich-tot-Stellen bedeutet aber, sich als ohne Werte, Ansprüche und Wünsche darzustellen: wert-los, anspruch-slos und wunsch-los. Solche Menschen sind sehr bequem im Umgang, machen sie doch stets, was andere von ihnen erwarten. Aber für sie selbst ist dieses Verhalten sehr schädlich. Dass irgendwann Traurigkeit, Wut, Scham und Schuld nicht (noch) mehr ertragen werden können, schürt automatisch Angst. Angst tritt also ein, wenn das Niveau an negativen Gefühlen schon angestiegen ist. Sie kann auch dann eintreten, wenn diese Unvollkommenheit und das Gefühl der Trennung („Du bist besser/wertvoller als ich!", „Ich kann X nicht, du schon!") nicht erkannt werden soll. Sie schützt sowohl einen selbst, als auch alle anderen vor Blöße.

Das bringt uns zum Thema Scham, über das ich in Verbindung mit Beziehungsangst noch einige Worte sagen möchte. Was Menschen mit Bindungsangst glauben, nicht zu können, hat meist wenig mit der Realität zu tun. Aber allein der Glaube, sie oder andere wären unfähig zu lieben oder Beziehungen aufrechtzuhalten, genügt. Henry Ford drückte es so aus: Ob wir glauben, etwas meistern zu können oder ob wir glauben, wir könnten es nicht: Wir werden immer Recht behalten. Da Angst so trügerisch ist, und direkt vor Schuld und Scham steht, um ein Schutzschild zu bilden, kommt sie auch direkt angelaufen, wenn Beziehungsängstliche sich in die Gefahr begeben, sich in ihrer Unvollkommenheit mit allem, was sie nicht können, zu outen:

Wäre ich ein guter Vater? - Nein. Ich hatte ein schlechtes Vorbild. Ich setze am liebsten gar keine Kinder in die Welt.

Sollte ich in eine feste und zukunftsträchtige Beziehung gehen? - Am besten ich wage den Schritt nicht noch einmal. Immer, wenn ich mit Frauen zusammengelebt habe, trennten sie sich kurze Zeit später, weil ich in ihren Augen alles falsch gemacht hatte.

Sollte ich sie lieben? - Das letzte Mal, als ich jemanden für mich gewinnen wollte, lehnte sie mich ab. Das tat weh und ich litt monatelang unter der Traurigkeit.

Sollte ich sie an mich heranlassen und ihr eine Chance geben? - Lieber nicht. Wenn ich mich früher auf eine Frau einließ, obwohl ich nicht so recht von ihr überzeugt war, verliebte ich mich dennoch und war am Ende der, der verlassen wurde, weil *ich* angeblich nicht reichte. Dabei wollte ich sie doch eigentlich gar nicht!

Was Menschen können und was nicht, entscheiden ihre Erfahrungen und vor allem die Vorbilder, die sie haben und hatten. Nicht nur Eltern oder Bezugspersonen prägen unser Bild, sondern auch Freunde und enge Vertraute. Wenn wir nicht gelernt haben, wie „Familie" funktioniert, wie wir lieben, wie es sich anfühlt, geliebt zu werden, wann wir uns sicher und geborgen fühlen dürfen, was wir für jemanden tun sollten oder nicht tun sollten, um die Beziehung zu fördern, was wir für uns tun dürfen und was für die Beziehung vermeintlich oder realistisch schädlich wäre, welches Verhalten entschuldbar ist und welches nicht: All das haben wir in unseren Köpfen in Schubladen abgelegt. Wir müssen bewusst und konsequent daran arbeiten, uns neue Vorbilder zu schaffen und von ihnen zu lernen, was uns fehlt. Gibt es keine Vorbilder im Freundes- oder Familienkreis, können auch therapeutische Angebote helfen, unser negatives und mangelhaftes Bild zurechtzurücken. Idealerweise setzen wir die Energie, die wir dadurch gewinnen, gleich im eigenen Beziehungs- und Liebesleben um. Denn ja: Erlernte Beziehungsstile lassen sich korrigieren.

Doch bei Beziehungsangst wird die liebevolle und verbindende Energie oft in andere Lebensbereiche investiert. Im nächsten Kapitel erläutere ich dieses Phänomen stärker.

Alles nur Stress: Wenn Angst umspringt

„Der Schein ist nichts,
die Wahrheit alles."

Dr. Gerhard Strobel

In meiner Arbeit mit Beziehungsängstlichen erlebe ich häufig Fälle, in denen Angst umspringt und sich als eine andere zeigt. Bei Beziehungsangst ist es - so erstaunlich es in manchen Ohren klingen mag - oft Stress in anderen Bereichen, zum Beispiel dem Beruf oder in der Familie, bei Pflege- oder Ausbildungssituationen. Wird der Pegel an Belastung in einem der Bereiche zu hoch, gemessen an der eigenen Toleranzgrenze, fragen sich Betroffene *unbewusst*, in welchen Bereichen sie Abstriche machen können, um selbst mit ihren Werten erhalten zu bleiben. Oftmals sind es Beziehungen, bei denen sozusagen die Eigenleistungen gekürzt werden.

So hatte einer meiner Klienten starke Belastungen im Beruf. Wann immer Beziehungs*probleme* hinzukamen, sei es in anfänglichen oder jahrelang bestehenden, schwenkte sein Kopf über zur Frage: „Was kannst du tun, um den Stress zu verringern und mehr Zeit für dich zu haben?" Es war in der Beziehung - so hatte er Partnerschaften kennengelernt - nicht möglich, Freiräume für sich zu öffnen und zu nutzen. Er hatte Beziehungen vielmehr als Enge und Belastung wahrgenommen, musste darum kämpfen, „nichts zu müssen" und in Zeiten von Stress einmal nur für sich da zu sein. Mitunter waren die Beziehungen und das Schlechte, was er an ihnen suchte, auch nur ein Mittel, um sich vom Stress abzulenken: „Was gefällt mir nicht an ihr?" (fragte er sich dann). Das alles jedoch ohne sein bewusstes Wissen. Er bemerkte nicht, dass er eigentlich auf der Suche nach möglichen Haken und Veränderungsmöglichkeiten in seinem Berufsleben war.

Ein weiterer Klient stand am Anfang seiner Berufskarriere. Er war bereits seit Jahren in einer festen Partnerschaft, die er sehr schätzte. Dennoch kam es anfangs zu hohen beruflichen Belastungen und zu Ängsten, die er auf die Beziehung schob. Er zweifelte in jenen Momenten daran, sie zu lieben und stellte sich viele Fragen, unter anderem, ob er mit ihr zusammenbleiben *sollte*. Er empfand sie als „nervig und zu fordernd", wünschte sich von ihr mehr Selbstverantwortung und Selbstfürsorge. Aber diese Gedanken tauchten nur auf, wenn er abends von der Arbeit kam und sehr gestresst war, einfach nur seine Ruhe wollte, statt seiner Partnerin Aufmerksamkeit zu geben. Er wollte weder Fragen („Wie war dein Arbeitstag?") beantworten noch sich mit ihr über etwaige Themen unterhalten - nicht einmal am Telefon oder via Messenger.

Beide Klienten hatten Mühe, sich abzugrenzen und Nein zu sagen, alle Neune gerade sein zu lassen und ihre Unvollkommenheit zu akzeptieren, ihre Verletzlichkeit zu zeigen. Sie wollten im Job - immerhin war der existentiell wichtig - keine Schwierigkeiten bekommen, glänzen und nichts falsch machen. Sie litten unter Perfektionismus, verfolgten ihre eigenen Werte kaum, ließen sich schnell ablenken und hetzten streckenweise von einem Termin zum anderen. Das bedeutet nicht, dass sie stets beruflich stark eingebunden waren. Es waren vielmehr ihre Ansprüche an sich und ihre Leistung in Verbindung mit den *vermuteten Erwartungen der anderen Beteiligten.* Dieselbe Leistungsschiene versuchten sie auch in ihren Beziehungen auszuleben. Das allerdings war kein bewusster Beschluss, sondern schien vielmehr nötig. Sie wussten zwar, dass eine

Trennung nicht das richtige Mittel der Wahl wäre, aber wollten „eigentlich“ mehr Raum und oft eine Trennung. Sie wollten ausbrechen - aus dem Stress rund um Fremdansprüche und Fremdbestimmung. Nur in Distanzbeziehungen konnten sie mitunter die Waage halten und sich ihre Freiräume nehmen. Hatten sie Angst vor Nähe? Nein. Sie beschützten ihre Ich-Grenzen - denn etwas in ihrem Leben ließ sie an ihre Grenzen kommen.

Was allen Klienten, die unter Bindungsängsten litten, fehlte, waren klaren Vorstellungen und Ziele für sich selbst. Es ist kein Ziel, ein Junggeselle zu bleiben. Junggeselle bleibt man aus Angst vor Einengung, Verantwortung für andere und vor allem vor Unvollkommenheit - der eigenen und der der Partnerin. Mit Zielen und Vorstellungen sind Werte, Moral und Visionen gemeint, die man für sein Leben bestimmt und nach denen man handelt. Kommt einem jemand zu nahe, überschreitet die eigenen Grenzen oder ist gar bewusst übergriffig, kann man das erkennen und sich selbstbewusst aufbäumen, aber ruhig Nein sagen. Wie oft man solche Situationen geschehen lässt, entscheidet jeder für sich. Doch die Möglichkeit, nicht davonzurennen, wenn es einmal schwieriger wird oder sich zu seinen Ansichten zu äußern und um Kompromisse zu bitten, hat jeder.

Doch bei Beziehungsängstlichen entpuppen sich diese Kompetenzen als besondere Herausforderung: Sie fürchten sowohl die Ablehnung vonseiten des Partners, als auch eine eventuelle Trennung, ganz im Sinne des elterlichen „Entweder du machst, was ich sage oder ich bin böse und habe dich nicht mehr lieb!“. So eine Reaktion ist selbst von Eltern fragwürdig. Bei Erwachsenen jedoch ist sie höchst zweifelhaft. Zu lernen, wie sie ruhig und selbstbewusst in solchen Momenten mit den Ansprüchen anderer umgehen können, wie sie Gespräche gewaltfrei führen und so ihre Grenzen klarstellen, war eine wichtige Erfahrung für sie.

Es fiel ihnen auch schwer, ihre Konzentration und Motivation aufrechtzuerhalten (positive Gefühle nicht zu verlieren). Da sie beruflich stark gefordert waren bzw. sich selbst forderten, blieb oftmals kaum Energie und Muße für den Partner übrig. Sie tankten auch nicht genügend Kraft in ihrem Privatleben, sondern wollten sich hier ebenso beweisen (oder meinten, sie müssten). Sie ließen keine Luft zum Atmen und Entspannen. Wie schwer Stress und fehlende Freiräume auf die Psyche schlagen können, wissen wir alle, auch Menschen mit Beziehungen und ohne Angst.

Bei starkem Stress mahnt der Körper immer zu Rückzug, gleich, wovon. Statt sich Strategien zu suchen, um zum Beispiel die Arbeitsbelastung zu minimieren oder den Umgang damit, wichen meine Klienten aus. So handhaben es viele Menschen. Bei Stress erscheint nach einiger Zeit vieles, wenn nicht sogar alles, sinnlos(er). Man fühlt sich überlastet und überfordert, braucht Ruhe, kann niemandem und nichts mehr Aufmerksamkeit schenken oder will es nicht mehr. Jedes Gespräch ist eine zusätzliche Belastung und laugt die wenige, noch vorhandene Energie aus. Man wird traurig und/oder wütend wegen der Umstände, verteilt Schuld und Verantwortung, entweder an sich oder an andere. Man versucht der Lage Herr zu werden. Doch wenn man Selbstabgrenzung nicht gelernt hat und ebenso wenig als „in Ordnung“ vermittelt bekommen hat, dann tut man, was man gelernt hat, zu tun: Rückzug, wo und wie er möglich ist. Nimmt der Stress dann wieder ab, weil die Belastung minimiert wurde, tauchen Zweifel an der Entscheidung auf. Nicht selten wollen die Menschen dann wieder zu ihren Partnern zurück - auch wenn dieser Umgang wie Willkür und Angst aussehen mag. Deshalb wirken viele Partnerschaften mit beziehungsängstlichen

Menschen wie On-Off-Beziehungen. In Wahrheit jedoch handelt es sich um Stress und seine - ja, missliche - Verarbeitung.

Dennoch ist dieses Schema leicht mit einer Flucht vor Beziehungen zu verwechseln. Beispielsweise Arbeit und Karriere wird bei einigen zu einer Kompensation, um sich nicht mit der Unberechenbarkeit in und mit der Liebe auseinandersetzen zu müssen. Doch diese Beziehungsängstlichen, die sich darin flüchten, führen selten Beziehungen, die man als „fest" betiteln würde. Sie zweifeln nicht nur, sie handeln wegen ihrer Zweifel und fliehen vor und aus ihnen. Sie würden eher klassische On-Off-Beziehungen und Affären ansteuern.

Menschen, die jedoch Stress unterliegen und durch eine Eindämmung der Beziehung versuchen, dem Stress durch einen anderen Lebensbereich zu minimieren, tendieren eher zu stillen Zweifeln, Fernbeziehungen und tageweisen Rückzug. In Zeiten von Nichtbelastung jedoch sind sie wieder frei und weit in ihrem Herzen. Diese Energie tragen sie automatisch in die Beziehung zurück, die sie in ihren Grundzügen zu schätzen wissen. Sie zweifeln nicht an den Vorteilen oder Vorzügen der Beziehung oder der Frau; sie zweifeln wegen der Tatsache, dass sie zweifeln. Sie machen sich Gedanken über das, was sie denken. Sie versuchen, sich aus ihren engen und angsterfüllten Gedanken einen Reim zu machen, während sie die Beziehung nicht in die Brüche gehen lassen wollen. Darunter leidet die Beziehung dennoch, denn die Partnerinnen bemerken die Stimmungsschwankungen, Aggressionen und Energielöcher über kurz oder lang, werden eventuell sogar wütend oder selbst ängstlich, wenn sie keine Begründungen erhalten und nicht helfen können. Es löst nicht selten einen Kontrollverlust bei Frauen aus. Da aber viele der Männer dieses Schema nicht einzuordnen wissen, fallen ihnen die Erklärungen schwer. Wie soll man auch etwas in Worte fassen und sich rechtfertigen, wenn man es weder durchschaut noch die wahre Ursache erkennt? Dass es demnach an ihnen selbst oder der Partnerin oder der Beziehung liegen müsse, liegt leichter auf der Hand.

Lieben Beziehungsängstliche weniger?

„Unter allen Leidenschaften der Seele bringt die Trauer am meisten Schaden für den Leib."

Thomas von Aquin

Es herrschen einige Vorurteile in Bezug zur Frage, ob Männer genauso lieben und leiden wie Frauen. Meine Erfahrungen mit Klienten und Männern zeigen mir klar, dass sie lieben, gleich, in welcher Schublade sie stecken, die Frauenzeitschriften für sie gebaut haben. Sie meinen zu wissen, welche Männer Machos, Paschas, Metro-Sexuelle und Softies sind. Sie kategorisieren Menschen, um sie greifbarer und die Situation mit ihnen kontrollierbarer zu machen. Irgendwer muss wohl schuldig sein, sonst ergibt nichts einen Sinn. Doch dieses Schubladendenken scheint den Männern (und Frauen) zunehmend Schwierigkeiten zu bereiten. Wollen Männer überhaupt noch die alten Klischees und Rollen erfüllen, um „ein Mann" zu sein?

Ich erhalte mehr Zuschriften von Männern mit Liebeskummer als von Frauen. In ihren E-Mails ging es aber nie um Geld oder ein Luxusproblem, auch nicht um Selbstverwirklichung. Es drehte sich immer um ihre Beziehungen, unerwiderte Liebe von einer Frau. Und ihre Enttäuschung. Ihre Erfahrungen zeigen mir: Mitunter lieben Männer sogar stärker als Frauen und leiden mindestens genauso.

Markus zum Beispiel litt erheblich unter seiner ehemaligen Beziehung. Er war frisch mit dem Studium fertig, fand jedoch – wie so viele Berufseinsteiger – nicht sofort eine Anstellung. Er blieb eine Weile arbeitssuchend, bewarb sich und versuchte alles, um

Platz auf dem Arbeitsmarkt zu finden. Währenddessen begann seine Partnerin, sich unwohl zu fühlen. Sie fand, dass er „kein Mann“ wäre, wenn er arbeitslos sein würde. Ihre Unzufriedenheit und Erwartungshaltung in Bezug auf den beruflichen Status eines Mannes verleitete sie dazu, mit einem Kollegen fremdzugehen. Markus fand es heraus, doch sie zeigte nicht einmal ein schlechtes Gewissen. Stattdessen zog sie aus.

Mit dem Auszug löste sich seine Blockade, als hätten sein Herz und Verstand absichtlich eine Anstellung verhindert, nur um ihr Bild eines „Mannes“ nicht erfüllen zu müssen. Trotzdem litt er nach der Trennung unter großen Selbstwertproblemen. Bei jeder neuen Frau, die er kennen lernte, hatte er die tiefe Angst, wieder abgelehnt zu werden, nicht zu genügen, nicht „Mann genug“ zu sein. Das verhinderte vielversprechende Beziehungsanfänge bereits im Keim. Denn er hatte stets große Bedenken, wenn er meinte, er würde „zu viel“ geben und zu wenig zurückerhalten und gab daher vorsichtshalber erst einmal nichts. Nur Forderungen an die Frauen, wie er heute weiß, hatte er ausreichend. Er machte es seiner Verflossenen unbewusst nach, als würde er ihr still hinterherrufen: „Ich hatte auch Bedürfnisse!“

Tief in ihm glaubte er, dass diese zu 100 Prozent erfüllt werden müssten, damit er sich wohlfühlen könnte. Während er jedoch vorher der fürsorgliche und liebevolle Partner war, wandelte er sich nach der Beziehung ins Gegenteil. Das war eine Erinnerung an ihn selbst: „Verbiege dich nie wieder für eine Frau!“ Alle Bedürfnisse einer jeden Frau an seiner Seite, insofern sie „sein Programm“ störten, waren ihm gleich. So sehr hatte er sich darauf konzentriert, aus Angst, erneut verletzt zu werden, nie wieder Kompromisse einzugehen. Er hatte in seiner Ex-Partnerin eine gute Meisterin in „Sachen Liebe“ gefunden: Um seine Angst vor

(Selbst)Verlust abzuwehren, verhielt er sich nun so wie sie damals. Er vergaß, dass zu einer zufriedenen Beziehung zwei Menschen gehören und wurde emotional nicht verfügbar.

Als sich (wieder) eine neue Bekanntschaft von ihm trennte, eben weil sie sich unbeachtet in ihren Bedürfnissen fühlte, weinte er stundenlang. Es war eine Mischung aus der damaligen Trauer, die er nicht richtig verarbeitet hatte und der wiederholten Enttäuschung. Aber er sah nicht, dass es Angst war, die ihm im Weg gestanden hatte.

*

Zum Einen lieben Männer genauso wie Frauen. Sie leiden auch ebenso schwer. Das ist Tatsache und menschlich, selbst dann, wenn du das Gefühl haben solltest, dass dein Herzenspartner nicht leidet. Doch es herrscht das Vorurteil, sie seien es, die immer bekommen, was sie haben wollen, wann immer sie es wünschen, während ihnen keine Ablehnung oder Kritik, Trennung oder Scheißtage etwas anhaben könnten. Sie bräuchten keinen Schutz, keine Fürsorge und nicht noch mehr Aufmerksamkeit. Sie hätten ja ohnehin alles, was Frauen fehle. „Die frühe Frauenforschung war von der Annahme geleitet, dass der Umstand, sozial benachteiligt und unterprivilegiert zu sein, Frauen…miteinander verbinde und eine Gemeinsamkeit der (Unterdrückungs-)Erfahrung zur Folge habe“, so Wilems.[v] Ich aber kenne sowohl Männer als auch Frauen, die Menschen „verbrauchen“. Sie verlassen sie aus den kleinsten Anlässen und geben ihnen die Hauptverantwortung und nicht selten die Schuld dafür, dass die Beziehung zerbrach oder keine Chance hatte, eine werden zu können. Was diese Menschen suchen, ist weit von Liebe entfernt. Sowohl Frauen als auch Männer, bindungsängstlich bzw. -unfähig hin oder her, verwechseln Aufmerksamkeit und Dauerzuwendung mit wahrer Liebe. Aber Liebe fordert und besitzt nicht. Je mehr man jedoch enttäuscht wird, umso stärker greifen funktionale Schutzmechanismen.

Es ist auch lang vorbei, dass Männer diejenigen seien, die nur den Spaß und das Oberflächliche suchen würden. Mindestens Berlin, und ich mutmaße kühn, dass das auf alle Großstädte zutrifft, ist überfüllt mit Frauen, die sich nehmen, was sie wollen, und Männern, die sich zwischendrin verlieren oder um ein Leben, wie sie es wollen, kämpfen. Doch wie Willems in seinem Werk anmerkt, rührt das Selbstverständnis eines Mannes aus seinem sozialen Umfeld und das, was es von einem „Mann" und einer „Frau" erwarte. Wir werden demnach zu dem, was wir lernten, zu sein. Wenn ein Mann in einer traditionellen und konventionellen Familie aufwuchs, dann wird er diese Rahmenbedingungen wahrscheinlich im Erwachsenenleben fortsetzen und forcieren wollen. Wir kreieren alle auf eine Art unsere Kindheit neu, an die wir gewöhnt sind oder suchen das Gegenteil, weil sie für uns unkontrollierbar war.

Diese „typisch" männlichen und weiblichen Rahmenbedingungen werden sowohl in den Medien, im Job und in traditionsreichen Umfeldern mit Zwang aufrechterhalten. Doch wie das Beispiel meines Freundes zeigt, leiden Männer mindestens genauso stark. Sie denken genauso viel nach und fragen sich ähnlich grüblerisch, ob und was sie falsch gemacht haben, welcher Schritt jetzt der Beste wäre und ob sie sich überhaupt bewegen sollten.

Klaus klagt seit Jahren: Er ist unzufrieden in seiner Beziehung, aber fühlt sich wegen dem gemeinsamen „Kind, Hund, Haus und Hof" hoffnungslos abhängig. Würde er seiner Partnerin sagen, dass er sich ein anderes Leben wünscht, ohne sie, hieße das in seinen Augen:

Schuld und Versagen. Er wäre schuld daran, dass sie in dem falschen Glauben lebte, alles sei in Ordnung. Er wäre schuld daran, dass ihre Wahrheit sich als Lüge entpuppen würde. Er wäre schuld daran, ihre Jahre und Mühe verschwendet zu haben und nun ohne ihn dastehen und zurechtkommen zu müssen.

Statt jedoch eine Kommunikationsbasis zu suchen, Wünsche oder Forderungen auszusprechen, ging er regelmäßig fremd. Bei seiner jeweiligen Geliebten fand er ein Stück Privatsphäre und Ruhe, in Verbindung mit dem Gefühl, begehrt und gesehen zu werden, mit Selbstausdruck und ein paar Stunden der Gewissheit, dass das Leben mehr bot, als das, was er tagtäglich erfuhr. Ironischerweise machte es seiner Partnerin wenig aus, dass er so oft und regelmäßig untreu war. Ihr war wichtig, dass der Anschein eines glücklichen und zufriedenen Familienlebens mit intakter Partnerschaft aufrechterhalten blieb und sie nicht zu viel von seiner Untreue mitbekam. Solange er mit ihr zusammenbleiben wollte, trug sie stillschweigend seine Geheimnisse. Obwohl er gelernt hatte, dass sie sich betrügen ließ und dennoch bei ihm bleiben wollte, hatte er große Schwierigkeiten mit ihrer geringen Selbstachtung. Er versteht bis heute nicht, wieso er bleiben soll. Aber er bleibt. Seine Angst, sie zu verlassen und somit zu verletzen, sucht sich bis heute ihre Wege.

*

Viele der Männer, die ich kenne oder mir von ihren Leben berichteten, scheinen nach eine tiefsitzende Angst zu haben, zu ihren Gefühlen zu stehen und sie auszudrücken. Damit meine ich jene Gefühle, die nichts mit dem offiziellen und größtenteils schwächeverneinenden Klischee eines Mannes zu tun haben. Besonders, wenn es um unerfüllte Bedürfnisse in ihrer Partnerschaft geht, schweigen sie tendenziell. Damit ist nicht nur ausbleibender Sex gemeint, wie einige im Netz tönen, sondern vor allem das Gefühl, gewollt zu sein, während sie Anerkennung ihrer Individualität erfahren. Doch sie verzweifeln oft an den Bedingungen der Gesellschaft und denen ihrer Partnerinnen, gar nicht so sehr am Alltag. Sie fragen sich, was und wie sie etwas tun sollen, um das Gefühl der emotionalen Stabilität und Sicherheit zu bekommen, das sie sich wünschen, während sie das offizielle Bild eines Mannes, des Ernährers, des Stärkeren, des besten Freundes, des guten Vaters usw. zu erfüllen versuchen. Sie leben die Rollen nicht nur, um in die Gesellschaft zu passen. Sie leben sie auch deshalb aus, weil es noch viele Frauen gibt, die eine bestimmte Rolle wollen. Erfüllen sie aber die offizielle Rolle plötzlich nicht mehr, könnten alle Fäden zu reißen beginnen.

Die amerikanische Psychotherapeutin Katherine Schafler fasste die Grundbedürfnisse eines jeden Menschen (und Mannes, ob bindungsängstlich oder nicht) zusammen und postulierte in einem Artikel, dass es vier Fragen wären, die wir an unseren Partner in einer Beziehung richten[vi]:

- Siehst du mich?
- Kümmert es dich, dass ich hier bin?
- Bin ich für dich genug oder willst du, dass ich in einigen Bereichen der Beziehung und des Lebens besser bin?
- Kann ich in deinen Augen lesen, dass ich besonders für dich bin?

Blieben diese Fragen unbeantwortet und offen oder aber hieße die Antwort Nein, würden sich alle Partner unwohl fühlen.

Auch einmal schwach sein dürfen

„In dem Maße, in dem der Mann zum (Haupt-)Ernährer der Familie wird, steigt die Wahrscheinlichkeit, dass er ein darauf zugeschnittenes Selbstverständnis entwickelt.“[vii] Was aber, wenn sich dieses Verständnis für Männer gar nicht mehr tragen und verwirklichen lässt? Was geschieht mit den Männern, die die offiziellen Rollen einer Frau und eines Mannes abzulegen versuchen und gleichzeitig daran scheitern? Oder: Was geschieht mental in einem Mann, wenn er sich zwischen dem Offiziellen und dem Eigentlichen gefangen fühlt und keine Auswege mehr sieht, um sich selbst zu fühlen, während er die Ziele seines Umfelds verfolgen soll, um niemandem Angst zu machen?

Tim, ein junger und erfolgreicher Angestellter einer gut bezahlten Branche, verbrachte seine Tage mehr im Büro als in seiner 1-Zimmer-Wohnung. Er hatte über die letzten Jahre mehrere Bekanntschaften gemacht, aber sie gingen genauso schnell, wie sie kamen. Nur eine Frau hatte er sprichwörtlich zweimal im Leben gesehen. Sie verband derselbe Freund, trotz unterschiedlicher Freundeskreise und Wohnorte. An zwei Geburtstagen traf man sich, mochte sich und verbrachte eine schöne Nacht miteinander. Beim ersten Treffen war er derjenige gewesen, der nicht mehr gewollt hatte.

Doch - beim zweiten Treffen - plante er ihren Zusammenzug, ihre Heirat und baldige Familienplanung, jedoch ohne ihre Teilhabe. Sie blieb still, beobachtete ihn und wunderte sich von Stunde zu Stunde mehr. Während er sie weder gefragt hatte, wie es ihr ging noch wie ihr Leben aussah, stellte sie fest, dass er mehr *irgendjemanden* wollte als sie. Er jagte fast panisch seinem Traum eines konformen und erfolgreichen Lebens hinterher. Als sein Zukunftsbild etwas zu „bunt“ wurde, machte sie ihm klar, wie sie die

Angelegenheit einschätzte. Zu viel trennte sie: Kilometer, einnehmende Jobs und viele persönliche Werte und Ziele. Er hingegen war bereit gewesen, alles auf sich zu nehmen, nur um sie wenigstens einen Tag in der Woche zu sehen. So romantisch, wie das klingt: Er hatte übersehen, dass die vielen Jahre der Einsamkeit große Angst in ihm ausgelöst hatten. Er fühlte sich durch die Bekanntschaften, aus denen keine Beziehung entstanden war, abgelehnt. Gleichzeitig empfand er sich stereotypisiert - aufgrund seines Geldes, Status und der Ernährer-Rolle. Doch wenn er merkte, eine Frau wollte wegen dem Geld und dem Stand bleiben, zog er sich zurück. Seine Angst, nur ein gut aussehender und gut verdienender Lückenfüller zu sein, war genauso groß wie seine Angst vor dem Alleinsein, dem Versagen und Nichtgenügen.

Andere Werte, andere Männer?

Willems berichtet davon, dass während das alte Rollenbild weiterhin vorherrsche, es sich gleichzeitig wandeln würde. Aufgaben innerhalb der Familie und Partnerschaft blieben als Selbstverständnis erhalten, während sich die berufliche Rollenverteilung zunehmend auflöse. Männer hätten eine Emanzipation erlitten.

Auch das Klischee, Männer würden sich nicht zurücknehmen können, sondern nur nehmen, täuscht Frauen über ihre eigentliche Fürsorge und die Tatsache hinweg, wie sehr sich Männer bereits verändert haben - und weiterhin verändern. Einige passen sich bereitwillig allen neuen Bedingungen an, andere wiederum wehren sich, um ihre Bedürfnisse und Ziele zu schützen.

„Du bist nie da!“

„Wenn du mich lieben würdest, dann…“
„Nie kümmerst du dich um mich!“
„Ich muss alles allein machen!“

Das sind nur einige Sätze, die erneut uns Frauen als die Tragenden in Hinsicht Verantwortung, Pflicht und Liebe positionieren und „herausrutschen“. Doch während wir uns mit diesen Beschuldigungen einiges schönreden, existieren auch Männer, die diese anscheinend rare Fähigkeit sehr wohl besitzen.

Ich habe erlebt, dass viele von ihnen an Frauen geraten, die diese Eigenschaften ausnutzen - und Männer so erhebliche Wunden erleiden. Andersherum gibt es viele Frauen, die mit diesen Sätzen völlig Recht haben. Wenige meiner Freunde haben es geschafft, eine ausgeglichene und emotional sichere Beziehung zu führen, in der beide Teile gleichmäßig geben und empfangen können - und dürfen, ob beziehungsängstlich oder nicht. Solche Szenarien treten nicht nur auf, wenn man meint, der Herzenspartner sei bindungsphobisch. Erlebte Verletzungen machen viele Menschen vorsichtig, besonders dann, wenn diese Erfahrungen drohen, sich zu wiederholen.

Vor circa fünf Jahren war ich kurz bei einer Partnerbörse angemeldet und hatte Kontakt mit einem Mann. Wir schrieben zwei Wochen lang viele Nachrichten und lernten uns näher kennen, bevor ich ihn fragte, ob wir uns treffen wollten. Er war anfangs ängstlich, aber schlussfolgerte dann: „Stimmt, ich will ja keine Brieffreundschaft!“ Er hatte eine Beziehung hinter sich, in der er viel gegeben hatte: von Geld über Unterstützung und emotionalem Halt während einer schwierigen Phase seiner Partnerin. Er hatte sich zurückgenommen, um ihr den Raum zu geben, den sie brauchte. Wie sich herausstellte, brauchte sie ihren Partner, als ihre Phase beendet war, nicht mehr. Sie merkte vor allem, dass sie nun bereit war, mehr aus ihrem Leben zu machen. Doch in ihrem neuen Leben war kein Platz für ihn.

Die Trennung traf ihn tief. Er hatte es als Selbstverständlichkeit empfunden, sich zurückzunehmen und einfach nur da zu sein, wenn sie ihn brauchte. Er hatte gehofft, dass sich nach dieser Phase alles wieder einpendeln und sie beide zuversichtlich in ihre Zukunft blicken konnten. Er hatte geglaubt, ihr Stärke und Halt zu geben, sei alles, was sie benötigen würde, während sie ihre berufliche Krise durchhielt. Aber er wurde enttäuscht.

Zwischen uns beiden entwickelte sich leider nicht mehr, aber ich erinnere mich noch, wie er sagte: „Ich werde weiter an mich glauben. Irgendwann finde ich eine Frau, der ich genüge."

Genügen und gewollt sein

Diese Geschichten sind natürlich Einzelfälle, *aber* vorrangig normal und menschlich. Jeder Partner macht Fehler und hat einen Anteil am Gelingen oder Scheitern einer Beziehung. Diese Beispiele sollen zeigen, dass es gegenteilige Verhältnisse zu dem, was viele Frauen denken und glauben, durchaus gibt. Tatsächlich gibt es diese Männer, die nicht nur genauso leiden, sondern auch genauso intensiv lieben und teilen wollen. Sie wünschen sich nichts sehnlicher, als anzukommen und aufgehoben zu sein, bei einem Menschen, der sie so liebt, wie sie sind - auch, wenn sie einmal schwach sind oder nicht dem typischen Ideal der alten Männerrolle entsprechen. Vielen Beziehungsängstlichen geht es so.

Einem lieben Freund ging es lange Jahre schlecht. Er hatte etliche Bruchlandungen und Ablehnungen hinnehmen müssen, Affären und einzelne Nächte mit

Frauen verbracht, die sich im Nachhinein als nicht weiter interessiert offenbarten. Als er seine heutige Ehefrau kennenlernte, war er selbstverständlich vorsichtig, aus Angst, wieder enttäuscht zu werden. Doch die Tatsache, dass sie ähnliche Ziele und Bedürfnisse hatte wie er, ermöglichte es ihnen, eine liebevolle und emotional sichere Beziehung aufzubauen. Für diese musste er zwar einiges in seinem Leben opfern, umziehen und viele ihm liebe und treue Freunde zurücklassen. Aber die Aussicht auf das, was er die ganzen Jahre gesucht hatte, trieb ihn an. Als ich ihn neulich wiedertraf, erzählte er mir, wie sein Leben heute aussah. Dabei blieb ein Satz in meinem Gedächtnis hängen, der wunderbar beschreibt, was die anderen Beispiele oben suchten, aber so sehr vermissten: „Sie ist gut zu mir."

*

Gut zu seinem Partner zu sein, heißt nicht, alles zu tun, was er will oder still zu ertragen, was er tut bzw. nicht tut. Was mein Freund damit meinte, war, dass seine Ehefrau ihn in seinen Gefühlen akzeptierte und respektierte. Ihr missfiel einiges an ihm, aber das Gute und Positive überwog. Sie jammerte nur selten, sondern äußerte klipp und klar, was sie brauchte. Sie kannte sich und ihre Grenzen. Er wiederum musste auch das neu lernen, aber fand schnell einen gemeinsamen Nenner: *Wenn ich dich im Kern so lasse, wie du bist, lässt du mich so, wie ich bin.* Seine Frau hatte dem offen zugestimmt. Es ging nicht um Wohnungsputz oder all die anderen Kleinigkeiten, die in einer Beziehung stören können. Es ging um Grundbedürfnisse und Charakter.

Leider tendieren viele Menschen dazu, ihren Partner ändern zu wollen, besonders, wenn der- oder diejenige Widerstand zeigt. Wie tief Ängste sitzen und wie schwer es tatsächlich ist, sie aufzulösen, übersehen die meisten.

Es führt dazu, dass sie regelmäßig anprangern und kritisieren, was derjenige tut und was nicht, ist und nicht ist. Es sind mehr Forderungen als Bitten, mehr Befehle als Fragen. Doch statt Erwartungen erfüllen zu müssen, geht es besonders Bindungsängstlichen darum, eben nichts und niemanden „füllen“ zu „müssen“. Das ist der Sinn. Außer aber sie fürchten Trennung und Alleinsein. Dann sind sie anfangs (und lange Jahre) damit beschäftigt, ihre Partnerin glücklich zu machen, wann immer sie unglücklich ist und die Verantwortung für ihr Wohl zu übernehmen. Das geht bei einigen länger gut als bei anderen. Meist aber endet es in Angst- und Panikattacken, Depressionen und suchtähnlichem Verhalten, weil sich der Schatten aus verdrängten Gefühlen und Bedürfnissen seinen Weg ins Licht bahnt.

Was ich damit sagen möchte: Ein bindungsängstlicher Mensch kann nicht kategorisiert werden. Die vorherrschende Angst braucht nicht zwingend etwas mit Beziehungen oder Liebe zu tun haben. Sie kann sich auch auf Rollen, die erwartet werden, konzentrieren. Der Mann kann bestimmte Rollen, die er zur Genüge gespielt hat, nicht mehr ertragen. Er hat seinen Schatten gespürt und angehört. Er sitzt entweder zwischen Ja und Nein oder aber tendiert verstärkt zum Nein. Er hadert sehr mit dem, was er „sein soll“, um dir zu gefallen und zu genügen.

Wir müssen alle Fernsehmythen von *Sex in the City* bis hin zu *Two and a half Man* in die Tonne werfen, denn: Meine offizielle Erklärung (wohlgemerkt meine) besteht mittlerweile darin, dass Männer nicht nur weniger Schwäche zeigen, weil es ihnen „weniger erlaubt“ sei. Sie halten sich in allen Schwäche offenbarenden Situationen eher zurück, so auch, wenn sie psychisch angeschlagen sind. Selbst bei Ärzten und unter Freunden sind psychische Belastungen und Krankheiten erst einmal nur „Stress“, resultierend aus den

Herausforderungen, denen sich Männer gegenüberstehen sehen. Selbst die Psychologie gestand ein, dass sie die männliche Depression und Angst noch viel zu wenig erforscht hätte.

Die Symptome zu erkennen und zu verstehen, scheint mit dem Abtrennen alter Rollenmuster einherzugehen, als spiele ihnen das ehemalig „Starke“ und „Unzerstörbare“ plötzlich einen Streich. Männern ist Liebe (in jeder Form) mindestens genauso wichtig und soll als stabil und sicher erfahren werden. Lust ist nur noch ein Teil der Partnerschaft, aber nicht mehr der wichtigste. Auch scheint es ihnen immer bedeutungsvoller zu werden, wie sie sich sehen und wie ihre Beziehungen in Wahrheit sind. Sie möchten mehr Authentizität und echte Liebe, tauschen es teilweise bereitwillig gegen viele Opfer ein. Sie lernen sich selbst neu kennen, entdecken ihre wahren Bedürfnisse, Grenzen und Werte. Sie sind auf der Suche nach einem Weg zwischen dem, was sie sich wünschen und dem, was sich jemand anderes für sie ausgedacht hatte.

An dieser Stelle kommt Beziehungsangst in allen Facetten ins Spiel:

- Was du dir von ihm wünschst
- was er in deinen Augen sein und darstellen soll
- welche deiner Erwartungen erfüllt werden „müssen“
- wessen Bedürfnisse Priorität haben

und die Antworten darauf, lösen Angst aus. An dieser Stelle lade ich dich ein, deine und seine „Bedingungen“ kennenzulernen, gegenüberzustellen und zu überprüfen.

Was du dir von ihm wünschst:	Was er sich von dir wünscht:
Was er in deinen Augen sein und darstellen soll:	Was du in seinen Augen sein und darstellen soll:
Welche deiner Erwartungen „muss“ er erfüllen?	Welche seiner Erwartungen „musst“ du erfüllen?
Welche deiner Bedürfnisse sind wichtiger als seine?	Welche seiner Bedürfnisse sind wichtiger als deine?

Es macht Sinn, genauer hinschauen, da die Antworten oft zeigen, wie vielfältig die Bedürfnisse und Erwartungen sind. Egal, ob dein Herzenspartner Angst hat und was irgendwer im Netz dazu sagt, wie du es ändern könntest: Habt ihr zwei verschiedene Werte und Grundauffassungen über Liebe und Beziehung, macht auch seine Angstfreiheit nur wenig besser. Auf der anderen Seite kann dir die Übung helfen, um Stolperfallen, die ihr beide überseht oder verschweigt, aufzudecken: zum Beispiel, dass er deine Grenzen überschreitet, wenn er sich zurückzieht oder du dir wünschen würdest, dass er es anmeldet, wenn er Zeit braucht. Umgekehrt kann es sein, dass er übersieht, wie schmerzhaft es für dich ist. Oft liegt der Hund dort begraben, weil es keine Gespräche darüber gibt, die den Schmerz ausdrücken (nur Wut oder Angst). Es kann somit keine emotionale Reaktion deiner- oder seinerseits folgen. Du könntest dich zum Beispiel zurückziehen oder aussprechen, dass du hier eine Grenze setzt (statt zu schweigen).

Ich möchte in den kommenden Kapiteln die einzelnen Ausprägungen der Beziehungsangst näher beleuchten, um auch die Herausforderungen, die damit in Verbindung stehen - für beide Seiten - aufzuzeigen. Denn es zeigt sich, dass verschiedene „innere Ursachen" deines Herzenspartners Angst in ihm wecken können. Seine Angst möchte ihn davor schützen, dass ihm wehgetan wird. Diese inneren Verursacher konzentrieren sind vor allem auf:

- Angst vor Ablehnung
- Angst, durchschaut und bloßgestellt zu werden
- Angst vor den eigenen destruktiven Gefühlen, Wutausbrüchen und ausgelebten Aggressionen
- Angst vor dem Verlassenwerden
- Angst, die Kontrolle zu verlieren

- Angst, in Beschlag genommen und ausgenutzt zu werden
- Angst vor dem Ge*bund*ensein und fehlender Freiheit (Festsitzen)
- Angst, selbst abzulehnen, sich zu trennen und im Stich zu lassen
- Angst vor der eigenen hohen Sensibilität und der Unberechenbarkeit tiefer Liebesgefühle
- Angst vor Einsamkeit und innerer sowie äußerer Leere
- fehlendes Urvertrauen
- fehlende Erfahrung mit schöner, wohltuender Liebe, die anhält (emotionale Beständigkeit)
- Angst vor Konflikten und möglichen Beziehungsabbrüchen
- Angst vor Monotonie und Langeweile

Angst I: Angst vor Nähe

„Viel Kälte ist unter den Menschen, weil wir nicht wagen, uns so herzlich zu geben, wie wir sind.“

Albert Schweitzer

Über die Angst vor Nähe gibt es einen treffenden Spruch: *„Gefühle sind auch nur noch etwas für die ganz Mutigen!“* Angst vor Nähe spricht oft von Menschen, die emotional nicht verfügbar sind - mit Grund. Sie sind zwar auf Partnersuche oder in einer distanzierten, funktionalen Beziehung (eine mit einer Funktion), aber verspüren oft und schnell den Drang, sich wieder zu distanzieren. Gefühle zu zeigen ist für sie schwer. Sie leiden an und unter ihrer Nähe-Distanz-Problematik, die oft mit oder durch Verlustangst hervorgerufen wird. Sie kommt besonders an die Oberfläche, wenn es viel Nähe gegeben hat oder Nähe verlangt/erwartet wird. In solchen Momenten neigen Bindungsängstliche als Schutzmechanismus zu Trennungen oder Kontrollsucht. Das liegt an ihrer Unsicherheit im Umgang mit Gefühlen. Denn Liebe und Beziehung wird gleichgesetzt mit emotionaler Unsicherheit, der Angst, nicht zu genügen und vor allem der Angst, verlassen zu werden. Es kann aber auch ein Ausdruck der eigenen Selbstverlustangst sein, die die Angst, durchschaut zu werden, mit sich bringt. Dann würde dein Herzenspartner fürchten, dass du ihn in seinen ganzen Facetten, auch den schlechten, erkennst und ihn ablehnst.

Laura hatte seit ihrer Kindheit den Befehl bekommen, ihren Vater, der ihrer Mutter nicht genügte, genauso wenig zu mögen. Wann immer sie nach ihm fragte oder Erklärungen von ihrer Mutter wollte, was an ihm so schlecht gewesen war, dass sie sich trennte und ohne ihren Vater aufwachsen musste, wurde die Mutter wütend. Es hieß wiederholt: „Er wollte dich sowieso nicht!“ Der Vater hatte bei der Scheidung auf ein geteiltes Sorgerecht verzichtet. Laura kannte seine Gründe nicht, aber es fiel ihr schwer, ihn für „schlecht“ abzustempeln. Sie hatte das intuitive Gefühl, dass mehr dahintersteckte, als ihr ihre Mutter sagen wollte.

Als sie erste Beziehungen einging, geriet sie häufig an Männer, die sie nicht so liebten wie eine andere Frau. Sie trauerten Verflossenen oft hinterher und vor allem bedauerten sie, der jeweiligen Ex nicht genügt zu haben. Laura wiederum wollte ihren Wert beweisen und war einerseits froh, dass die Andere weg war. Sie vergrub sich in dem Glauben, dass er ihr genügte und sie deshalb auch genügen würde. Aber der gemeinsame und geteilte Selbstzweifel als Muster führte dazu, dass sie sich beim Sex nicht fallenlassen konnte. Sie traute sich außerdem nicht, Forderungen zu stellen. Sie wandten sich schlussendlich von ihr ab, angeblich, weil „sie mehr Raum“ für sich brauchten und „nichts Festes wollten“. Die Männer waren voller Angst, so wie sie. Sie sah deren Ängste sehr klar, verdrängte aber ihre eigenen und litt unter den Trennungen stark. Dass sie ihrem Vater selbst wohl nicht genügt hatte, er wiederum ihrer Mutter nicht genügt hatte, und Laura nun auf Männer traf, denen sie nicht genügte, weil die sich selbst von anderen Frauen aus demselben Grund abgelehnt fühlten, sah sie nicht.

Es folgte ihre erste Langzeitbeziehung: Sie war anfangs sehr glücklich und fühlte sich geborgen. Sie hatte keine Probleme damit gehabt, sich auf ihn einzulassen. Sie durfte ihre Bedürfnisse und Erwartungen zeigen. Beide gingen respektvoll miteinander um. Eine schwierige familiäre Situation aber brachte sie auseinander. Ihr Partner hatte fortan nur noch einen Kopf für andere Menschen und deren Themen, konnte sich nicht durchsetzen und tat sein Bestes, um nicht im Stress unterzugehen. Ohne dass er es wollte, verbrachte er immer weniger Zeit mit Laura. Es gab kaum noch Nähe und Zweisamkeit. Laura begann erneut, sich ungenügend zu fühlen. Und es war erneut eine Frau der Familie, dem ihr Partner genügen musste und wollte.

Ihr eigenes Gebot, der Mutter zu genügen, die ihr Leben nach „gut oder nicht gut genug" geführt hatte, den Vater ablehnen zu müssen, weil er der Mutter nicht genügte und sich dazwischenstehend wiederzufinden, tauchte erneut auf. Es zeigte sich einmal mehr, wie sehr sie eine eigene Meinung brauchte, wie sehr sie unter der Unwissenheit ihres Wertes litt, wie sehr sie Menschen gewähren ließ, denen sie selbst „genügen musste".

In den Jahren nach der Trennung gelang es ihr nicht mehr, einen Mann ohne Angst an sich heranzulassen. Jede Nähe brachte Panik, wieder nicht zu genügen, mit sich. In ihr herrschten mehrere Glaubensmuster:

- Ich bin Liebe von Männern nicht wert.
- Wenn ich Nähe zulasse, siehst du, dass ich es nicht wert bin.
- Ich darf dich nicht mögen. (sagt Mutter)
- Du wirst mich verlassen.
- Ich will nicht, dass du gehst.
- Eigentlich willst du mich doch sowieso nicht.
- Ich weiß nicht, ob ich dich wollen soll.
- Ich liebe dich. Geh weg.

Sie führte lange Zeit eher oberflächliche Beziehungen mit vaterähnlichen und emotional nicht verfügbaren Männern, die es ihr erlaubten, sich zurückzuziehen, um nicht durchschaut zu werden.

Kontrollverlust

Eine andere Form der Angst vor Nähe ist die, die mit Kontrollverlust einhergeht. Hierbei wird Nähe deshalb als gefährlich wahrgenommen, weil sie in den privaten Bereich eindringt. Am intimsten sind die Gefühlswelten. Aber nicht nur eigene Gefühle können überwältigend sein, auch deine. So können deine tiefen Gefühle deinem Herzenspartner gegenüber so tief in ihn eindringen, dass es ihm Angst macht. Die Intensität seiner und deiner Gefühle wird dann so stark, dass er nur noch eine Überreizung spürt. Das wiederum löst Stress in ihm aus und den zu verringern, bedeutet oft, Distanz zu schaffen, „um wieder zu sich zu kommen". Wenn körperliche Nähe zu einer extremen Stimulation führt, sind es Energien, die er fühlt. Nicht alle Energien fühlen sich gut an. Solltest du zum Beispiel in einer Geber-Energie sein, kann ihn auch das überfordern, wenn es für ihn eine Herausforderung ist, Liebe anzunehmen. Hat er gelernt, dass es für ihn keine Liebe gibt, ist das sehr wahrscheinlich. So wehrt er deine Energie bereits im Innen ab, weil er glaubt, er würde Liebe nicht erfahren dürfen. Bist du in einer Nehmer-Energie, weil du zum Beispiel dein Leid unter seiner Angst oder auch ein langes Singledasein hinter dir hast, spürt er diese als „wollend", „drängend" oder „zwingend" - auch, wenn dir das weder bewusst ist und du es auch nicht beabsichtigst. Angst vor Nähe hat also die bekannte „Ich will dich nicht lieben!"-Dimension, die so viele PartnerInnen beziehungsängstlicher Menschen fühlen.

Beziehungsangst kann tiefe Wurzeln haben und sich auf sehr subtile oder glasklare Weise zeigen. Dein Herzenspartner ist nicht beziehungsängstlich im Hinblick auf Nähe-Distanz, wenn du folgende Fragen mit Ja antworten kannst:

- Kann er seine Gefühle zeigen und zulassen statt zu flüchten (in Ausreden, im wahrsten Sinn des Wortes, vor Treffen, nach Intimität, in Aktivitäten)?
- Ist er fähig, sich fallen zu lassen, sich auf dich einzulassen, sich und dir Gefühle zu erlauben, seine und deine Gefühle auszuhalten, sich dir anzuvertrauen, dir zu vertrauen?
- Traut er sich in Beziehungen mit Liebe etwas zu?
- Lässt er sich von dir helfen und beraten, vorwiegend bei Angelegenheiten, die ihm schwerfallen, die er können „müsste"?
- Übertrifft sein Gefühl der Geborgenheit bei Nähe die eventuelle Angst, einen neuen Schmerz zu erleiden? Ist er dir gern emotional, körperlich und mental nah?

Menschen ohne Angst vor Nähe sind in der Lage, an sich, das Gelingen einer Partnerschaft und die Liebe zu glauben. Sie bringen ein (beinahe unkaputtbares) Urvertrauen mit, wohingegen bindungsängstlichen Menschen dieses Vertrauen fehlt. Sie stehen für Perfektionismus, geballte Anziehungskraft trotz tiefsitzender, meist intransparenter oder verleugneter Angst. Sie haben Schwierigkeiten damit, in Beziehung zu sein und in Beziehung zu bleiben; auftretende Beziehungsprobleme sind für sie ein Signal, dass es eben nicht funktionieren kann. Anhaltende und bewusste (erforderliche) Nähe ohne folgender Distanz empfinden sie wie eine Walze, die durch ihr Leben rollt… und alles aus dem Lot bringt.

Sie suchen daher vor und in einer Beziehung Schutz, in dem sie fremdgehen, sich trennen, sich für eine On-Off-Beziehung, Affäre oder Seitensprung statt Partnerschaft entscheiden. Sie flüchten in ihre Hobbys, zu ihren Freunden oder Tieren, in den Beruf und die

Karriere, die Bildung, höheren Selbsterkenntnisreisen, der Welt, der Esoterik und Spiritualität oder anderem.

Menschen mit dieser Form der Beziehungsangst haben Angst, nicht liebenswert (genug) zu sein, verletzt zu werden und Trennungen/Verluste zu erleiden. Sie geben sich die Schuld, weil ihnen - in ihrem Selbstverständnis - auch früher bereits die Schuld gegeben wurde.

Die Psychologie geht davon aus, dass sie zumeist von ihren Eltern, einem früherem Partner oder anderen Beziehungen gelernt haben, dass Bindungen nicht stabil sind, emotionale Sicherheit nicht andauert oder nur mit großen Opfern auf ihrer Seite aufrechterhalten bleiben können. Sie nehmen an, dass eine Beziehung entweder nach einer gewissen Zeit zu Bruch gehen wird (wegen ihnen oder anderen). Oder sie meinen, dass sie weder geliebt werden könnten noch liebenswert seien.

Dennoch suchen sie meist x-Jahre lang nach einem Partner und erleben immer selbe Erfahrungen: Sie werden enttäuscht oder enttäuschen selbst (aus Schutz davor, enttäuscht zu werden). Man bringt es gleich zum Ende, bevor es überhaupt erst losgehen kann. Dabei werten sie oft bei ihrer Partnersuche den Menschen ab, der ihnen Gefühle zeigt. Auf der Suche nach Antworten, weshalb es ihnen so schwerfällt, sich auf jemanden einzulassen, verharren sie entweder dabei, den Anderen zum Problem zu machen oder aber kennen ihr eigenes Problem sehr genau: Sie können nur schwer lieben und sich lieben lassen, weil sie Bindungsbrüche erlebten, die ihnen signalisierten, dass sie nicht liebenswert seien (und der andere auch nicht, immerhin hat er den Beziehungsängstlichen verletzt).

Lieben und Lieben lassen fällt Menschen mit Angst vor Nähe schwer. Annehmen zu können als Teilelement des Liebens ist genauso essenziell, wie die eigene Fähigkeit, Liebe zu geben und sie auszudrücken:

- zeigen zu können, dass man jemanden liebt und sich Gefühle weder selbst verbietet, noch verbieten lässt
- Gefühle zu benennen
- emotional verfügbar zu sein
- sagen zu können, dass man liebt und ohne Angst dazu zu stehen
- Verluste hinzunehmen, ohne sich zu beschuldigen.

Unsichere Gefühle: Beziehungen in Angst

Splittet man Beziehungsängste auf, so bleibt zum Einen Beziehung und zum Zweiten Angst übrig. Doch dazwischen liegt ein kleines, unsichtbares Wort, das dem Phänomen der Bindungsangst seine Dimension verleiht: *in*. Es ist das Wort „in", was die Problematik erweitert. Menschen mit Beziehungsangst haben vorwiegend *in Beziehungen Angst* und *Angst davor, Angst in einer Beziehung zu bekommen.* Statt diese Angst in der Partnerschaft Tag für Tag aushalten zu müssen, entwickeln sie lieber *vor* der Beziehung Angst, also noch be*vor* die Beziehung zu einer festen Partnerschaft wird.

Hier zeigt sich die Angst, nicht geliebt zu werden, wegen der dahintersteckenden Angst, unliebenswert zu sein und nicht zu genügen. Es erinnert an das Trennungsangstgefühl eines Kleinkindes von seinen Eltern, eine biologische Todesangst, und genau daher rührt auch die Bindungsangst. Es ist ein hilfloses, kindliches Gefühl, was an das *„Ich habe etwas falsch gemacht"*-Gefühl in der Kindheit und Jugend erinnert, wiederum in Verbindung mit Schuld und Bestrafung durch Trennung.

Angst galt auch in der Kindheit und Jugend als Motivation. Angst begleitet uns nicht umsonst bis ins Erwachsenenalter, besonders wenn es um Liebe und

Anerkennung/Akzeptanz geht. Als Strafe galt auch in jenen Tagen Distanz, Abwendung, Entzug von Liebe und Zuwendung durch die Eltern, Stubenarrest und Sanktionen wie gestrichenes Taschengeld. Wir haben gelernt, dass wir für unsere Fehler bezahlen müssen. Das spiegelt sich im Erwachsenenalter in vielen Situationen wider, in denen uns Fremdansprüche am Erfüllen der eigenen Bedürfnisse hindern.

Ist die Angst, durchschaut, beschuldigt und verlassen zu werden groß genug, wird es schwierig zwischen zwei Menschen. Die Beziehung zu beenden, bevor es zu tief geht, erscheint vielen Ängstlichen deshalb leichter. Bei Frauen wurde in der Psychologie sogar beobachtet, dass sie einen veränderten Geruch der Männer wahrnehmen. Dieser Geruch ist modrig-alt, während es bei Männern ein verändertes Aussehen der Partnerin ist. Sie erscheinen plötzlich monstergleich, unsymmetrisch und die kleinsten negativen Seiten wirken abstoßend.[viii] Meine Erfahrungen zeigen, dass wiederum die Situation für den jeweils anderen Partner genauso schwer zu ertragen ist, sodass es von beiden Partnern aus zu Trennungen kommen kann.

Beispiele für Angst vor Nähe

Wenn man nach einem Date am Abschluss des Abends dem Mann/der Frau gegenübersteht, mit diesem handlungsvollen Druck in der Luft, sich jetzt küssen zu müssen: *Irgendwie* will man es, aber da ist diese andere Seite, die nur wegrennen will. Raus aus dem Auto oder rein in seine gewohnte Umgebung. Vollkommen überfordert zu sein, seine Gefühle schwer aushalten zu können, jetzt aber zeigen zu müssen und gar nicht zeigen zu wollen, dass man den Gegenüber wirklich mag. Menschen mit Angst vor Nähe handeln häufig so. Aber auch genau das Gegenteil kann eine tiefsitzende Angst vor wahrer Nähe und Intimität (nicht zwangsweise Sexualität oder körperliche Nähe) anzeigen. Wenn jemand auf einen zustürmt, einen anfangs mit Charme und Aufmerksamkeit überhäuft, unbedingt „haben" will, um sich dann bei Erfolg ruckartig zurückzuziehen: Auch das deutet auf eine Nähe-Distanz-Problematik hin. Hier ist es dann die langanhaltende Nähe, die nicht gewährleistet werden kann. Es geht erneut darum, nicht auf lange Sicht durchschaut zu werden, man aus Schutz vielleicht gar nicht lieben möchte oder Schwierigkeiten damit hat, konstant Gefühle zu zeigen und zu erfüllen. Andere Merkmale können sein, wenn:

- sich dein Herzenspartner ad hoc nach ersten Annäherungen zurückzieht,
- er Sätze wie diese sagt:
  - *Ich will unabhängig sein, frei sein und mich auf niemanden einlassen.*
  - *Ich will nichts Festes.*
  - *Ich will mich nicht nach jemandem richten.*
  - *Ich will mein Leben allein bestimmen.*
  - *Ich kann mich nicht mehr spüren.*
- er beim Aufwallen von tieferen Gefühlen (eigene und fremde) in eine Starre oder panikartige Verfassung fällt,
- er wartet, dass du auf ihn zugehst, anstatt selbst zu handeln
- er sehr viel Freiraum braucht
- er dich abweist und Ausflüchte findet, weil er sich abgelehnt fühlt oder um dich aus eigener Angst abzulehnen
- er seine negativen Beziehungserfahrungen auf dich oder andere „abwälzt": *Ich gerate immer an dieselben! X ist schuld daran.*

- er Gefühle provoziert, um deine emotionale Sicherheit zu sehen oder sich tatsächlich rückversichert, dass du noch Gefühle hast,
- er aber dasselbe durch dich unterbindet und sich hier eher angegriffen und eingeschränkt verhält.

Auch die Schwierigkeiten, sich beim Sex fallen zu lassen oder in der Beziehung immer in der „Macht"position sein zu wollen, immer Sexy Talk zu brauchen oder eine klare Abfolge von gemeinsamer Zeit zu haben, Bestimmungen hineinzureichen, wie etwas ablaufen soll/muss, sind Signale, so wie Angst vor dem Zusammenziehen oder Urlaube, Makelhaftigkeit, mangelnder Status oder geringeres Ansehen des Partners. Auch wenn er dazu tendiert, dich aufzuwerten, während er sich selbst abwertet, ist es ein Zeichen.

Das Ziel eines Menschen mit Angst vor Nähe ist es, eine gewisse Kontrolle, die der eigenen Sicherheit dient, aufrechtzuerhalten. Geht diese vermeintliche Kontrolle und Sicherheit „scheinbar" verloren, beginnt ein fürchterlicher Sturm. Sofort gehen alle Alarmlampen an und das Gehirn meldet eine anrollende Verletzung wie eine Lawine. Aber auch die Angst, sich selbst zu verlieren, zu viel opfern zu müssen oder sich in dem anderen Menschen zu sehr zu verstricken, sodass man sein eigenes Leben nicht mehr so leben kann, wie man es möchte, ist dabei präsent. Für Menschen mit Beziehungsangst ist das der blanke Horror; ihre Angst ist gleichzeitig eine Schutzmaßnahme, um das nicht (noch einmal) erleben zu müssen.

Erstens konzentrieren sich ihre eigenen Gefühle meist so heftig auf den Anderen, dass nicht nur ihre Erwartungsangst hervorgerufen wird: Die eigenen Erwartungen könnten nicht erfüllt werden und auch die Erwartungen des Partners könnten sie enttäuschen.

Perfektion aus Notausgang: Lieber Trennung(skummer) als Liebe(skummer)

Lieben bedeutet, ALLES an seinem Partner zu akzeptieren bzw. wenigstens einen Umgang damit zu ermöglichen. Heutzutage allerdings befinden wir uns in einer optionalen Partnerwelt. Mehr Menschen denn je sind Single und die Partnerbörsen machen nicht umsonst so eine Heidenasche mit der Vermittlung von Beziehungen, in denen sich hoffentlich auch Liebe findet. Eine gesunde Beziehung fußt vor allem auf Annahme. Lieben bedeutet, alles an seinem Partner zu akzeptieren bzw. wenigstens mit den Ecken und Kanten umgehen zu lernen.

Natürlich kann man nicht alles mögen, was der Partner an sich hat, aber hier ist das stereotype Ideal des Perfekten gemeint. Entspricht es nicht oder nicht länger den perfekten Ansprüchen, geraten viele Menschen ins Grübeln und wechseln ihre Partner nach Lust und Laune oder mahnen solange zur Änderung, bis die Beziehung unerträglich wird. Das betrifft nicht nur Beziehungsängstliche. Aber Männer mit Angst vor Nähe reiben sich an diesem Perfekten, meinen sie doch genau zu wissen, dass es von ihnen erwartet wird. Umgekehrt stellen sie oft dieselbe Erwartung und zeigen so jeder Frau: *Siehst du, ich bin es nicht und du auch nicht. Wenn ich es also nicht wert bin, so geliebt zu werden, wie ich bin, dann bist du es genauso wenig.*

Liebe als Gefühl verbindet, statt zu trennen. Aber Angst vor Nähe (und übermenschlicher Perfektionismus ist ein Signal dafür) trennt per se. Wie soll man lieben oder sich lieben lassen, wenn man die wahre Liebe nie kennengelernt hat, sie als Bedrohung sieht, sich selbst weniger oder gar nicht liebt oder jemandem verbietet, einen zu lieben und sich lieben zu lassen?

Des Weiteren ist die geforderte Perfektion des bindungsängstlichen Menschen ein Signal für seinen eigenen Schatten: Er weiß um seine mangelnde Perfektion, um seine Fehler und Macken und mutet sie sozusagen niemandem zu. Hinter diesem scheinbaren Gefallen steckt allerdings wiederum die Angst vor Trennung und Verlust. Stattdessen hört/spricht man häufig Sätze wie:

- „Es hat nichts mit dir zu tun!“
- „Lass uns Freunde bleiben.“
- „Wenn du mich lieben würdest, dann würdest du xyz tun!“
- „Ich habe dir von Anfang an gesagt, dass ich keine Beziehung will!“
- „Ich bin nun einmal so.“
- „Ich kann nicht aus meiner Haut.“
- „Ich bin (noch) nicht bereit.“
- „Ich habe gerade erst eine Trennung hinter mir.“

Nähe und Distanz, die sich aneinander reiben, spiegeln als Synonyme die Angst vor Trennung und vor dem Verlassenwerden wider. Dennoch können beide gleichzeitig auftreten, was sich in der Nähe-Distanz-Problematik in einer On-Off-Beziehung deutlich zeigt. Irgendwie kann man sich nicht trennen und gleichzeitig fürchtet man, dass sich der Andere trennt.

Angst I.2: On-Off-Beziehungen

„Liebe ist der Entschluss, das Ganze eines Menschen zu bejahen, die Einzelheiten mögen sein, wie sie wollen."

Otto Flake

In einer On-Off-Beziehung führen Paare eine wellenförmige, einmal existente, dann wieder aufgelöste Partnerschaft. Bei kleinsten Streitigkeiten oder zu viel Nähe zieht sich einer der beiden zurück und vollzieht eine Trennung, meist ohne erkennbaren Grund oder frühzeitige Signale. Sie mögen und brauchen das Drama; sie lieben die Partnersuche, den Nervenkitzel und vor allem: das Gefühl, nicht gebunden zu sein, sondern frei, sich jederzeit neu entscheiden zu können und nicht vom anderen abhängig zu sein. Konnten sie früher aus einer schmerzhaften Beziehung, die sie zu sehr forderte, nicht ausbrechen und litten unter dem Verhalten eines Menschen, könnten sie es heute bereuen. So agieren sie ein Verhalten aus, was sie sich damals gewünscht hätten - von sich. Doch während sie diese Sehnsucht nach eigener Kontrolle ausleben, verspüren sie genauso oft das Bedürfnis, in Beziehung zu sein. Dadurch ergeben sich wie in einem Graphen im Mathematikunterricht Wellen, die für mindestens einen Partner (meist Frauen) nur schwer ertragbar sind. Denn: Zieht sich dein Herzenspartner zurück, beginnt er zwar sich sicherer zu fühlen, da seine Angst abnimmt. Doch die Fantasien, mit dir zusammen zu sein, beginnen erneut und ein Teufelskreis setzt ein: In dem Off, in dem der Ängstliche sich sicherer fühlt, erwacht erneut der Anteil, der Nähe und Liebe wünscht. Die Lust auf die Verbindung wird aktiviert. Sie zeigt deinem Herzenspartner auch: *Du bist*

es wert. Ich verzeihe dir, dass du nicht so warst, wie ich dich wollte. Nicht nur meine Bedürfnisse zählen, sondern auch deine. Nicht nur du musst immer für mich da sein, sondern ich gebe dir dasselbe.
Daran misst er deinen Wert, bis er ihn bestätigt sieht. Einer meiner engsten Freunde liebte dieses Vorgehen. Es war dramatisch und überwältigend verletzend für seine Partnerinnen. Aber er konnte nicht damit aufhören. Er hatte in sich den Drang, sie (anstelle der eigentlichen Verursacherin) zu bestrafen, zog sie wieder zu sich und wandte sich wieder ab, baute Hoffnung auf und trampelte sie wieder nieder. Er stellte bei seinen Entschuldigungen, die oft schriftlich erfolgten, eine Frage: „Wie viel kannst du ertragen?“ Er fragte das nicht seine jeweilige Partnerin. Er stellte diese Frage sich selbst und vor allem der Verursacherin in seiner Kindheit. Er bestrafte und sah an seinen Frauen den Schmerz, dem er sich selbst gegenübersah. Er schaute sich ihre Strategien ab, wie sie mit ihm in diesen Phasen umgingen und wollte lernen....für den Fall, dass es ihm je wieder geschah. Ihm hatte nie jemand beigebracht, wie er mit Menschen, die nur an sich denken, umgeht, und dass man Nein sagen, sich trennen darf und eben nicht schuldig ist, sondern frei im Willen.

So wiederholt sich ein- und dieselbe Erfahrung. Im On erschafft man immer und immer wieder Nähe, um bei zu viel Nähe eine Bedrohung und lauernde Gefahr zu erkennen, die erneut ins Off führt. Viele halten da auch intuitiv die Zeitspanne der eigentlichen, urtümlichen Nähe-Distanz ein. Ich beispielsweise bin nur mit einer kurzen morgendlichen und dann intensiven abendlichen Nähe aufgewachsen, auf die ich aber ab nachmittags wartete. Meine damalige Angst richtete sich später nach demselben Zeitschema. Hatte ich aber einen Partner, der gefühlt an mir zerrte und mir meine ursächliche Sehnsucht nach Nähe spiegelte, wurde es mir zu eng und ich musste ausbrechen. Ich hatte immerhin gelernt, dass meine Nähewünsche nicht erwidert würden und ich sie deshalb auch nicht haben sollte. *Das Kind in mir hatte das vor langer Zeit beschlossen: Besser du willst keine Nähe. Deine Sehnsucht enttäuscht und verletzt dich ohnehin nur.*

Die Identität eines Menschen im On einer On-Off-Beziehung wird immer aufs Neue bedroht. Der aktive, ängstliche Partner projiziert auf den anderen Partner ein Monster, eine verschlingende Gestalt, um die eigene Autonomie zu schützen, sein Selbst zu schützen und nicht der Angst ausgesetzt zu sein, eventuell doch nicht zu genügen. Diese Bedrohung zeigt, dass die Menschen an einem wichtigen und charakterstärkenden Scheidepunkt sind, an dem sie einen weiteren Schritt gehen müssten: zu sich hin.

Verena Kast sagt, die Angst vor Nähe hätte viel „mit dem Drang zur Selbstständigkeit und der [Anmerkung von mir: gleichzeitigen] Angst davor“ zu tun, „die in jedem Menschen angelegt ist“. Liebe und tiefes Gefühl wird zur Gefahr.[ix] Kast führt diese Angst vor Nähe darauf zurück, dass die Ich-Werdung im Laufe des Lebens zu wenig ausgeprägt worden ist oder unterbrochen wurde. Deshalb erscheint Nähe gefährlich, weil „das Wenige an eigenem Selbst, das man errungen hat“, wieder verloren gehen könnte. Verbunden damit trauen sich viele dennoch nicht, ihre Individuation fortzusetzen, denn das hieße, man müsse Trennungs- bzw. Loslösungsschritte wagen. Man sieht nur noch die Bedrohung, nicht aber das wahre Gesicht des Partners. Lieber bleibt man Single.

Menschen, die Angst vor Nähe haben, sind häufig auch Menschen, die in ihren Ansprüchen an ihren Partner übertreiben. Das kann sogar in Beziehungsgier, statt bloßer Beziehungssehnsucht, ausarten, weil „es doch endlich einmal klappen müsse“. Was bei anderen als gefährlich erscheint, könnte man auch an sich selbst erkennen. Das ist weniger dramatisch, als es klingt, weil es sich hier nur um einen Teil der Person handelt, der sich selbst außer Gefecht setzt. „Und so betrachtet, hätte die Angst vor Nähe einen tiefen Sinn, denn die Angst vor Nähe würde bewirken, dass er selber nicht diesen [Anm. von mir: den eigenen] gierigen, vampirhaften, aussaugenden Seiten verfällt."

Wir sprechen damit von der Angst vor Vereinigung bzw. Verschmelzung, der Ich-Aufgabe und der eigenen Identität. In Macht-Ohnmachts-Beziehungen, die wir als „Es ist kompliziert." bezeichnen, als „emotional übergriffig" bzw. „einseitig", in denen bewusst mit Angst, Nähe und Distanz gespielt wird, um die Kontrolle zu behalten, würden wir meist Partner finden, die beide sehr große Angst vor Nähe haben. Unsere eigene Angst vor Bestimmen- und Übergreifen-Wollen, den Partner zu manipulieren, findet sich auch im anderen wieder. Es drückt beiderseitig die Angst aus, sich hinzugeben und eventuell zu verlieren.

Ganz besonders abwesende Personen würden sogenannte Trennungsaggressionen fördern, so Kast. Abwesende Beziehungspersonen strapazieren unsere Nerven und unseren Selbstwert. Wenn bereits zuvor solche zeitweiligen Trennungen vorgekommen sind, ist es wenig überraschend, dass eine erneute Abwesenheit, auch eines neues Partners, recht schnell dieselben negativen Verlustgedanken auslösen, die wiederum zu Angst wird: Die Nähe steht erneut in Verbindung mit einer drohender Trennung. Das zu überwinden, als Aufgabe, erlaubt das erneute Durchspielen der damaligen Erfahrung. Denn irgendwann „muss es ja einmal klappen".

Angst I.3: Aktive und passive Beziehungsangst

„Gott würfelt nicht."

Albert Einstein

Steven Carter und Julia Sokol unterschieden zwischen aktiver und passiver Bindungsangst. Aktiv sei derjenige, der sich trennt und wieder Kontakt aufnimmt. Passiv sei derjenige, der sich darauf einlässt und eventuell nicht traut, es dem aktiven Part nachzumachen oder sich selbst deshalb zu trennen. Die Autoren sagen vor allem, dass passive Beziehungsangst entweder bereits am Anfang der negativen Beziehung vorhanden gewesen sei oder aber durch eine On-Off-Beziehung ausgelöst worden wäre. Es gibt nicht nur den Partner, der Angst hat, sondern auch den anderen Partner, der entweder dieselbe Angst hätte oder durch die schwierige On-Off-Beziehung entwickelt hätte.

Aktive Bindungsangst finden wir zumeist bei Menschen, die

- sich unendlich viel Mühe geben, uns zu „bekommen", nur um uns dann wieder abzuweisen
- zweischneidige Gefühle gegenüber Beziehungen haben
- offen aussprechen, dass diese ihnen Angst machen
- an den einen „idealen" Partner glauben, der ihnen ihre Angst nimmt
- oft Distanz suchen oder gar darauf bestehen

- eine negative Einstellung zu Beziehungen haben und dadurch einem ehemaligen oder jetzigen Partner wehtun
- Fehler und Gründe suchen, weswegen sie keine Beziehung wollen
- ausweichen, je intensiver, näher und fester die Beziehung wird
- häufig über bestimmte Aspekte des Beziehungslebens entscheiden müssen (Häufigkeit der Treffen, Dauer, Zeitpunkt, etc.)
- sich schnell eingeengt fühlen, wenn jemand Ansprüche an sie hegt
- die Erwartungshaltung des Partners mit allen Mitteln versuchen, so gering wie möglich zu halten (in dem sie im Vorfeld schon alles besprechen und den Takt bzw. die Richtung, das Ziel der Bekanntschaft/Beziehung oder gar das Ende vorgeben)
- nach einem Beziehungsaus sofort einen neuen Partner brauchen
- meist viel Raum und Zeit für sich beanspruchen und sich durch andere in ihrem Raum bedroht fühlen.[x]

Laut Carter und Sokol würden circa 50 Prozent der Menschen aktive Beziehungsvermeider kennen- und vielleicht lieben lernen, ohne selbst bindungsphobisch zu sein. Passive Bindungsangst äußert sich bei Menschen, die sich trotz der offensichtlichen Angst des Anderen einlassen (wollen), gern tagträumen bzw. an Ex-Partner denken oder an Personen, die unerreichbar sind. Sie interessieren sich häufig für Partner, die vergeben sind oder unpassend, sich eher für die Beziehung, „um eine zu haben“, interessieren, als um den Menschen an sich und die Verbindung zu jemandem als intensiver empfinden, wenn er nicht zu haben ist bzw. weit weg wohnt. „Durchschnittsbeziehungen“ finden sie langweilig; sie interessieren sich eher für abenteuerliche und spannende Begegnungen, als für sicheren Halt in einer festen Bindung. Sie möchten gern das Verhalten des Partners ändern und benötigen übermäßig lang an Zeit, um über das Ende einer Beziehung hinwegzukommen. Sie haben den Glauben an das Wunder einer große Liebe verloren. Sie möchten daher nichts unternehmen, um Partner kennenzulernen, die geeignet und erreichbar wären. Sie lehnen eine natürliche Entwicklung von Gefühlen in einer Beziehung ab, stattdessen möchten sie sofort alles sehen und fühlen. Sie meinen, schon am Anfang zu wissen, dass eine beginnende Beziehung „funktionieren“ oder „schiefgehen“ wird.

Gleich und gleich gesellt sich gern

Aktive und passive Beziehungsängstliche ziehen sich also magisch an. Interessant ist, dass sich beide mit diesen Ängsten suchen und finden. Gegenseitig zeigen sie sich ihre Ängste. Der passive Part beispielsweise braucht so keine Angst zu haben, eine Beziehung führen zu müssen und kann darauf vertrauen, dass der aktive Partner die Nähe und Beziehung meiden wird. So müssen sie selbst nichts unternehmen, um sich zu trennen oder die Partnerschaft zu kontrollieren.

Leider sehen passive Beziehungsängstliche ihre Bindungsphobie oft nicht: Sie beharren stattdessen darauf, dass sie alles richtig täten und der andere Partner Schuld sei und nicht lieben würde oder wollte. So wehren sie ihre eigene Angst ab, um sie nicht erkennen zu müssen. Aktive Beziehungsphobiker hingegen leiden oft unter ihrer Angst und sind sich ihr auch bewusst, wollen aber an ihrer eigentlichen Angst, zum Beispiel der Angst vor Nähe, vor Selbstverlust oder vor Trennung, selten arbeiten bzw. verneinen sie oder machen ihre Angst von bestimmten Personen abhängig.

Für Psychologen ist das ein unbewusster Abwehrmechanismus, der Ängste minimieren soll, in dem Schwierigkeiten und unerwünschte Gefühls- und Handlungsimpulse abgelehnt werden. Passive wehren Konflikte in ihrem Leben deshalb oft ab und nehmen sie erst gar nicht zur Kenntnis. Oder sie sagen schlicht, dass die Anwesenheit einer Angst oder eines Problems nicht stimmen würde. Das würde dem Schutz vor Schmerz dienen. Auf der anderen Seite sei Verleugnung die sicherste Methode, um nichts ändern zu müssen und mit nichts konfrontiert zu sein.[xi]

Angst II: Trennungsangst und Verlustangst

„Ich brauche sehr viel Liebe -
ich will geliebt werden und Liebe schenken.
Liebe ängstigt mich nicht, aber ihr Verlust schon.“

Audrey Hepburn

Wer Angst vor Trennung hat, fürchtet, dass er sich selbst trennen wollen könnte bzw. gar aus Eigenschutz müsste. Hinzu kommt die Vermutung, dass wir nicht nur uns selbst vor fremden Bedürfnissen schützen müssten; auch dein Schutz vor uns und deiner möglichen Enttäuschung tragen wir als Angst in uns. Damit ist es nicht zu Ende: Wir befürchten deshalb, dass es besser wäre, keine eigenen Bedürfnisse anzumelden, um all das zu verhindern.

Bei der Angst vor Trennung dreht es sich auch darum, dass der Andere sich trennt. Viele Beziehungsängstliche tragen deshalb eine Maske, die verhindert, dass der Partner das erkennt. Dahinter verbirgt dein Partner sein wahres Gesicht: die Angst, dich zu verletzen (wenn er sich trennen würde, wenn du dich trennen müsstest, weil er so eine Enttäuschung für dich sein könnte) und die Angst, verletzt zu werden (weil du dich trennst, weil er nicht reichte, weil er sich und dich wegen der Trennung von dir verletzt hat).

Hier spielt das Thema Selbstverlust und die Angst, durchschaut zu werden, eine bedeutsame Rolle. Denn falsche Identitäten zeigen sich vorwiegend als Angst vor Trennung. Die vermeintlich größere Hürde, nämlich die Trennung des Anderen zu verhindern, indem man noch mehr tut, noch mehr gibt und sich noch mehr aufgibt, wird - so zeigte die Psychologie - wenig von

Partnern wertgeschätzt. Sie spüren die Angst des Anderen intuitiv: Je mehr Beziehungsängstliche geben, desto mehr fühlen sich ihre Partner überrumpelt, manipuliert oder gewöhnen sich an diese falsche Natur. Die Liebesbekundungen, Versprechen und Geschenke der Aufmerksamkeit werden von Tag zu Tag entweder „bedürftiger", als Ausdruck der Angst, wieder allein zu sein oder aber selbstverständlicher für den Partner. Er erkennt, dass der Partner sich in Beziehungen verlieren kann und wird darauf mit Freude oder mit Vorsicht reagieren.

Ich nehme an, dass viele Beziehungsängstliche, die als „alleiniges" Problem erkannt werden, tatsächlich Menschen mit einem ähnlichen Potenzial treffen: Es kann also sein, dass du und dein Herzenspartner eine Trennung befürchtet. In den meisten Fällen wird sich die Partnerin ins „Zeug" legen, um eine Trennung zu verhindern, während ihr Herzenspartner dadurch abgestoßen wird. Das liegt daran, dass er dein Muster von sich kennt. Aber da er eine vielleicht größere Herausforderung mit Trennungen hat, wird er sich erst recht trennen wollen, um vor der eigentlichen Trennung zu flüchten. Er wird eventuell eher selbst die Trennung einleiten und die Schuld und gesamte Verantwortung auf sich nehmen, bevor er riskiert, dass er stärker verletzt würde, wenn du dich trenntest. Das erscheint paradox, aber der Drahtseilakt ist dieser: Verletze ich dich oder verletze ich mich, wenn du mich verletzt, weil ich dich verletzt habe? Deshalb ist es leichter, sich vorzustellen, dass er Trennung mit Verletzung in Verbindung bringt. Trennung aber wird auch mit Bedürfnissen und Gefühlen in Verbindung gebracht. Für so manchen gab es in der Kindheit Bezugspersonen, die ihn regelmäßig abwiesen, als er sie brauchte. Er lernte so, dass es besser ist, wenn er keine Bedürfnisse hat/zeigt/fordert. Viele hatten in solchen Situationen das Gefühl, dass sie zu einer

Belastung würden, weshalb sie dieselbe Belastung auch niemandem zumuten wollen würden.

Doch in einer Beziehung geht es auch um Gefühle. Die zu zeigen, heißt auch, dass wir dem Partner signalisieren, hinsichtlich seiner Aufmerksamkeit übermäßig hoch bedürftig zu sein. Das ursprüngliche Gefühl, geliebt und gehalten zu werden, ist ja noch immer in uns. Denn wir geben, was wir selbst im Tiefsten wünschen. Doch wir fürchten, dass wir zu klammern beginnen und zeigen würden, dass wir uns unerfüllt fühlen ohne den Anderen. Das wiederum stellte in der Vergangenheit eine Schuldzuweisung dar. Aber wir wollen ja niemanden beschuldigen. Wir wollen ja eher die Schuld auf uns nehmen und lieber keine Last sein. Deshalb rangieren wir unsere Bedürfnisse aus. Deshalb rangieren wir auch deine Bedürfnisse aus. Denn du zeigst uns etwas, was wir für falsch halten. Wir wissen, dass dein Verhalten wehtut, über kurz oder lang. Wir werden sicher nicht zulassen, dass du dir das antust oder uns dazu überredest, wegen einer Beziehung, die „bestimmt sowieso nicht hält", dasselbe noch einmal anzutun.

All das macht uns Angst, weil wir gelernt haben, dass Bedürfnisse zeigen anderen Probleme macht. Wenn uns andere also ihre Gefühle zeigen, macht es uns ebenso Angst und tatsächlich spüren wir dieselbe Last, die wir glaubten/glauben, zu sein. Wir fühlen uns wieder schuldig und hätten gleichzeitig die Leere und Enttäuschung über die Abweisung zu tragen. Denn wir glauben, dass deine Abweisung über kurz oder lang folgen wird. Irgendwann werden dir unsere Bedürfnisse zu viel werden. Weil wir sie aber eben nicht zeigen, dir deine Bedürfnisse aber gern erfüllen würden, fürchten wir schon im Vorfeld, dass dasselbe mit uns geschehen könnte: dass uns deine Bedürfnisse zu viel werden könnten. Viele von uns unterbrechen aber bereits hier den natürlichen Lauf der Beziehung. Du wirst jetzt sicher denken: „Aber es wird nichts Schlimmes passieren!“ Doch die Dimensionen bei Trennungsangst sind so vielschichtig, dass schon die kleinsten Stimmlagen Panik auslösen können: wenn du ihn nicht mehr wahrnimmst, die Achtung gegenüber seinen eigenen Bedürfnissen nachlässt oder du nicht dasselbe Interesse bekundest wie zuvor. Im schlimmsten Fall nimmt er sich selbst dann nicht mehr als Mann wahr. Er fühlt sich nicht in seinem Wesen erkannt und angenommen, sondern abgelehnt. Die kleinste Ablehnung könnte dabei eine Selbstwertkrise und Trennungsaggressionen auslösen. Überhaupt ist der Gedanke, abhängig zu werden oder gemacht zu werden, schon ein Grund für Trennungsgedanken. Wir haben Eigenständigkeit, Freiräume oder Vertrauen in unsere Individualität als höchste Güter. Doch bei diesem Ding namens Liebe und Beziehung könnte sich stattdessen Mangel zeigen: entweder durch dich oder durch deinen Herzenspartner.

Wir alle haben eine unterschiedlich ausgeprägte Angst, getrennt und gleichsam allein zu sein. Viele bringen das in Verbindung mit ihrem Wert bzw. ihrer geglaubten Wertlosigkeit. Besonders Frauen tendieren daher dazu, in Beziehung zu sein und zu bleiben, sich absolut zu fühlen, wenn sie einen Freund oder Ehemann haben. Neueste Erkenntnisse zeigten aber auch, dass Männer öfter als Frauen Beziehungen brauchen und suchen. Nach gescheiterten Beziehungen benötigen sie nur eine kurze Zeit, um eine neue Partnerin zu finden. Trennungsangst zeigt sich auch, wenn man sich mit dem Partner oder dem In-Beziehung-Sein vollends identifiziert, da man sich ohne Beziehung/Partner *nur halb* fühlen würde.

Ohne Partnerschaft empfinden viele Menschen einen Mangel, nicht nur Bindungsängstliche. Das wird sicher auch der Grund sein, wieso sich einige eher zu einem Hund oder Kind entschließen, anstatt sich zu trennen, obwohl die Beziehung keine Zukunft mehr hat. Entweder man riskiert, sich zu verlieren oder man geht das Risiko ein, die Beziehung/den Partner zu verlieren. Viele entscheiden sich für sich, einfach nur aus Angst, nicht in Beziehung zu sein. Es ruft Trauer, Angst, Schuld und Scham hervor, birgt aber ein großes Potenzial an Charakterentwicklung. Denn wer lernt, sich in und wegen Beziehungen nicht aufzugeben und sich nicht zu verlieren, der schafft eine Partnerschaft auf Augenhöhe, die gleichberechtigt in allen Ansprüchen gelebt werden kann. Das benötigt Vertrauen, kleinere und anhaltende Erfolge, emotionale Sicherheit und Strategien, sich gegen die aufkommende Angst trotzdem durchzusetzen.

Doch es beginnt damit, dass Liebe und Partnerschaft keine Existenzberechtigung darstellen. Wir dürfen auch ohne Bindung sein. Als Kind hätte das nicht funktioniert, weil wir abhängig waren. Aber heute haben wir alles, was wir brauchen, um eigenständig zu überleben. Kommt aber eine gefestigte Trennungsangst ins Spiel, wird für viele Liebe zum Garanten für Selbstwert, Wertschätzung, Akzeptanz und Anerkennung. Die Beziehung und ihre Erhaltung werden zur Existenzberechtigung.

Was hierbei oft weniger betrachtet wird, ist die eigene Sehnsucht danach, sich selbst als wunderbaren, ganzen Menschen zu betrachten, der liebenswert ist. Man begibt sich in eine Abhängigkeit zum Partner, die wiederum Angenommenwerden sichert.

Sehr interessant ist die These der Psychoanalytikerin Verena Kast. Sie schreibt dazu: „Viele Menschen reagieren auf dieses Gefühl des Unwertseins mit einer Depression. Wenn Menschen uns Schutz bieten [Anm. von mir: oder der Job, Besitz, Geld usw., für uns wichtige Werte] und wir diese […] verlieren, dann reagieren wir mit einer Panikstörung. Wenn ein Mensch uns aber den Selbstwert garantiert hat und wir diesen Menschen verlieren oder wir fantasieren, ihn zu verlieren, dann reagieren wir mit einer Depression."[xii]

Das Vertrauen in sich wird zerstört, allein durch den Gedanken an den Verlust und die damit verbundenen Assoziationen. Der Selbstwert wird nicht länger von außen bestätigt. Das schürt Angst.

Nach Kasts Meinung ist die Zeit der Prägung für diese Angst in den ersten sechs Monaten des Lebens anzusiedeln. Eventuell schwierige Beziehungsumstände zu den Bezugspersonen/Eltern könnten eine grundsätzliche Verunsicherung und ein fehlendes Urvertrauen in die Welt säen. In ihren Augen versuchen Menschen, die anfällig für depressive Episoden oder häufig deprimiert sind, eher noch Größeres zu leisten, um sich die ersehnte Liebe zu verdienen. Später tritt bei diesen Bindungsängstlichen ein Trennungswunsch auf, den sie sich aber nur selten erlauben. Sie meinen, ihn nicht zulassen zu dürfen: So wendet man diesen Schmerz gegen sich selbst, wertet sich ab und fühlt sich schuldig.

Spätestens an dieser Stelle werden sich viele Frauen erkennen. Ich werde später noch einmal darauf eingehen und möchte für den Moment noch weitere Informationen dazu geben: Fühlt man sich einmal übersehen oder ignoriert, löst das panische Angst aus und alle Mechanismen zur Abwehr der Angst werden wieder mobilisiert, um die vorherigen, frühkindlichen, früheren Erfahrungen nicht erneut zu wiederholen. Mitunter versteht man diese Angst weder selbst noch der Herzenspartner.

Trennungsangst bezeichnet aber auch die Angst vor dem Alleingelassen-Werden. Diese geht mit einer drohenden Einsamkeit und resultierenden Traurigkeit einher. Das kann sowohl durch den Verlust des Partners geschehen oder aber durch neue, andere Interessen (auch an Menschen), die plötzlich im Partner aufkeimen, weswegen man sich verlassen fühlt. Für Kast ist besonders der „Wert der Dauer“ bedrohlich: Beziehungen sollen andauern, dauerhaft Vertrauen und Sicherheit geben, „sodass man sich wirklich darauf einlassen und verlassen kann.“ Dies in Verbindung damit, dass wir etwas Dauerhaftes schaffen möchten, indem wir „zusammen wachsen und zusammenwachsen“ wird dann bedrohlich, wenn die Beziehung endet und wir den Verlust dessen ertragen müssen.[xiii]

Es erscheint paradox, doch bei Angst vor Trennung in einer Partnerschaft häufiger allein zu sein, allein etwas zu unternehmen, sich allein als Person vollständig und sicher zu fühlen, auch ohne den Partner eine Beziehung zu sich selbst zu haben, ist heilsam. Das kann man Schritt für Schritt trainieren, indem man seine Hobbies genießt oder vernachlässigte Freundschaften aufleben lässt, sich eine neue Leidenschaft schafft oder das Instrument lernt, was man schon immer lernen wollte.

Selbstwertängste

Diese Angst davor, freiwillig oder unfreiwillig hörig zu werden, sein Leben für den Anderen opfern oder ändern zu müssen, löst bei vielen Beziehungsängstlichen und Nichtängstlichen heftige Abwehrmechanismen aus, die sehr häufig in sogenannten Trennungsaggressionen münden. Dem zugrunde liegt erneut eine vom Partner suggerierte untersagte Ich-Werdung, nach der man sich aber sehnt. Das ist ein wenig, als würde man plötzlich wieder Kind sein und müsste den Partner, der als Elternteil agiert, fragen, ob man sich ein Eis kaufen dürfe. Jeder Mensch hat einen Kern in sich, der dort beginnt zu ticken wie eine unsichtbare Zeitbombe. Denn diese Form der Abhängigkeit zeigt auch die Abhängigkeit des Partners oder der Partnerin. Je mehr wir fürchten, wir würden in unserem Selbstwert angegriffen oder beschnitten werden, desto mehr keimt der Gedanke an Trennung auf. Deshalb ist es so wenig ratsam, deinem Herzenspartner zu sagen, was er zu tun oder nicht zu tun hat. Viele Menschen rechnen dieses völlig natürliche Verhalten der Angst vor Beziehungen zu. In Wahrheit würden nur wenige Erwachsene einem anderen erlauben, ihn wieder zu einem Kind zu machen und sich so behandeln zu lassen. Denn dazu gehören Verbote und Gebote, von denen die meisten froh sind, sie nicht mehr zu haben. Eine der größten Errungenschaften des Erwachsenenseins ist der Wert der Freiheit. Wird versucht, uns diese Freiheit zu nehmen (beziehungsängstlich oder nicht), reagieren viele mit Ablehnung und Aufruhr.

Tatsächlich ist es für viele Beziehungsängstliche ein Wert, endlich frei zu sein vom Müssen: anders sein müssen, mehr oder weniger, besser oder schlechter, kleiner oder größer als andere, dünner oder schlanker, kindlicher oder erwachsener, gebildeter, vernünftiger, reicher und und und. Was man alles „muss", ist das Einzige, dass weg „muss". Aber eben nicht die Freiheit und nicht das Recht auf Selbstbestimmung. Doch je mehr ein Partner/eine Partnerin einem bindungsängstlichen Menschen suggeriert, er müsse anders oder besser sein, damit er gemocht wird, desto leichter entwickeln sich Fluchttendenzen. Seien auch die Anmerkungen von dir zu seinem Verhalten noch so legitim und natürlich: Wenn dein Herzenspartner froh darüber ist, dass er im wahrsten Sinne des Wortes die früheren Masken und Muss-Bestimmungen, um geliebt zu werden, losgeworden ist, wird er sich dagegenstemmen...bis zur Trennung. Trotz der Angst, getrennt zu sein, weil man (auch zusammen) nicht genügte, ist man gezwungen, sich zu trennen.

Trennungsaggressionen sind damit nichts anderes als Trennungsangst und werden laut Kast zum Beispiel durch ein Ungleichgewicht zwischen Nähe und Distanz, Verschmelzung und Persönlichkeitsentwicklung, der Beziehung und des eigenen Selbst hervorgerufen. Geschieht zu viel Nähe, zu wenig Selbst, muss Distanz her. Geschieht diese Distanz nicht und wird die eigene Entwicklung und das Ausleben seiner Wünsche weniger und weniger, reagieren viele Bindungsängstliche mit Trennung. Diese Trennung kann zum Beispiel ein plötzliches Interesse an einem anderen Partner sein oder sich schlichtweg in weniger Interesse an dir äußern. Laut Kast hätten es Menschen, die öfter lernen mussten, sich auf sich selbst zurückzubesinnen, leichter, wenn tatsächlich Trennung erfolgt. Aber diejenigen, die sich immer mehr auf die Beziehungspflege konzentriert hätten, als auch auf sich selbst, könnten es in der Trauerphase einer Trennung schwieriger haben.

Trennungsaggressionen können sich aber auch in Gleichgültigkeit, einer passiven-aggressiven Art oder einer scheinbar gleichgültigen Haltung ausdrücken. Wenn einem etwas oder jemand egal ist, dann hat man kein Interesse daran. Es führe dazu, dass man sich einen Panzer anlege, wie Kast es nennt, und sich und den Partner in eine Isolation treibe. Man wolle nicht länger erreichbar sein oder aber nicht mehr erreicht werden können. Diese Gleichgültigkeit diene der Möglichkeit, doch noch *irgendwie* man selbst bleiben zu können. Doch es würde auf eine vorherige Kränkung durch jemanden hinweisen, „an dessen oder deren Akzeptanz uns liegt", so Kast.

Interessant ist zudem, dass Kast Gleichgültigkeit als „die absolute und stärkste Rache in einer Beziehung bezeichnet, in der es ursprünglich um Bestätigung des Selbstwertgefühls ging. Ist nur einer der beiden gleichgültig, dann beginnt der andere Partner zu kämpfen und versucht etwa, ursprüngliche Erinnerungen emotional wieder zu beleben." Doch das würde bei Gleichgültigkeit nicht gelingen.

Auch ich kenne Trennungsaggressionen sehr gut. Bei mir rührten sie von Nähe-Distanz-Herausforderungen. Zum damaligen Zeitpunkt war ich mit jemandem zusammen, der sich oft zurückziehen musste, um bei sich zu bleiben. Ich hatte in der Anfangsphase heftige Schwierigkeiten, damit zurechtzukommen. Ich fraß die Angst, nicht zu genügen, die Traurigkeit deswegen und die Wut auf ihn in mich hinein. Ich war aber auch wütend auf mich selbst. Ich erinnere mich an den Tag, als es mir plötzlich gleich wurde, ob er da war oder nicht, ob ich so war, wie er mich brauchte oder einfach nur anwesend und gleichzeitig emotional abwesend. Ich strafte ihn mit derselben Gleichgültigkeit, wie er mich bestraft hatte, wenn er nicht so war, wie ich ihn brauchte. Interessanterweise fühlte ich mich in diesen Situationen keineswegs überlegen. Auch er hatte sich schlecht gefühlt, wenn er mir seine Gleichgültigkeit demonstriert hatte. Was ursprünglich als Rache gedacht war, feuerte stets zurück.

Wir entwerteten uns selbst. Einmal war ich es, die sich entzog, ihn und mich als Partnerin im Wert herabsetzte und so tat, als wäre es mir schlichtweg gleich. Ein anderes Mal ließ er all meine Wuttiraden einfach so über sich ergehen und beendete meinen Monolog mit der Frage: „Darf ich jetzt gehen?" Wir waren auch lange Zeit nach der Trennung noch damit beschäftigt, uns zu zeigen, wie weh wir uns getan hatten und vor allem, wie weh wir uns tun konnten. Zwar hatte die Trennung, die von mir ausgesprochen worden war, bereits ihren Schaden bei uns hinterlassen, aber die Phasen, in denen wir beide um die Beziehung gekämpft hatten (um dann vom Anderen wieder abgewiesen zu werden), hatten uns in unserem Selbstwert erheblich mehr geschwächt. Laut Kast käme Gleichgültigkeit erst nach solchen Selbstwertkämpfen, in denen man verzweifelt versucht hatte, der Ignoranz des Partners zu entkommen.

Dabei sind Trennungen nützlich. Ich habe Männer und Frauen erlebt, die Angst vor Trennungen hatten und alles über sich ergehen ließen. Statt sich durchzusetzen, Grenzen zu entwickeln, sie auszudrücken und zu ihnen zu stehen, nahmen sie jede Verletzung und jeden Seitenhieb in Kauf. Mitunter brüllten die Partner ihnen mit ihrem Verhalten still ins Gesicht: „Du bist nichts wert! Du bist nichts wert! Guck dich doch an!“ Tatsächlich waren die meisten der Partner stark trennungsaggressiv und gleichgültig. Sie konnten weder ertragen, dass sie sich selbst so verhielten noch, dass ihr Partner sich von ihnen so schlecht behandeln ließ. Dennoch bleiben beide zusammen. Ein klassisches Beispiel für Trennungsangst.

Angst III: Sich in Beziehungen verlieren

„Es gibt immer einen Besiegten in der Liebe; den der mehr liebt."

Franz Blei

Bei der Angst vor Selbstverlust fragt sich der Bindungsängstliche, wie er in Partnerschaften bei sich bleiben kann, anstatt sich in Beziehungen verlieren zu müssen. Wie gelingt Selbstabgrenzung? Wie gelingt es, dass man die dazugehörige Angst, durchschaut zu werden, überwindet?

Schauen wir uns zuerst das Gegenteil an. (Freiwilliger) Selbstverlust hat mehrere Ausdrucksmöglichkeiten: Entweder macht sie die Menschen in Beziehungen passiv aggressiv, latent distanziert und nicht selten gefühlskalt, wie wir bei nicht ausgelebten Trennungswünschen schon sehen konnten. Es ist kein Herankommen mehr möglich. Andere wiederum erleben den Selbstverlust als positiv: Die Partnerschaft wird zur Identität; eine Trennung zwischen den Partnern und einem selbst als Mensch wird für Außenstehende und sich schwierig. Nicht jeder empfindet das als furchterregend.

Angst vor Nähe, Angst um die eigene (ausbleibende) Persönlichkeitsentfaltung und -werdung, sprich: die Angst vor Selbstverlust, spielen häufig eine entscheidende Rolle. Abhängigkeit, sich selbst „untreu zu werden", sich in der Beziehung aufzulösen: All das wird gleichgesetzt mit „sich selbst zu verlassen". Man müsse seine Ziele und Werte aufgeben, Opfer erbringen, sein Ich beschränken, dürfe es nicht frei leben - wegen des Partners. Hier wären Abgrenzung und Trennung eine bedeutsame Wende für beide. Neu zu lernen, dass der Partner bliebe, auch wenn man sich weiterentwickeln würde, sich trauen, zu sich selbst zu stehen, auch wenn der Partner dies missbilligen könnte oder gar selbst die Trennung zu vollziehen, die man beim anderen so sehr fürchtet: Das eine kann ohne das andere nicht fruchtbar werden. Man selbst bleibt verkümmert und verängstigt, insofern man sich den „Tod“ (einer Beziehung, eines alten Musters, alten Verhaltensweisen) nicht zutraut.

Das gesamte Thema Todesangst ist sehr prekär in Bezug zu Beziehungsangst. Denn selbst sexueller Verkehr wird als der kleine Tod bezeichnet. Auch sich emotional fallenzulassen, zu heiraten oder sich in eine gefürchtete Abhängigkeit zu begeben, fühlt sich für so manchen Beziehungsängstlichen wie der Tod an. Der Tod des Ichs in Verbindung mit dem, was Ich einem bedeutet.

Wäre nicht die Angst vor der Trennung, die bei Angst vor Selbstverlust mitschwingt. Bei der Angst vor Selbstverlust jedoch verfällt man dem Glauben, man müsse sich aufgeben, „noch mehr“ geben, sich aufopfern oder ganz außer Acht lassen, damit die Beziehung und der Partner zufrieden und erhalten bleiben. Dieser Gedanke lässt Fluchtimpulse und nicht selten gesundheitliche Konsequenzen als Signal aufkommen. Ich erinnere mich daran, dass ich einst eine Nierenbeckeninfektion und danach eine Angina bekam, um mich nicht mehr mit meinem damaligen neuen Partner treffen zu müssen. Mein Körper half nach: Solche Geschichten und ähnliche wurden mir über die Jahre in Scharen zugetragen.

Die Angst, sich in Beziehungen verlieren zu können oder gar zu müssen, ist damit ein Thema mit einem simplen Hintergrund: In Wahrheit versucht man sich selbst zu erhalten, die bereits erwähnte Individuation voranzutreiben oder zu bewahren. Da das aber Trennung in Form von Selbstabgrenzung bedeutet, empfinden viele von uns Mitgefühl. Nur wenige wollen im Stich lassen oder kümmern sich nicht um mögliche Verletzungen, die sie zufügen. Die meisten Bindungsphobiker nimmt das stark mit. Entweder sie tragen noch Monate nach einer Auseinandersetzung, Verletzung oder Trennung Schuld und Scham mit sich herum. Oder sie lassen es an sich selbst aus, indem sie sich noch weiter in ihrem Wert als Partner/-in herabstufen. Sollte dein Herzenspartner sagen: „Du wirst nicht glücklich mit mir!“ oder „Ich mache alle nur unglücklich!“ oder „Du, das wird nichts mit mir. Geh und werde mit einem anderen glücklich!“ dann ist genau das gemeint: Sie meinen, sie seien nichts wert. Dass aber ihre PartnerInnen (und Bezugspersonen) sie ebenso verletzen oder verletzten, ganz ohne Schuld und Scham, ignorieren viele von uns. Besonders schwer erträglich wird das, wenn wir ein Schuldeingeständnis leisten, das eigentlich jemand anderem zustünde.

Viele von uns kurieren ihre Angst deshalb mit einem Seitensprung: Fremdgehen und Untreue ist eine typische Angst vor Selbstverlust. Lebt man etwas in seiner Persönlichkeit nicht aus bzw. ist gezwungen, es zu verheimlichen, kommt die Angst und Trennungsaggression. Sie signalisiert: *Bleib bei dir. Steh zu dir. Zur Not auch verdeckt.* So wird die Grundlage für eine heimliche Affäre oder heimliche Beziehung geschaffen. Aber auch passiv-aggressive Partner können sich so ihr Verhalten erklären: Statt die Enttäuschung, Wut, Angst über unerfüllte Bedürfnisse auszusprechen und zu sich und seinen Bedürfnissen zu stehen, ja sie einzufordern, wird geschwiegen und heruntergeschluckt. Auch das wird zwangsläufig in einer Angst enden, die immer größer wird.

Auch ich wurde bereits als Seitensprung und Affäre genutzt, weil der Mann sich nicht getraut hatte, seine Beziehung zu beenden. Selbst Jahre später empfand ich noch an seiner Stelle Scham und Schuld gegenüber seiner betrogenen und stets recycelten[2] Freundin. Es war ein fürchterliches Gefühl, das nicht zu mir gehörte. Aber ich konnte es nicht stoppen, weil ich wusste, wie weh es tat, betrogen zu werden. Dass jemand anderem anzutun und dabei mitgeholfen zu haben, tat mir weh und machte Angst. Es war ein Stück verlorenes Selbst und verratener Wert.

Die Angst vor Inbeschlagnahme

Eine besondere Form der Angst vor Selbstverlust ist die vor Inbeschlagnahme.[xiv] Jeder Mensch hat eine undurchbrechbare Barriere, die sein Ich schützt. Oberflächlich betrachtet sind es die eigenen Grenzen, die wir definieren, uns selbst und anderen gegenüber setzen. Die Ich-Grenze ist die, die jeden davor bewahrt, dass er völlig zersetzt und aufgelöst wird - durch den Willen und die Ansprüche anderer. Ansprüche sind zum Beginn von Beziehungen überwiegend romantischer und emotionaler Natur. Wenn am Anfang nicht alles himmelhoch jauchzend und rosarot, wolkenleicht und liebestoll ist, fragen sich Menschen schnell, ob das „funktionieren" kann. Doch wer Angst vor Nähe hat, hat stärkere Grenzen und hochexplosive Sicherheitsvorkehrungen getroffen. Die Angst, dass man von den Gefühlen eines anderen überschwemmt werden könnte, zu viel vom anderen eindringt, löst Angst davor aus, dass man sich nicht mehr spürt. Es ist aber wichtig und nötig für jeden Menschen, ein Gefühl für sich zu haben. Nicht jeder wünscht sich die totale Verschmelzung. Denn bei Verschmelzung schwingt ab

---

[2] Mehr dazu im Kapitel *Sonderfall: Recycling*

einem gewissen Maß bei jedem Menschen die Angst vor dem Verlust der Individualität mit sich.

Das individuelle Selbst besteht vor allem aus Werten, die Sicherheit und das Selbst ausmachen. Doch auch bei emotionalen „Übergriffen" ohne negative Interpretation werden die individuellen Wünsche und Notwendigkeiten, um sich zu fühlen, geschwächt. Man dünnt sich sozusagen aus, wenn sich zu viele Bedürfnisse eines anderen Menschen über einen selbst legen. Vielleicht sagst du jetzt: „Aber wir haben doch sicher in der Tiefe seines Herzens dieselben Bedürfnisse!" Das kann stimmen, muss es aber nicht. Es kann nicht nur sein, dass er deine Bedürfnisse zu haben, ablehnt. Es kann auch sein, dass er alle Bedürfnisse aller Menschen ablehnt, um sich selbst die Sicherheit zu geben, die er fürchtet, sonst zu verlieren.

Sehr sicher wünscht auch er sich Liebe und deine Interpretation von Liebe wird sich eventuell nicht stark von seiner unterscheiden. Nur besteht immer die Möglichkeit, dass das, was er als wahre Liebe bezeichnet, nicht das ist, was du mit Liebe in einer Beziehung verbindest. Es kann sein, dass er Opfer, um dir zu gefallen, nicht bringen möchte, weil für ihn Liebe und Opferbereitschaft nicht zusammengehören.

Sich von den Bedürfnissen anderer Menschen abzugrenzen, kann ein derart starker Wunsch werden, weil man auch fürchtet, zu stark beeinflusst[XV] zu werden. Wir alle kennen Menschen, die mit den Jahren ihrer Beziehung immer mehr ihrer ursprünglichen Eigenschaften verloren und sich in ihrem Denken, Fühlen und Handeln an ihren Partner anpassten. Nicht nur die Vernachlässigung von Freunden, sondern auch individuelle Leidenschaften drücken das auch. Mitunter erkennt man einen ehemaligen Freund gar nicht mehr wieder, wenn er nur lange genug Zeit mit seinem Partner ohne Kontakt zu dir verbracht hat. So ändern sich auch politische und gesellschaftliche Überzeugungen, Lebensstile und selbst Bindungsstile.

Der Einfluss in Partnerschaften ist deshalb so stark, weil wir in Beziehung bleiben wollen. Hat man als Mensch aber erlebt, dass das ungewollt geschah oder geschehen musste, um zu genügen und zu überleben, wird man es später ablehnen.

Sonderfall: Ungesund narzisstische Charaktereigenschaften

„Wir fügen uns gegenseitig die Verletzungen zu, die wir als Kind erleiden mußten."

Manfred Poisel

Ich selbst schlage mich mit diesem Thema herum, weil nicht nur emotionale und körperliche Gewalt, sondern auch Süchte und emotionale Abhängigkeiten, tiefsitzende Ängste und Depressionen Teil meiner Ahnenreihe sind. Ich habe lange Jahre versucht, meine Familienmitglieder zu besänftigen, zu vereinen, ihnen die Angst zu nehmen, sie zu bemuttern oder zu bevatern, älter zu sein, als ich war, ihnen alles rechtzumachen, ihre Unsicherheit zu decken und für ihre Zufriedenheit zu sorgen. Sie behandelten alle wie ihre Untertanen und bestraften auf jede erdenkliche Weise die, die es wagten, sich gegen sie aufzulehnen. Jede Individualität wurde dabei bestraft - mit Schweigen, Schmollen, Aggressionen und Wutausbrüchen, Verachtung und Angstgeschüre. Sie erwarteten trotz emotionaler Verletzungen und körperlicher Wunden Respekt und Gehorsam, Liebe und Ergebung, Verzeihen und Kleinbleiben, damit es ihnen gutgehen würde, damit sie die Autoritäten blieben. Sie waren in ihren Augen nie schuldig und nie trugen sie die Verantwortung für ihr Handeln oder ihre Fehler. Man durfte sich immer bei anderen Menschen ihres Lebens „bedanken": *Das liegt an meiner Mutter. Sie ist schuld! Da musst du dich an deinen Großvater und deinen Vater wenden! Dafür kann ich nichts, weil ich selbst keine Liebe erfahren habe. Für mein Verhalten ist nur xyz verantwortlich.* Es ist vollkommen gleich, was man tut: Sie sind nie verantwortlich und sie werden nie ehrlich und treu lieben, außer sie wollen es. Weitere Eigenschaften ungesund narzisstischer Menschen sind:

- Sie haben Schwierigkeiten, positive Gefühle aufrechtzuerhalten.
- Sie haben die Fähigkeit, auch ohne ihre Anwesenheit, deine emotionale Abhängigkeit oder Verwendung zu gewähren.
- Entziehst du dich ihnen, verwundest du sie, was zu ihrem Rückzug führt.
- Freunde, Bekannte, Kollegen, Partner, Jobs, Wohnorte usw. sind austauschbar.
- Sie sind wenig empathisch, können sich aber insofern in dich einfühlen, dass sie deine Bedürfnisse erkennen und zu nutzen wissen.
- Sie verstehen nicht, dass und wenn sie dich verletzen.

Nach 30 Jahren sehr mühevoller Arbeit, die Narzissten meiner Familie zu bekehren, musste ich mir eingestehen, dass jeder nur das kann, was er kann und will. Die traurige Wahrheit ist leider, dass jeder auch für sich entscheidet, was er nicht kann und nicht lernen möchte. Für so manchen ist Angst eine kluge Entscheidung und für so manchen ist Nehmen statt Geben die sicherste Art, um zu bekommen und sich nie wertlos zu fühlen. Werden sie nicht geliebt und geehrt, fahren sie aus ihrer Haut, strafen dich mit Trennung, reden schlecht über dich, beschuldigen dich, entziehen dir Unterstützung, halten dir ihre minimalen Liebeszuwendungen in Form von Geld o. Ä. vor, nutzen jede Macht als Druckmittel oder drohen dir mit dem Verlust eines dir wichtigen Wertes.

Dazu braucht es nur Menschen, die sich ihres Wertes nicht bewusst sind und sich von ihrer Angst leicht einschüchtern lassen. Lässt du dich leicht einschüchtern, wenn

1) er dir das Gefühl gibt, du wärst schuldig an dem, was er nicht kann?
2) er dir ins Gesicht sagt, dass er sich trennt, wenn du ihn nicht tun lässt bzw. gibst, was er braucht und will?
3) er dir das Gefühl vermittelt, dass, wenn du ihm nicht hilfst mit dem, was er als Hilfestellung gerade braucht, du wertlos seist?
4) er dir vermittelt, du würdest nie wieder einen anderen Menschen finden, der dich liebt?
5) er dich emotional abhängig machen will, zum Beispiel, du dich nicht sofort meldest, wenn er sich gemeldet hat und du ihm keine Aufmerksamkeit schenkst, genau dann, wenn er es will?

Menschen mit einem guten Herzen, die, die fürsorglich sind (zu sehr), die, die gern geben, die, die eher vertrauen und anderen ihren Schmerz ansehen, sie nicht so leicht im Stich lassen würden, treffen erstaunlich oft auf ungesund narzisstische Personen mit stark ausgeprägtem Geltungsdrang. Ich selbst durfte - als Spiegelung meiner Familienverhältnisse und meines nutzlosen Kampfes um Liebe derer, die nicht geben wollten und Lieben als Einschränkung und Belastung empfanden - solche Partner kennenlernen. Und ich selbst verliebte mich in einen solchen. Ich brauchte Jahre, um zu verstehen, dass ich nur ein Muster meiner Kindheit erneut durchspielte. Ich versuchte, an diesem Menschen meine Vergangenheit und den Schmerz von früher aufzuarbeiten, loszulassen und mit gehobenen Kopf in meine Zukunft zu schauen.

Bevor ich das begriff und umsetzen konnte, musste ich selbst erneut durch meine Beziehungsängste und bediente mich einiger unschöner Strategien, die ich von Familienmitgliedern gelernt hatte, zum Beispiel:

- Wie man die Bedürfnisse anderer übergeht, ignoriert und ablehnt
- Wie man in Erwartungshaltungen anderer trotzdem bei sich bleibt
- Wie man jedes Gespräch an sich zieht, auch wenn es ursprünglich um die eigenen Fehler und die Gefühle des Anderen ging
- Wie man auch unvernünftige Forderungen stellt
- Wie man seine Angst in den Mittelpunkt von allem stellt
- Wie man Menschen manipuliert, um nichts zu müssen, sondern alles zu dürfen
- Wie man den Anderen abwehrt, wenn er zu viel (Erwartungs)Druck aufbaut
- Wie man die Gefühle anderer abwertet (auslachen, verachten, humorisieren, bagatellisieren usw.)

Ich schlug sie mit ihren eigenen Waffen. Nichts, worauf ich stolz bin. Ich denke viel nach, bin treu und liebevoll mit Menschen, die mir treu und liebevoll gegenüber sind. Erkenne ich aber, dass sie es nicht sind oder ich Bedingungen für ihre Zuwendung zu erfüllen habe, bin ich schneller weg, als jemand Warte! brüllen könnte. Ich erkannte an meinem eigenen Verhalten, dass ich es übernommen hatte. Ich war nicht narzisstisch, aber ich bediente mich einiger Verhaltensweisen und fragte mich daher eines Tages: *Wer hat dir die beigebracht?*

Ich wusste recht schnell, welche zwei Personen es waren und erkannte noch schneller, dass diese beiden es wiederum von mindestens einem anderen Menschen vorgelebt bekommen hatten. Es waren ihre Eltern und nun spiegelten sie in angstbesetzten, weil engen,

Situationen dieses gelernte Verhalten, so wie ich. Was ich da gelernt hatte aber, waren sowohl ihre Handlungsmuster als auch ihre Waffen gegen ihre Angst.

Ich bemerkte daher eines Tages, dass ich diese Waffen nur dann nutzte, wenn sie sie gegen mich verwendeten. Ich erkannte auch, dass ich sie bisweilen bei Menschen benutzt hatte, die alles waren, aber nicht narzisstisch. Ich lernte durch diese Begebenheiten, dass es leicht ist, sich mies zu verhalten, ohne es zu wollen. Und ich begriff - das war die wichtigste Lektion - dass man auch als ängstliche Person, die durch die Erfahrung unsteter und emotionsloser Beziehungen die Waffen anderer zu ihrem Schutz wählt, sich irren können.

Man bringt da schnell etwas durcheinander, wenn man ähnliche Verhaltensweisen spürt, wie man sie zum Beispiel von seiner Mutter oder seinem Vater her kennt. Je nachdem, wie groß der Schmerz über das Geschehene und der Schmerz, der einem zugefügt wurde, ist, wird der Krieg ausgefochten.

Natürlich ist und bleibt es unrecht und verletzend, wenn man anderen zufügt, was einem selbst zugefügt wurde. Und es stimmt, was man sagt, dass die, die verletzen, selbst verletzt wurden. Das rechtfertigt nichts und es gibt keinen Grund, unentschuldbares Verhalten dennoch zu entschuldigen. Wer trotzdem verzeihen möchte, der zeigt die Bereitschaft der größten Kunst: Vergebung. Solltest du deinen Herzenspartner wirklich von Herzen lieben, schaue dir nochmals die Punkte an:

- Wie er die Bedürfnisse anderer übergeht, ignoriert und ablehnt
- Wie er in Erwartungshaltungen anderer trotzdem bei sich bleibt
- Wie er jedes Gespräch an sich zieht, auch wenn es ursprünglich um die eigenen Fehler und die Gefühle des Anderen ging

- Wie er auch unvernünftige Forderungen stellt
- Wie er seine Angst in den Mittelpunkt von allem stellt
- Wie er Menschen manipuliert, um nichts zu müssen, sondern alles zu dürfen
- Wie er den Anderen abwehrt, wenn dieser zu viel (Erwartungs)Druck aufbaut
- Wie er die Gefühle anderer abwertet (auslachen, verachten, humorisieren, bagatellisieren usw.)

Das oder Ähnliches wurde deinem Herzenspartner sehr sicher in seiner Kindheit angetan. Es sind Schutzmechanismen gegen dieselben Anforderungen seiner Bezugspersonen. Soll heißen: Er nimmt die Waffen anderer und schlägt sie damit oder aber droht nur damit, um nicht erneut verletzt zu werden. Er verwechselt normale Beziehungen und ihre Strukturen mit seinen Erfahrungen einer nicht normalen Beziehung und Struktur. Wenn du zum Beispiel deine verletzten Gefühle ausdrückst und mit ihm darüber redest, könnte er nur die schmerzhaften Forderungen seiner Bezugspersonen hören. Er verwechselt sie und ihr Verhalten mit dir und deinem Verhalten. Denn die Forderungen sind dieselben: seine Liebe, Zuwendung, Zeit, Aufmerksamkeit und Energie - weg von sich, hin zu xyz. Es spielt tatsächlich nur selten eine Rolle, wer die Zeit in Anspruch nimmt. Sehr wahrscheinlich, falls du deinen Herzenspartner als ungesund narzisstisch empfindest, wird er auch bei anderen so denken und handeln. Oder er handelt erst recht nur bei dir so, weil er sich nur in engen, nahen Beziehungen verletzlich fühlt.

Da wir hier über viele individuelle Umstände und Charaktere sprechen, ist diese Liste sicher nicht vollständig und es muss nicht zwingend so sein, dass er ungesund narzisstische Eltern hatte. Auch Eltern sind einfach nur Menschen und können verletzen, besonders ihre Kinder. Sind sie selbst infantil, wenig resilient und resistent, ängstlich, abhängig, depressiv oder anderes, können schnell Fehler geschehen, die selten wiedergutzumachen sind. Aber ich habe auch viele Bindungsängstliche kennengelernt, denen es nicht bewusst war, dass ihre Eltern sich falsch verhalten hatten. Stattdessen verharrten sie in einer Idealisierung.

Sie alle werden auf die eine oder andere Art gelernt haben, dass man Liebe „leisten muss“, dass Geliebtwerden einen Preis hat, sie sich Liebe erkämpfen und verdienen müssen. Dein Herzenspartner hat eventuell gelernt, dass dieser Preis zu hoch ist und deshalb wehrt er dich ab. Stattdessen fordert er vielleicht zu 300 Prozent zurück, getreu dem Motto: *Wenn nicht früher, dann jetzt.* und intensiviert Handlungen, die er sich früher von sich selbst gewünscht hätte.

Wenn im Kopf Liebe Leistung ist und nur dann aufrechterhalten werden kann, wenn man stets und ständig in der Bringschuld ist, sieht man sehr klar, was man selbst gibt und was der Andere (nicht) gibt. Beziehungsängstliche, die bei ungesund narzisstischen Bezugspersonen aufwuchsen, gehen oft gleich auf Nummer Sicher und riskieren keine Verbindung, die auch nur annähernd so schmerzhaft und unerfüllt sein könnte, wie die in ihrer Kindheit. Auch wenn du nichts von seiner Mutter oder seinem Vater hast, so bohren sich die kleinsten Forderungen und Gemütsverfassungen, die er durch seine Angst bei dir ausgelöst hat, in sein Gewissen. Er wehrt sie ab, jede Schuld wird er von sich weisen, weil er Schuldzuweisungen von früher gewohnt ist. Er kann und will nicht mehr schuldig sein. Das bedeutet, dass er gelernt hat, dass er auch dann schuld sei, wenn jemand anderes ihn nicht liebt und nicht lieben kann, weil er - Gott bewahre! - schon früher Gefühle hatte oder er nicht so war, wie der Andere ihn haben wollte. Irgendwann geschah es, dass er sich schwor, ganz aufzugeben und fortan jede dieser Schuldzuweisungen abzulehnen würde. Er würde niemanden mehr lieben, wenn der Preis dafür der Verlust seines Selbst sein müsse.

Er hatte natürlich recht, was seine Bezugspersonen anging. Er war nicht schuldig, dass sie keine guten Eltern waren oder ihm nicht geben konnten und wollten, was ein Kind an Liebe und Aufmerksamkeit verdient. Es lag am Unvermögen der Eltern, den Umständen usw. Aber zwischen den Eltern und seiner Partnerin einen augenscheinlichen Unterschied zu erkennen, fällt vielen erst einmal schwer. Man muss einem das sagen. Also: Sag es ihm! „An wen erinnere ich dich gerade?" ist ein guter Einstieg in so ein Gespräch, in dem er sich aussprechen kann, wenn er das möchte. Sollte er darauf nicht anspringen, gib nicht auf. Stelle deine Fragen bei einer passenden! Gelegenheit erneut. Drücke aus, dass du merkst, dass er einen Schmerz in sich hat, den du anscheinend jedes Mal dann wieder triggerst, wenn deine Gefühle und deine Liebe zu ihm verletzt worden sind. Vor allem drücke aus, dass der Schmerz offensichtlich auch schon vor dir und eurem Kennenlernen da war. Beziehungsängstliche Menschen sind entweder rigoros schlecht darin, zu kritisieren oder sehr, sehr gut. Sie brüllen entweder oder schweigen, wenn sie verletzt wurden. Man könnte sie glatt mit Alkoholabhängigen vergleichen, die sich entweder gar nicht durch Alkohol im Griff haben (weil es ihnen erlaubt, ihre Gefühle auszudrücken) oder aber durch Alkohol erst recht still werden (weil er sie beruhigt und sie so eine furchterregende Situation ertragen können).

Sonderfall: Recycling

Die Psychologin Dr. Elinor Greenberg machte jüngst eine Sonderkategorie ungesund narzisstischer Personen auf, basierend auf der Frage ihrer Klientinnen, ob ihr Herzenspartner eines Tages zu ihnen zurückkehren würde: Sie nannte die, die garantiert wiederkommen würden, die Recycler.[xvi] Diese hätten mehrere potenziell interessierte Menschen an der Hand, die sie verlassen und ersetzen und wiederaufnehmen, wie es ihnen lieb ist. Recycler sind deshalb Sonderfälle der Beziehungsangst, weil sie lange und feste, verbindliche und emotionale Bindungen nicht ertragen. Sie recyceln nicht nur Liebschaften, sondern auch Wohn- und Reiseorte, Beziehungen jeder Art, Freunde, Bekannte, Kollegen, Geschäftspartner. Sie kommen nur dann zu dir, wenn sie es wollen, weil du einen Nutzen erfüllen kannst: mit ihnen sein und an etwas teilhaben. Sie erfüllen dieselben Eigenschaften wie normale ungesund narzisstische Menschen, sind höchst charmant und anziehend. Man könnte fast meinen, man müsse sich bedanken, weil sie mit einem Zeit verbringen möchten.

Der Hintergrund ist recht simpel: Für sie ist alles und jeder austauschbar und so soll es auch sein. Sie möchten immer etwas oder jemanden in petto haben. Der Sinn für sie ist nur der, dass sie es nicht sind bzw. nicht sein wollen. Wer es wagt, einen Recycler in einer On-Off-ähnlichen Verbindung abzuweisen, der muss automatisch damit rechnen, dass sofort jemand anderes verfügbar sein wird. Recycler sind auf solche Fälle gut vorbereitet und horten wie Messis Menschen und vermeintliche Freunde, Arbeitgeber usw. Sie haben im Prinzip immer einen Plan B, immer einen Trumpf im Ärmel, den sie ziehen, um keine Angst zu bekommen: allein zu sein, verlassen zu werden, ungeliebt zu sein, beschuldigt zu fühlen und sich schuldig zu fühlen, beschämt zu sein oder versagt zu haben, keinen Wert zu haben oder ihn zu verlieren.

Ein Bekannter von mir nimmt Jobs an und schmeißt sie regelmäßig wieder hin, nicht aus Langeweile, sondern gemessen an seinem Wert. Ein zu dem Zeitpunkt aktueller Arbeitgeber erzählte ihm im Personalgespräch, dass sich seine Leistungen minimiert hätten. Es war keineswegs eine Kritik, sondern vielmehr eine Frage nach seinem Befinden, gepaart mit viel Rücksicht und Fürsorge. Der Arbeitnehmer schätzte ihn als Mitarbeiter sehr und wollte unter anderem wissen, ob er ihm irgendwie entgegenkommen könne, zum Beispiel, indem er ihn entlastete. Doch statt dieser Auffassung kündigte mein Bekannter abrupt mit den Worten: „Wenn ich Ihnen nicht mehr genug bin, geh ich eben. Ich finde sofort jemand anderen.“ Damit hatte er auch recht. Er ist ein Meister des Networkings und hatte binnen von zwei Wochen einen neuen Job, den er erneut nach einem Monat verließ. Die Geschichte setzte sich so weiter und war bereits vor dem „Angriff“ auf seinen Selbstwert ähnlich verlaufen.

Auch Bindungsängstliche tendieren zum Recycling von Liebe, Gefühlen und Bindungen. Zum einen machen sie das mit ihren eigenen Gefühlen, weil es ihnen ehrlicherweise fehlt, wenn sie nicht lieben. Auf der anderen Seite vermissen sie es, geliebt und nicht gebraucht werden. Ängstliche Menschen sind sich ihrer Schuld wohl bewusst. Ungesund narzisstische Menschen erkennen die wunden Punkte anderer gut und wissen diese auszunutzen. Herauskommt ein sehr giftiges Gemisch aus Ignoranz und Selbstgefälligkeit.

Ein essentielles Merkmal ist, dass es sich immer um dieselben Menschen handelt, die recycelt werden. Es kommen auch bei steigendem Status oder wechselndem Wohnort oder Beruf neue hinzu. Aber das geschieht nur dann, wenn diese das Selbstwertgefühl des Recyclers erhöhen. Denn Recyclers mögen die Berechenbarkeit der einzelnen Partner und sie lieben es, sie jedes Mal wieder neu erobern zu können. Um die emotionalen Höhen und Tiefen, die sich in Langeweile und nicht erfüllter Zuwendung ausdrücken, zu überstehen, wechseln sie ihre Partnerinnen nach Lust und Laune. Sie sind bei jeder durchaus treu und zuwendend, aber es hat immer einen Zweck: sie selbst zu erfüllen.

Sie können deshalb dieses Verhalten durchsetzen, weil sie in ihrem Kreis von Partnerinnen Frauen haben, die keine Ansprüche stellen und trotz verletzter Gefühle bleiben.

Angst IV: Die Angst, sich zu verlieben, bei emotional nicht verfügbaren Männern

„Ein Mann, der liebt, vergisst sich selbst.
Eine Frau, die liebt, vergisst die andern Frauen."

Daphne du Maurier

In Hollywoodfilmen landen wir nach einem turbulent-spannenden Start am Ende immer beim perfekter Partner, in einer perfekten Beziehung, mit Haus, Hund, lachend im Park, verliebt in den Moment für die Ewigkeit. Wohlgemerkt ohne irgendein Ach unter dem Dach. Während der Fernseher aus ist und die Drehbücher schweigen, suchen Millionen Menschen auf dieser Welt *in diesem Augenblick* online in Partnerbörsen oder in Apps auf dem Smartphone einen passenden Menschen, der sie mit Liebe nährt und bei ihnen sein will, bei ihnen bleibt und sie so annimmt, wie sie sind: mit Ecken und Kanten. Doch viele haben Probleme damit, Gefühle zuzulassen. Es sind Männer und Frauen, die wir als beziehungsunfähig und liebesunfähig bezeichnen, die unter Beziehungsangst bzw. Bindungsangst leiden. In den Medien werden sie als „emotional nicht verfügbar" bezeichnet.

Doch was zeichnet Liebe und Liebesfähigkeit, Beziehungsfähigkeit, Bindungsangst und die Unfähigkeit, sich auf eine Beziehung einzulassen aus? Ist das wirklich eine ernsthafte Störung, so wie einige schreiben? Wie können Menschen wie dein Herzenspartner lernen, mit ihrer Angst umzugehen, Vertrauen zu schenken und ihre Gefühle zuzulassen, statt sie zu kontrollieren?

Sokol und Carter schreiben, dass wenigstens 50 Prozent der emotional offenen Liebessuchenden einmal auf einen Menschen treffen (werden), der emotional nicht verfügbar sei. Keine Gefühle zulassen zu können, sähe einem passiv Bindungsängstlichen ähnlich. Wir erinnern uns: Jemand mit aktiver Beziehungsangst hingegen ist häufig das Gegenteil. Er ist Feuer und Flamme für den einen Menschen, den er gerade erst kennengelernt hat, sofort in die noch lockere Beziehung hineinspringen und die großen, überwältigenden Gefühle der anfänglichen Magie auskosten. Ständiger Kontakt auf allen Ebenen, rund um die Uhr, gemeinsame Stunden, die sich für die Ewigkeit anfühlen, die wohltuende Nähe, der tolle Sex, das Gefühl der innigsten Verbindung und die tiefen Gespräche, diese magische Verbundenheit… bis der Alltag kommt und derjenige bemerkt: Verbundenheit beinhaltet das Wort *Bund*, und erinnert zu sehr an Gebundenheit statt Vertrauen und Freude. Und das macht Angst.

Alte Ängste werden reaktiviert, Erfahrungen und Verletzungen kommen wieder hoch. Aus dem Bunde wird die ewig alte Wunde, die daran erinnert, dass sie noch nicht heil ist, nicht verarbeitet wurde, noch immer schmerzt. Um den Schmerz oder den, der kommen könnte, zu unterbinden, unterbindet der Mensch die Möglichkeit, dass es positiver laufen könnte als in der Vergangenheit. Und ergreift die Flucht. Aus dem anfänglichen, innigen und verschmelzenden Moment wird Distanz, panische Reaktionen und ein Zusammengereime aus *vermeintlichen* Argumenten, die benutzt (und gebraucht) werden, um es sich und dem Partner so plausibel wie möglich und ohne Schuld zu erklären. Die wenigsten Personen möchten merken oder aussprechen, was in ihnen vor sich geht: „*Ich habe eine Heidenangst vor dir, vor Liebe und vor Beziehungen!*“

Die meisten beziehungsängstlichen Menschen verschwinden deshalb *einfach* aus deinem Leben, statt gerne Gefühle zulassen und zeigen zu lernen.

Ghosting: Ohne Nachricht von Sam.

Ich hatte bereits an anderen Stellen das Phänomen *Ghosting* benannt. Es bezeichnet das plötzliche Verschwinden eines Menschen, mit dem man sich seit kurzer Zeit in einer Beziehung befindet. Wie aus dem Nichts, verschwindet diese Person aus deinem Leben, meldet sich kaum noch, ist noch seltener erreichbar, antwortet nicht mehr oder nur noch knapp, sagt Treffen ab, ohne Ersatztermine vorzuschlagen, schiebt sein Leben als Entschuldigung vor, wenn denn Erklärungen abgegeben werden. Die Person wird zu einem Geist. Für die Verlassenen bleibt das Gefühl, etwas falsch gemacht zu haben, liebensunwürdig zu sein, denjenigen nicht genug umsorgt oder aufmerksam betrachtet zu haben oder gar zu viel davon gemacht zu haben. Dabei sind sie nur an jemanden geraten, der *emotional nicht verfügbar* ist.

Anzeichen und Merkmale emotional nicht verfügbarer Menschen

Sie führen typische Hop-on-Hop-off-Beziehungen oder On-Off-Beziehungen. Sie machen Schluss, stoßen dich weg, um dann wieder anzukommen und den Moment des Anfangs auszukosten, um dann wieder Schluss zu machen und sich dann wieder zu melden, so weiter und so weiter… Auch sie haben in sich einen Recycler, auch wenn sie nicht zwingend narzisstisch veranlagt sein müssen.

Sie tun alles, um dich für sie zu gewinnen, auch wenn du anfänglich kein Interesse hast. Sie sind am Anfang wie ein Orkan, der sich dann langsam in nichts auflöst, wenn sie dich erobert haben. Wenn die Spannung nachlässt, lassen sie nach. Sie sind meist nur zu ihren Bedingungen erreichbar oder verfügbar, sei es telefonisch, in Person, in Dauer oder Art und Weise des Kontakts. Sie bestimmen den Rahmen. Sie verlangen oft, dass du etwas für sie tust. Sie tun dir wiederum wenige bis keine Gefallen oder nur widerwillig. Sie sind, obwohl ihr schöne Zeiten miteinander verbringt, mit anderen Menschen und Situationen beschäftigt, zum Beispiel mit Telefonieren, Facebook oder Gesprächen mit anderen, Alkohol oder Tieren oder sonst weder Kompensation des Moments. Sie verbieten sich selbst und dir das (öffentliche) Zeigen von Gefühlen: Es ist oft so, dass sie weder erlauben, ihre Hand zu halten noch in der Öffentlichkeit als liebendes Paar aufzutreten; sie schließen selten die Augen beim Küssen und ziehen sich meist schnell aus der Situation, wenn es „zu nah" wird, zum Beispiel durch gezielt gelegte Termine nach euren Treffen oder bei Distanzbeziehungen klare Festlegungen von Dauer des Aufenthaltes oder Zeitpunkten. Sie erklären sich und ihr Leben mit ihrer Vergangenheit. „Irgendeine" Frau oder „irgendein" Mann steht hinter ihnen und trägt die Schuld. Wiederum ein ungesund narzisstisches Verhaltensmerkmal. Dadurch vermeiden sie, sich selbst anzusehen und an sich selbst zu arbeiten, ihre Verantwortung für ihr Leben zu übernehmen und die Last der negativen Erfahrungen zu verringern. Sie wollen in den meisten Fällen so verhärtet und unnahbar bleiben, um der Gefahr, erneut verletzt zu werden und die Kontrolle zu verlieren, aus dem Weg zu gehen. Sie legen viel Wert auf *eine Sache*: Das kann Sex sein, ein Kind oder Geld und Beruf. So transportieren und kanalisieren sie Gefühle. Sie würden selten aus reinem Gefühl oder

Liebe zum Partner handeln, sprechen oder bleiben. Sie lenken sich durch den Partner oder Liebe von ihrem eigenem Seelenleben ab und „nutzen“ ihn als Instrument für Fülle, dem Gefühl der Zuwendung und Aufmerksamkeit. So würden sie eher in Zeiten der empfundenen Einsamkeit, die schwer auf ihnen lastet, Treffen haben wollen, als in Zeiten, in denen sie mit ihren Sachen beschäftigt sind. Sie nähren deine Gefühle, in dem sie Aufmerksamkeit von dir verlangen und suggerieren so, dass du gebraucht wirst.

Man selbst merkt erst spät, dass man mehr gibt und opfert - es ihnen eher recht macht - als man zurückerhält. Sie verlangen viel Freiraum oder Zeit für sich und ihr Leben. Jede ungewollte, gemeinsame Zeit wird von ihnen geahndet. Wenn du sie abweist oder Zeit für dich beanspruchst, nicht erreichbar bist oder dich um etwas kümmern musst, fühlen sie sich ausgeschlossen und bekommen Angst, unwichtig zu sein.

Sie können sich nicht entschuldigen oder Fehler eingestehen und zugeben. Sie sagen eher, dass sie schlechte Partner sind, als dass sie euch und eurer Liebe/Beziehung eine Chance gäben oder sich bemühen würden, dass es funktioniert - für beide. Sie wollen höchstens Teil deiner Familie und deines Freundeskreises sein, sich lieber bei dir in deiner Wohnung aufhalten als umgekehrt.

Die Wahrscheinlichkeit, dass der emotional unverfügbare Mensch dir seine Familie oder enge Freunde vorstellt, ist gering. So halten sie Distanz. Sie führen eher Fernbeziehungen oder haben heimliche Affären, um eine von vornherein natürliche Distanz und verständliche Erklärung für ihr Handeln zu haben. Sie strafen ohne Erklärung jede noch so kleine *Kränkung* und *Verletzung* mit Schweigen, Rückzug und passiver Aggression, anstatt in ein ehrliches und offenes

Gespräch zu gehen, in dem sie den Partner auf seine Handlungen ansprechen würden.

Sie tun sich schwer, ehrlich und reflektiert über ihre Gefühle zu sprechen und vermeiden Gespräche dieser Art, brechen sie abrupt ab oder lenken ab. Umgekehrt verbieten sie dir ebenfalls solche Gespräche. Sie sind in den meisten Fällen grandiose Liebhaber, vermitteln Innigkeit und Leidenschaft, tiefe Verbundenheit beim Sex. Doch im normalen sozialen Kontakt sind sie eher in sich gekehrt oder sogar abweisend. In Wahrheit sind sie sehr leicht verletzbar.

Wenn zu viel Gefühl Angst macht

Ist man an einen emotional distanzierten oder nicht verfügbaren Menschen „geraten", kann man versuchen, mit ihm ins Gespräch darüber zu gehen. Beziehungsangst ist keine Pest, keine Seuche und auch keine ernsthafte psychische Störung, auch wenn sehr häufig ein ausgeprägter Narzissmus als Schutzmaßnahme vorhanden ist und/oder genutzt wird.

Entgegen der weitläufigen Meinung gibt es durchaus Personen, die um ihre Angst wissen und bereit sind, diese anzusehen und anzugehen. Was definitiv weniger hilfreich bis kontraproduktiv ist, ist den beziehungsängstlichen bzw. gefühlsängstlichen Menschen zu drängen, zu zwingen, zu überrennen oder Deadlines bzw. Auflagen zu geben. Sie können Schritt für Schritt in Richtung „Sicherheit" gehen, wenn man ihnen die Zeit lässt. Das werden sie aber aussprechen, wenn sie die Bereitschaft dazu haben. Die Ergebnisse werden sich auch in der Beziehung sichtbar machen. Sollten sich keine Ergebnisse einstellen, auch keine kleinen Schritte, so gibt es auch keine Bereitschaft. Wird keine ehrliche und ernst gemeinte Absicht ausgedrückt und gezeigt, an sich und seiner Angst - gemeinsam - zu arbeiten, dann gibt es auch keine Absicht. Sich dann noch weiter auf den emotional distanzierten Partner zu konzentrieren, weiterhin zu hoffen, dass er *irgendwann* doch bereit wäre, ist eine Illusion. Es ist sinnvoller, sich bei solchen Erkenntnissen aus Eigenschutz zurückzuziehen. Rückzug ist auch dann die richtige Wahl, wenn von ihm die Beziehung beendet wird. So schmerzhaft es auch sein mag, wenn es zu einer Trennung aus Angst vor Beziehung oder Liebe kommt, gehe nicht blindlings zu der Person zurück, hoffe nicht ins Blaue. Glaube nur, was du siehst und nicht, was *schön klingt*, aber vor allem: Renne demjenigen nicht hinterher. Das würde direkt in die Wunde und das Kontrollbedürfnis desjenigen spielen.

Es gibt leider keine angenehme oder leichte Art, einen beziehungsängstlichen Menschen oder emotional nicht verfügbaren Menschen dazu zu motivieren, dich zu lieben oder sich bereitwillig und vertrauensvoll auf eine Liebesbeziehung mit dir einzulassen. Dein Herzenspartner muss allein die Bereitschaft und den unbedingten Willen mitbringen, sich einzulassen und an sich zu arbeiten.

Die Liebe der Hochsensiblen und Empathen

„Gestehe jedem seine eigene Verletzlichkeit zu,
Du willst die Deine doch auch gewahrt wissen.“

Alexandra Maria Huber

Empathen und hochsensible Menschen besitzen eine besondere Art der Beziehungsangst. Jeder Empath wird heute als übermäßig sensibel beschrieben; nicht jeder Hochsensible ist zugleich Empath.

Während Hochsensible sich mit Stichworten wie Überreizung und äußere Stimuli (Licht, Lautstärke, Menschenmassen, fremde sowie schädliche Energien in der Nahrung, der Luft und durch Substanzen) auseinandersetzen müssen, sind Empathen weitestgehend durch fremde Energien belastet. Sie fühlen, was du fühlst - im Guten und Schlechten. Sie kommen, so sagen es Experten wie die US-amerikanische Psychologin, Autorin und Empathin Judith Orloff, ohne Training nur schwer mit Gefühlen und Bedürfnissen anderer Menschen zurecht. Empathie, weitläufig bekannt als Mitgefühl, wird in der wahren Empathieforschung jedoch als Mitleid betitelt. Das erforderliche Training von Empathen könne aus dem beschwerlichen Mitleid wieder „nur“ Mitgefühl werden lassen.

Da beide Gruppierungen durch Überstimulation ausgelöst werden, ist das einzig relevante Thema, das es zu lernen gilt, Selbstabgrenzung und Akzeptanz der eigenen Begrenztheit. Beide reagieren vor allem stark auf Nähe - die mit positiven und negativen körperlichen Empfindungen einhergeht, nicht nur aufgrund seelischer und mentaler Belange. Im Gegenteil: Sowohl Euphorie und Freude als auch Traurigkeit und körperliche

Schmerzen werden übermäßig stark wahrgenommen. Während Hochsensible sich mit dem eigenen System auseinandersetzen müssen, um die für sie richtige Dosis an äußeren Stimuli kennenzulernen, müssen Empathen ihre Abgrenzung von fremden Gefühlen und Bedürfnissen erfahren lernen. Das bedeutet vor allem, dass sie ihre eigenen Gefühle und Bedürfnisse kennenlernen, akzeptieren und von anderen unterscheiden lernen müssen.

Besonders in Liebesdingen nehmen beide Gruppen eine entsprechend höhere Intensität der Liebesgefühle und natürlich auch des Liebesleids wahr. Sowohl in positiven Ereignissen wie dem Verlieben an sich, als auch in negativen wie bei Streitigkeiten oder unerwiderten Gefühlen, sind sie beide stark emotional angesprochen, identifizieren sich schneller und stärker mit ihrem Gegenüber und können sogar körperliche und mentale „Nebenwirkungen" zeigen. Diese reichen von heftigen Schlafstörungen, Minderwertigkeitsgefühlen und Sorge um die Zukunft bis hin zu Magen-Darm-Störungen (schlechte Bauchgefühle), Muskelverspannungen (bei Angst), unregelmäßiger Herzfrequenz und Hautreizungen.

Beide Gruppen aber haben das Potenzial, sich auf die Empfindungen des Anderen einzustellen und als Empath sogar so zu fühlen, wie der Partner es wahrnimmt. Sie können Angst und Sorgen riechen, Liebesgefühle des Anderen wie ihre eigenen aufnehmen und selbst Zweifel des Partners mit den eigenen verwechseln. Nur Menschen, die in ihren Gaben geübt sind, sich ihrer Grenzen und Begrenztheit bewusst sind und entsprechend Selbstabgrenzungs- sowie Bewältigungsstrategien besitzen, können leicht zwischen dem, was der Partner ist/braucht/will und dem, was sie sind/brauchen/wollen, unterscheiden. Sie nehmen es in dem Moment wahr oder, wie viele, die noch etwas ungeübter sind, erst Tage später.

Ihre Vorsicht bei Nähe rührt hauptsächlich von ihrer Angst, überwältigt zu werden, da Zeiten der Nähe zwar stark gewünscht und als angenehm empfunden werden, aber auch eine richtige Dosis benötigen und von Zeiten der Distanz wieder unterbrochen werden müssen. Wieso ist das so? Beide Gruppen nähren und laden sich in Zeiten der Distanz wieder auf. Sie fühlen sich schnell ausgelaugt, wenn sie lange oder intensive Zeiten mit anderen Menschen verbracht haben. Auch der Beruf kann sie energetisch aussaugen, was zu noch mehr Wunsch nach Ruhe und Alleinsein führt. Sie benötigen ihre Zeit mit sich in der Stille oder Natur, mit ihren Hobbys und Tieren ihren Freunden oder dem Beruf, um ihre eigenen Gedanken zu hören und ihre Gefühle wieder zu spüren. Viele von ihnen hört man deshalb sagen: *Ich kann mich nicht mehr spüren. Ich habe das Gefühl, dass es keine Grenze mehr zwischen uns gibt. Ich habe das Gefühl, dass ich kein eigener Mensch mehr bin.* Sie fürchten den Selbstverlust nicht etwa, weil sie die Liebe fürchten, sondern, weil sie ihre Empfindsamkeit und Emotionalität als Anker und Leuchtturm zugleich brauchen. Deshalb fällt es nicht wenigen schwer, wenn sie sich verlieben. Nicht nur spielen die Hormone verrückt und man ist die ganze Zeit in Gedanken bei dem neuen Partner. Auch fehlende Grenzen in der ersten Verliebtheitsphase und die häufige Zweisamkeit kann sie aus dem Gleichgewicht bringen.

Gleichfalls haben sie eine stark ausgeprägte Trennungsangst, die zweischneidig ist. Sie sind auf der einen Seite sowohl ängstlich gegenüber eigenen Trennungen. Sie wollen niemanden verletzen und sorgen sich stark darum, dass der Andere seine Bedürfnisse nicht erfüllt bekommt. Das verleitet viele dazu, zu glauben, dass sie sie nicht befriedigen könnten und nicht gut genug für den Partner zu sein. Weshalb sie eine Trennung im Kopf in Erwägung ziehen. Auch ihr bedrängtes Ich kann sie in Trennungsgedanken leiten. Werden diese aber untergraben, will die Person den Partner nicht verletzen, werden also die eigenen Selbstabgrenzungsmechanismen nicht genutzt, sondern der Drang unterbunden, führt es zu Aggressionen. Die müssen sich irgendwie entladen, sei es durch Wutausbrüche, plötzliche Trennungen oder kurzweilige, eiskalte Rückzüge, um wieder ein Gleichgewicht herzustellen.

Auf der anderen Seite fürchten sie die Trennung des Anderen. Denn beide Gruppen haben übermäßig hohe Selbstzweifel und sind es seit Kindheitstagen gewohnt, für ihre Sensibilität und Einfühlungsvermögen getadelt oder belächelt zu werden. Sie gelten generell als schwächlich oder nicht belastbar. Viele brauchten eine Weile, um ihre Charaktereigenschaften zu akzeptieren und kennenzulernen. Obwohl die beiden Themen Empathie und Hochsensibilität seit einigen Jahren in vielerlei Munde sind, gibt es noch immer genug Hochsensible und Empathen, die ihre Gabe und Herausforderungen nicht kennen. Besonders, wenn ein nicht-hochsensibler Partner auf einen Hochsensiblen trifft oder ein nicht-hochempathischer Partner auf einen Empathen, kann es zu außerordentlichen Anpassungsschwierigkeiten in der Verliebtheitsphase kommen, die nicht selten zu Trennungen führen.

Ich habe in meiner Praxis viele Gespräche mit Menschen geführt, die mit sich am Hadern waren, wie sie ihre Gaben „abstellen“ können, um sich stärker auf ihre Partner einlassen zu können. Sie wollten es und spürten, dass sie gut füreinander waren, aber hatten extreme Mühen, sich auf die andersartige, meist zu schnelle (Tempo) und zu heftige (Intensität) Lebenswelt (weniger-mehr) einzustellen. Sie wollten es und wünschten es sich, aber ihr Körper und/oder ihr Herz hielten stets dagegen. Man kann sich das wie zwei verschiedene Kulturen vorstellen: Der Hochsommer in Australien beginnt, wenn bei uns in Mitteleuropa der Sommer gerade beendet ist und ist um einiges intensiver als in unseren Kreisen. Dennoch sagen Australier und Europäer zu beidem „Sommer“. So ähnlich ist es auch bei Hochsensiblen/Empathen und Nicht-Hochsensiblen/ Nicht-Empathen: Die Australier lieben ihre normalen 40 Grad Celsius und viele im Bundesstaat Victoria (Melbourne) ziehen extra nach New South Wales zurück (Sidney, Canberra), weil es dort im Winter wärmer ist. Die Sonne ist im Winter in Melbourne gegen 12-13 Uhr ungefähr so intensiv wie bei uns im Spätsommer. Wir saßen teilweise im T-Shirt beim Mittagessen. Umgekehrt mögen nur wenige Deutsche oder Mitteleuropäer die sehr starken Temperaturen im Hochsommer um Weihnachten herum in Sidney, wenn die australischen Gemüter gerade so richtig ins Wallen kommen. Unterschiedliche Empfindungen für ein- und dieselbe „Sache“.

Diese Unterschiede in der Wahrnehmung von Liebe und Beziehung gibt es nicht nur zwischen Empathen/Hochsensiblen und solchen, die es nicht sind. Es gibt sie immer und grundsätzlich zwischen allen Menschen, nur dass sie bei diesen Gruppen und ihren Partnern besonders stark ins Gewicht fallen und entsprechend stärkere Ängste auslösen können. PartnerInnen müssen hier schlichtweg mit ihrem Gegenüber reden und sich der Überstimulation bewusst sein. Das ist auch nichts, was sich abstellen ließe oder durch Vorwürfe ändern könnte - es ist keine Frage der freien Wahl oder der Willensstärke. Es ist ein eingebranntes Muster und in den meisten Fällen ein sehr hilfreiches und gutes.

Hinzukommt aber eine Ausprägung, die man interpretieren kann, wie man möchte: Beide Gruppen, je nach Grad der Empathie, können sich durch ihre Sensibilität in den Anderen hineinversetzen und sich so wie ein Kompass durch die Gefühlswelt hindurch navigieren - und verrennen. Sie merken oft erst im Nachhinein oder bei Distanz (gestern Abend zusammen, alles wunderschön - heute sieht man sich nicht und alles erscheint trübe und schwerfällig), dass etwas unstimmig ist oder die Bedürfnisse an eine Beziehung sich unterscheiden. Sie stellen häufig und sofort ihre Fähigkeiten und Tauglichkeit mit Blick auf den Anderen infrage.

Wenn man sie auf die Unterschiede in der Wahrnehmung anspricht, wissen sie oft nur durch lange Zeiten der Reflexion, zu benennen, was in ihnen vor sich geht. Viele können es aber dennoch nicht oder es fällt ihnen erheblich schwerer als Nicht-Empathen und Nicht-Hochsensiblen, ihre Gefühle und Bedürfnisse auszudrücken. Bei zu viel Nähe ringt nur ein Flucht-Mechanismus mit einem Nicht-verletzen-Wollen-Mechanismus. Man kann sich das wie einen EKG-Monitor vorstellen, der die Herzfrequenz anzeigt. Sie benötigen einen konstanten und gleichbleibenden Herzschlag und „Ton" in sich, um sich wohlzufühlen. Gerät der Ton aber in ungeahnte Höhen und zu schnellem Tempo, setzt Beunruhigung ein und der Drang, dies augenblicklich zu ändern. Viele haben deshalb ganz natürliche Abwehrmechanismen, zum Beispiel zappeln sie viel herum, wippen mit ihren Beinen oder renken stets ihren Nacken wieder ein. Sie laufen hin und her oder wirken abwesend, zittern oder greifen zu Kompensationen wie Getränke, Essen, Tabak und Alkohol, um den Takt wieder in den normalen Frequenzbereich zu bringen.

Sie hassen es, aufzuspringen und Nein zu sagen, aber es bleibt ihnen (und anderen) nicht immer erspart. Ich erinnere mich zum Beispiel an eine Situation, in der ich mit einem Mann, den ich gerade erst kennengelernt hatte, morgens im Bett aufwachte. Er umarmte mich innig und wollte nur die Bettwärme und meine Abwesenheit fühlen.

Er wollte mir zeigen, dass er sich wohlfühlte und sich freute, morgens mit mir aufzuwachen. Meine Reaktion aber war eine innere Explosion: Ich fühlte mich derart eingeengt und bedrängt. Ich spürte seine Bedürfnisse wie eine Walze über mich herüberrollen. Ich konnte hinter seiner Zufriedenheit über die Situation die Schmerzen über sein bisheriges Alleinsein wahrnehmen. Ich konnte nicht atmen und mich auch nicht beruhigen. Nicht etwa, weil ich seine Nähe fürchtete, sondern weil ich morgens grundsätzlich direkt aus dem Bett aufstehe, mir die Nase putze, ins Bad gehe, meinen Tieren ihr Frühstück gebe und dann meinen Kaffee trinke. Mein System erlaubt mir kein Kuscheln über länger als zehn Minuten. Interessanterweise hatte ich solche und ähnliche Erfahrungen nicht mit Hochsensiblen/Empathen.

Je mehr Menschen wie ich aber versuchen, gegen ihren inneren Kompass zu handeln, weil sie den Partner mögen und behalten, ihn gut behandeln möchten und respektieren, desto mehr gehen wir absichtlich über unsere Fähigkeiten hinaus und überschreiten unsere mentalen und körperlichen Grenzen selbst. Bei vielen schürt das leider Wut und Angst. Spätestens, wenn sie wieder allein sind, bemerken sie ihre Überreizung und die Konsequenzen, ihr Ausgelaugtsein, ihr fehlendes Gefühl für sich selbst, ihre Gedankenkreisel im Kopf, die Anstauung fremder Gefühle in ihrem Körper oder Gedanken in ihrem Kopf. Sie vermissen sich sozusagen und als würde die Stimme ihrer Intuition, Empathie und Hochsensibilität brüllen: „Ja, ganz toll. Das machen wir auch nie wieder!“ geraten sie sofort in Bedrängnis, sich zwischen sich selbst und ihrem Partner zu entscheiden.

Ein Blick in internationale Foren und Facebookgruppen mit Empathen und Hochsensiblen zeigt mir täglich mehr als deutlich, wie viele von ihnen sich freiwillig gegen Nähe entscheiden, nur um nicht in diese Entscheidungsnot zu geraten. Es fühlt sich für sie an, als müssten sie sich zwischen ihrem Leid und deinem Leid entscheiden. Eine Wahl, die ihnen nicht nur wehtut, sondern auch schwerfällt, weil ihr System nicht auf Schmerz-Zufügen ausgerichtet ist, sondern auf Minimierung des Schmerzes. Deshalb finden sich viele Empathen und Hochsensible in Berufen wieder, die ihnen Freiheiten schenken - frei von Hektik, frei von Menschen oder frei von unvernünftigen und nichtigen Unternehmensansprüchen, die niemandem dienen, außer dem Unternehmen. Ungerechtigkeit und Wettbewerbsgehasche, Ellenbogenhierarchien und Obrigkeitsgehorsam sind ihnen genauso zuwider wie Hochbegabten.

Als Partner eines Empathen oder Hochsensiblen (oder beidem) bleibt einem nur das offene Gespräch und klare Grenzen und Regeln, die beide miteinander ausmachen und befürworten. Je stärker die Grenzen sind, desto wohler fühlen sie sich. Umgekehrt haben die Partner die Erkenntnis, dass es nicht an ihnen liegt, sie nicht „nicht genug" seien, sondern nur unterschiedlich in der Wahrnehmung und Empfindung. Das ist eine große Entlastung und vermag einen völlig anderen Blick auf die Zukunft der Beziehung mit deinem Herzenspartner.

Auch wenn du entdeckt haben solltest, dass du Empathin und/oder Hochsensible bist, kannst du für dich und ihn realisieren, dass es dir an Selbstabgrenzung und Selbstwahrnehmung fehlt. Sie in eine gesunde und ausgeglichene Waage zu bringen, ist das oberste Ziel - dann kann auch die Beziehung zu deinem Herzenspartner eine positive Wendung nehmen.

Beziehungsstile und wie sie sich auswirken

*„Die Tugend nistet, wie der Rabe,
mit Vorliebe in Ruinen.“*

Anatole France

Sigmund Freud war es, der feststellte, dass ein Jeder in seinen Bindungen das Erlebte in seiner Vergangenheit wiederholt. So entwickelte sich die Bindungstheorie, die auf Beobachtungen von Kleinkindern beruhen: wie sich ein Kind entwickelt und was geschehen muss, damit es keine Sicherheit in sich und andere Menschen oder Prozesse, um diese Sicherheit herzustellen, ausbildet. Man geht davon aus, dass der Bindungsstil in einem sehr frühen Alter geprägt wird. Er kann sich durchaus im Erwachsenenalter ändern, aber das bedarf einer gewissen Reflexion, Arbeit und Wille. Nicht selten kann die Hilfe eines Therapeuten Wunder bewirken, wie ich es selbst erleben durfte. Der Bindungsstil zeigt vor allem, wie ein Mensch bei Nähe und Distanz agiert, ob er gut mit anderen auskommt, wie er sie behandelt, ob er eifersüchtig und neidisch oder aber ein Teamplayer ist.

Man unterscheidet diese vier Bindungsstile:

- den sicheren Stil
- den ängstlich-ambivalenten Stil
- den gleichgültig-vermeidenden Stil
- den ängstlich-vermeidenden Stil

Sokol und Carter machen die 50 Prozent aller Menschen, die bindungsangstfrei sind und auf bindungsängstliche treffen, an diesen Stilen fest: 50 Prozent aller Menschen wird ein *sicherer Bindungsstil* nachgesagt. Es verbleiben somit 50 Prozent, die keinen sicheren Umgang mit Bindungen erlernt haben und potenziell auf bindungssichere Menschen treffen könnten. Menschen mit einem sicheren Stil haben weder große Ängste, dass sie verlassen werden könnten, noch haben sie Befürchtungen bei und wegen Liebesgefühlen. Sie besitzen grundsätzlich ein gutes Gefühl sich selbst gegenüber und haben Selbstbewusstsein. Sie wissen sich abzugrenzen, weil sie feste Grenzen gesetzt haben und sich trauen, diese notfalls zu verteidigen. Sie können lieben und sich lieben lassen.

Zehn Prozent der Weltbevölkerung hätten einen *ängstlich-ambivalenten Bindungsstil* entwickelt.[xvii] Sie fürchten am meisten die Ablehnung. Obwohl sie sich eine enge Liebesbeziehung wünschen, haben sie von ihren Bezugspersonen gelernt, dass nur deren Bedürfnisse zählen. Auch emotionale Abhängigkeiten, die diese Personen aufrechterhalten wollten, stießen oft auf den Wunsch, ein eigenes Ich auszuprägen, was aber wegen der Wichtigkeit fremder Bedürfnisse untersagt worden war. Es herrschte sicher eine starke emotionale Unbeständigkeit gepaart mit Abwesenheiten oder Nichtverfügbarkeiten. Vielleicht waren die Personen zu sehr mit sich und dem eigenen Leben beschäftigt, häufig nicht von Zuhause oder abwechselnd gefühlvoll und gefühllos. Menschen mit diesem Bindungsstil lernten Bindungen als unsicher kennen. Sie hatten Mühe, Zuwendung und Aufmerksamkeit zu bekommen, was sich auch im Erwachsenenleben wiederspiegelt. Sie versuchen vielleicht durch Besonderheiten/ Auffälligkeiten im Aussehen oder ihren Eigenschaften Zuwendung von einer Person zu ergattern. Sie beweisen sich durch Leistung im Beruf oder durch Geld. Doch da sie Berg- und Talfahrten hinsichtlich Aufmerksamkeit gewöhnt sind, glauben sie nicht an anhaltende Liebe. Sie haben ihren eigenen Wert in ganzer Größe und

Liebenswürdigkeit (noch) nicht entdeckt und wissen sich nur selten zu schätzen. Sie verrennen sich leicht in Beziehungen, in denen sie sich und ihren Wert beweisen und stets untermauern müssen. Es kommt ihnen unglaubwürdig vor, wenn sie einmal nichts leisten müssen, sondern wegen sich selbst geliebt werden - einfach so.

Der *gleichgültig-vermeidende Bindungsstil* soll auf 25 Prozent der Bevölkerung zutreffen. Sie haben Angst vor Nähe und viele Ausreden, wieso sie keine bräuchten und wieso auch emotionale Unterstützung und Halt für sie unwichtig sei. Ihnen ist es lieber, sich einzureden, dass sie niemanden bräuchten, sondern viel zu sehr mit ihrem Leben beschäftigt seien. Sie können besonders Menschen, die durchaus Bedürfnisse haben, schwer ertragen. Denn Bedürfnisse zu haben, wirkt in ihren Augen schwach und hinderlich. So sehen sie auch die Menschen. Nur wenn man einen Nutzen für gleichgültig-vermeidende Menschen hat, sind Bedürfnisse in Ordnung, insofern es die des Gleichgültig-vermeidenden sind. Ihnen wurden wahrscheinlich Gefühle und körperliche Nähe in ihrer Kindheit verweigert und - weil man sie nicht „braucht" - abgesprochen. Häufig sollen Jungen betroffen sein, die nicht weinen dürfen, sondern hart sein müssen, sich durchbeißen und große Leistungen erbringen müssen, um das Idealbild eines „echten Mannes" zu erfüllen. Hier wären auch ungesund narzisstische Menschen und Recycler anzusiedeln.[xviii] Einige von ihnen zeigen deshalb keinerlei Reaktionen auf Gefühle und Empathie, sozialen und emotionalen Stress; andere wiederum erleben heftige psychosomatische Beschwerden. Als würde ihr Herz/Geist die Verantwortung auf die körperliche Ebene weiterreichen, zeigen sie Symptome[xix] wie Hautreizungen, Nahrungsunverträglichkeiten oder Panikattacken. So verteidigt sich ein Teil von ihnen gegen jedes Gefühl und Bedürfnis, das früher unbeantwortet blieb - was sie nicht haben „sollten" und heute deshalb *besser nicht* haben wollen. Sie wehren auch deine Gefühle nur aus Schutz ab.

Der letzte Bindungsstil wird *ängstlich-vermeidend* genannt und beträfe 15 Prozent[xx] der Bevölkerung. Diese sind angepasst, distanziert, fühlen sich verloren, wirken perfekt und brav, haben große Angst vor Nähe und dem Verlassenwerden, sind sehr misstrauisch gegenüber anderen Menschen und vor allem gegenüber ihren eigenen Liebesgefühlen. Sie haben Schwierigkeiten, positive Gefühle zu entwickeln aufrechtzuerhalten. Sie geben sich zuerst die Schuld daran. Sie fühlen sich im Prinzip als schlecht, aber erhoffen doch, dass sie jemandem genug gefallen werden, auch wenn sie den Rückzug derer fürchten. Sie sind manchmal zorniger Natur, wenn sie enttäuscht werden (und wenn es um Personen geht, die sie enttäuscht haben). Im Grunde sind sie sehr loyal, weil sie wissen, wie schmerzhaft es ist, im Stich gelassen zu werden. Sie suchen Halt und ein Ventil gegen ihre Einsamkeit und Angst, ihr geringes Selbstwertgefühl und die innere Leere. Ihnen ist Lob eher unheimlich, weil sie aus Schutz die Verantwortung für fremde Fehler übernehmen. Das ist ihre Form der Kontrolle, um niemanden zu verlieren, von dem sie sich abhängig fühlen. Sie können gleichzeitig sehr gefühlskalt sein und Mühe haben, eine echte emotionale Verbindung zu ihrem Partner aufzubauen. Sie gehören außerdem zu den „wartenden", gefügigen und „bewusst flexiblen" Menschen, die selten jemanden unterbrechen oder stören würden, aus Angst, anzuecken und verlassen zu werden. Sie erfüllen lieber Bedürfnisse aus dieser Angst heraus, als es nicht zu tun und sich ihrer Angst zu stellen. Auch wäre es wieder ein Nähebedürfnis, wenn sie es doch täten. In Wahrheit suchen und brauchen sie jedoch eine stabile Nähe und beständige Zuwendung.

Doch sie würden es sich (und anderen) nur selten eingestehen. Sie leben in ihren eigenen Welten und wirken daher häufig abwesend. Deshalb geht man in der Psychologie davon aus, dass sie Bezugspersonen hatten, von denen sie stark vernachlässigt wurden. Auch Depressionen, andere Störungen sowie emotionaler und körperlicher Missbrauch können die Ursachen für diesen Bindungsstil sein. In jedem Fall haben sie dem Betroffenen als Kind große Angst vor Nähe und Verlust gemacht. Einige Menschen dieses Beziehungstypens sind deshalb nicht selten feindselig eingestellt oder passiv-aggressiv.

Checkliste: Beziehungsängstliche Menschen

Menschen mit Beziehungsangst haben u. a. diese Eigenschaften:

- (still) einsam und sehnsuchtsvoll
- schüchtern oder im anderen Extrem, wenn Ablehnung nicht gefürchtet werden soll/braucht, stark überschwänglich (‚love bombing')
- Herausforderungen mit Trennung, glauben entweder, sie dürften sich nicht trennen (denn es wäre verletzend) oder fürchten die Trennung des Anderen (denn es wäre verletzend)
- beweisen sich häufig durch Versprechen, Geschenke, Liebesbekundungen, während es sie selbst auch einengen kann
- in Zeiten der Abwesenheit der Partnerin neigen sie zu depressiven und/oder panischen Grübeleien, dass sie nicht wollen, können oder sich doch eher trennen sollten
- wenig selbstbewusst
- unausgeglichen, starke Schwimmungsschwankungen
- teilweise irrational in Bezug auf ihre Erwartungen
- Konzentrationsprobleme
- Suchtverhalten und/oder starke Kompensationen wie Sport, Essen, Tabak, Sex, Geld, Arbeit, starke Fokussierung auf Freunde, Kinder usw.
- erscheinen mitunter unglücklich und reserviert, distanziert und einengt, defensiv und leicht verletzbar

- schnell frustriert von partnerschaftlichen Problemen oder wenn etwas nicht so läuft, wie sie es sich gewünscht hätten
- vorsichtig, zwiespältig, eifersüchtig, zwanghaft, klammernd
- wütend, zornig, passiv-aggressiv (Opferhaltung, Ausdruck der Angst, sich nicht wehren zu können)
- oder ängstlich in Bezug zu aggressiven und destruktiven Gefühlen, fressen Frust in sich hinein
- fühlen sich unterdrückt, erdrückt und ohnmächtig bei Veränderungen oder Ansprüchen (‚Muss-Vorstellungen')
- oder unter- und erdrücken als anderes Extrem
- häufig wartende Menschen, das Warten lähmt sie
- überschwängliche Spontanität, Hauruckaktionen, On-Off-Verhalten als Flucht vor der Ohnmacht
- Angst vor Mangel und Leere
- pessimistisch und misstrauisch
- suchen bewusst und halten Fehler vor (im Aussehen, Verhalten usw.), um Partner kleiner und wertloser zu machen (eine Art Erlaubnis, um den Partner nicht zu übersteigern, nicht ernster zu nehmen, um weniger Angst zu haben und weniger zu lieben, denn er ist erst in der „kleingemachten" Version weniger liebenswert)
- haben Angst vor eigenen Fehlern, durchschaut und bloßgestellt zu werden
- brauchen viel Freiraum, flüchten oft, lügen bewusst, um Freiraum zu schaffen (und unschuldig zu wirken)
- Angst vor Konfrontationen, flüchten lieber still
- fühlen sich oft schuldig und beschämt
- oder wehren Schuld und Scham, Bedürftigkeit und Verletzbarkeit als anderes Extrem übermäßig ab

- Angst, zu verletzen und verletzt zu werden
- teilweise stark feindselig
- behalten Sorgen für sich oder besprechen sie nur mit Menschen, denen sie vertrauen
- häufig negative Gefühle, wenig hilfsbereit oder übermäßig stark hilfsbereit als Beweis (sich selbst und/oder dir gegenüber)
- emotional abhängig oder übermäßig stark unabhängig
- trauen sich in der Liebe und in der Dauer einer Beziehung wenig zu (auch dem Partner nicht)
- starke Herausforderungen mit emotionaler Beständigkeit (besonders im Alltag)
- schnelle Langeweile, unangenehme Gefühle der Monotonie und inneren Leere
- starke Ängste und körperliche Beschwerden bei Distanz vom Partner
- haben seltener Kontakt und Intimität mit jemandem, den sie nicht mögen
- leben ein falsches Selbstbild, das ihnen erlaubt, gewollt zu sein, sind stark angepasst oder als anderes Extrem übermäßig stark unangepasst, um Aufmerksamkeit und Zuwendung zu erhalten

Beziehungsverhalten von Menschen mit suchtkranken Eltern

„Liebe ist die stärkste Macht der Welt, und doch ist sie die demütigste, die man sich vorstellen kann.“

Mahatma Ghandi

Terminologisch ist der Begriff Suchtkranke von mir teilweise falsch und irreführend gewählt. Denn Süchtige bezeichnen Alkohol-, Drogen- und anderweitig Substanzabhängige sowie anormales Zwangsverhalten wie Sex-, Sport- und Spielsucht. Doch sowohl an mir und in meiner Praxis fiel auf, dass auch andere Süchte, die weniger pathologisiert werden, wie zum Beispiel Geltungsdrang, Arbeitswut und Geldsucht, bei den Bezugspersonen deines Herzenspartners ein ähnliches Beziehungsverhalten auslösen können, wie das von Kindern, die bei Suchtkranken aufwuchsen.

Ganz besonders Kinder, die bei suchtgefährdeten und süchtigen Bezugspersonen aufwuchsen, zeigt sich eine labile, ambivalente oder ängstliche bis vermeidende Beziehungsfähigkeit. Sie sieht aus wie Unfähigkeit, aber ist in Wahrheit nur stark vom Glauben des Herzenspartners, es würde Herausforderungen geben, geprägt. Ihre wichtigsten Glaubens-, Gedanken- und Gefühlsmuster, die sie in Beziehungen ausleben und suchen, sind:

- kann zwischen „normal“ und „nicht normal“ nicht bzw. nur schwer unterscheiden
- hat Angst vor Glück oder verbietet es sich
- lügt eventuell aus Angst vor Konfrontation und Verlassenwerden

- perfekt sein wollen aus Angst, verlassen zu werden
- garantierter Selbstverlust in Bindungen
- Absprechen des eigenes Wertes
- verurteilt nicht nur sich selbst, sondern auch andere
- sich verstellen aus Angst, nicht auszureichen und genug zu sein
- glauben, dass Glück nicht lange anhält
- Eins sein statt Individualität ist ein Muss oder eine Erwartungshaltung
- Verletzbarkeit wird ausgenutzt
- Streit und Auseinandersetzungen wird es nicht geben oder aber haben als Folge Verlust
- Selbstbeschuldigung, Abwertung des eigenen Charakters oder der eigenen Liebesfähigkeit Übernehmen jedweder Verantwortung für alle misslichen Vorkommnisse
- Vorgeben einer stets positiven Stimmung
- sucht insgeheim oder stets Bestätigung und Zuwendung
- hat große Angst vor Veränderungen
- übergroßes Vertrauen zueinander als Voraussetzung statt Aufbau eines gegenseitigen Vertrauens
- alle Aktivitäten gemeinsam erleben müssen
- blindes Verständnis für das, was man selbst und der Andere braucht
- Kontrollzwang aus genereller Angst oder Zukunftsangst
- Irrglaube, man würde immer zusammenbleiben
- Aufrechterhaltung von emotionaler Unsicherheit, aus Angst vor Ablehnung und Zurückweisung (sie wollen nicht sicher oder selbstverständlich sein)

Diese Liste ist keineswegs vollständig, aber gibt einige der wesentlichen Muster wieder. Natürlich sind nicht alle beziehungsunfähigen Menschen hier einzutakten; und nicht alle haben suchtkranke Eltern oder Bezugspersonen wie beispielsweise ich. Auch wenn zum Beispiel eine Sucht oder ein starkes kompensatorisches Verhalten in der gesamten Familie, seiner Ahnen, vorherrscht, kann sich ein ähnliches Verhalten ausprägen. In meiner Familie war dies der Fall. Es erging sowohl meinen Großeltern, meinen Eltern und mir so.

Auch andere Fälle sind mir bekannt, in denen es sich weder um Alkohol noch um Substanzen handelte. Einer meiner engsten Freunde beispielweise erlebte immer wieder starke Geld- und Geltungssucht bei seinen Eltern. Sie definierten ihren Wert über Reichtum und Status, Ansehen und dem, was andere sahen: die perfekte Familie, mit den perfekt aussehenden, braven und gut gebildeten Kindern. Im Inneren dieser Dynamik aber herrschte ein ewiger Kampf darum, gut genug zu bleiben und es stets zu beweisen. Als eine jahrelange Liebschaft des Vaters aufflog (von der die Mutter eigentlich wusste), zwang sie ihre Kinder, zwischen ihr und dem Vater zu entscheiden. Er entschied sich gar nicht und sehnte sich nach einer friedlichen Lösung, um niemanden zu verlieren. Auch die anderen Geschwister waren hin- und hergerissen, aber hielten eher still und stellten sich tot. Er war als großer Bruder stets in die harmonisierende und ausgleichende Position gezwungen worden. Die Mutter war wutentbrannt und verließ die Familie. Die Schuld gab sie ihm und sprach fortan kein Wort mehr mit ihm. Seine Geschwister hatten den Kontakt zur Mutter aufrechterhalten, aber nur aus Angst vor dem totalen Verlust. Er aber hatte sich getraut, ihr Verhalten anzuprangern und sie zur Korrektur zu bewegen. Er wünschte sich eine umseitige und herzliche Lösung für alle. Sie aber wollte bedingungslose Loyalität. Er wurde in den kommenden Jahren immer mehr isoliert und tendierte in seinem Verhalten mehr und mehr zu dem seines Vaters, der stark materiell eingestellt war. Er hatte zudem aufgrund seiner Liebschaft ein emotional desaströses und unbeständiges Beziehungsmuster. Auch mit seiner folgenden Partnerin. Mein Freund orientierte sich daran und wurde selbst zu einer Version seines Vaters. Er versuchte fortan, durch Geld und Leistung, Ansehen und Ignoranz zurechtzukommen. Das gelang ihm einige Jahre. Doch in jeder Beziehung bedauerte er still seinen Glauben, dass er wohlhabend sein müsse und er seine wahren Gefühle seiner Partnerin gegenüber nicht zeigen dürfe - sonst würde er sie verlieren. Während er also seinen Vater internalisiert und imitiert hatte, zog er Frauen wie seine Mutter an. Sie waren durchaus bessere Versionen seiner Mutter, so wie auch er eine bessere Version seines Vater war. Er wiederholte die Sphäre seiner Kindheit und hoffte, dass er sie wiedergutmachen könnte. Doch er fand sich stets zwischen Unauthentizität und das Vorgeben eines glücklichen Lebens und gewünschten Bildes wider, unter dem er stark litt. Seine Beziehungen wurden übrigens stets von den Frauen beendet. Als ihm dieses Muster auffiel, kehrte er es um und hoffte durch diese Kontrolle aus Angst vor Kontrollverlust nichts zu verlieren. Das funktionierte genauso wenig. Er blieb stecken, bis er alles losließ und lernte, seine wahren Meinungen auszusprechen, Grenzen zu setzen und diese auf gesunde Art und viel Verständnis seiner heutigen Partnerin zum Ausdruck zu bringen. Ihr Verständnis war jedoch keineswegs blind. Sie erlaubte sich immer, ihn darauf hinzuweisen, wenn er sie verletzte. Sie lernten eine individuelle Form der Kommunikation. Aber vor allem waren sie beide bereit dazu.

Nicht alle sind dazu bereit. Es kann nicht nur sein, dass dein Partner misstrauisch gegenüber seinem Wandel und seiner Selbstwirksamkeit ist. Auch deine eigenen Zweifel können ihn und dich blockieren. Wer sich lange

Beziehungsangst und ihre Folgen als Betroffene angesehen und erduldet hat, der zweifelt oft sogar stärker als die, die die Angst haben.

Solltest du deinen Herzenspartner in den Mustern wiedergefunden haben, wirst du unbewusst oder bewusst wegen seiner Verhaltensweisen deine Handlungen angepasst haben. Auch hier unterliegen deine Ängste seinen Ängsten. Oder seine Ängste lösten deine (alte oder neue) Angst aus. Sehr wahrscheinlich sind das diese:

- Angst, dass du ihn verletzt
- Angst zu zeigen, dass du seine Angst siehst (um ihm nicht zu nahe zu treten)
- Angst, die Kontrolle zu übernehmen
- stattdessen in einer passiven Rolle verharren, aus Angst vor seiner Reaktion
- ihm die Kontrolle entgegen deiner Bedürfnisse überlassen und dafür Schmerz in Kauf nehmen, aus Angst, ihn einzuengen oder sein Misstrauen zu wecken/füttern/begründen
- ihm seine Ansichten über die Welt und euch zwei, über Streitigkeiten, die angeblich keine waren oder übermäßig dramatisiert werden, erlauben - aus Angst, ihn zu verärgern
- ihm erlauben, dass er deine verletzten Gefühle unterdrückt, aus Angst vor seiner Gleichgültigkeit oder seinem Verlust
- ihm alles verzeihen, aus Angst, ihm das Gefühl zu geben, er würde nicht ausreichen oder sei nicht gut genug (Angst vor seiner Schuld, Scham und seiner Reaktion darauf)
- ihn nicht verlassen
- u. v. m.

Solltest du dich hier wiederfinden, deinen Herzenspartner aber nicht in den vorherigen Mustern, kann es auch helfen, wenn du deine Ahnen und deine Bezugspersonen näher unter die Lupe nimmst. Süchte sind nichts weiter als ein Mechanismus, um Mangel und Leere in sich verstummen zu lassen, um in Welten zu flüchten, die keine unangenehmen Gefühle und Konflikte mit sich bringen. Sie sind eine Schutzmaßnahme gegen Einsamkeit, Selbstwertzweifel, Versagens- und Verlustängste. Aber vor allem spiegeln sie wider, dass man sich als unzureichend empfindet und dafür schämt. Doch mitten im Suchtverhalten hat man ein Stück Halt und Kontrolle: sei es, dass man sich nicht mehr so klein und geringwertig fühlt oder dass man sich vor diesen Gefühlen in dem Verhalten verstecken kann.

Mitunter, das hat mir meine Praxis mit Klienten und Klientinnen gezeigt, neigen auch Frauen, die aus gestörten und irgendwie gearteten Suchtverhältnissen stammen, zu einem dementsprechenden Verhalten gegenüber Männern, die beziehungsängstlich sind. Wiederum auch nur, weil die Männer ebenso in gestörten Verhältnissen aufwuchsen. Es wäre dann lediglich deine erlernte Strategie, auf solche unbeständige Emotionen oder einseitige Gefühle einzugehen.

Solltest du bei dir feststellen, dass du erkennen kannst, was in einer Beziehung normal ist und was nicht (im Vergleich zu ihm, der ein anormales Bild von Liebe und Beziehungen hat) oder solltest du unbeständige Gefühle bei ihm wahrnehmen, die dich entweder durch Wut oder heftige Angst und Traurigkeit lähmen, gibt es einen Kern in dir, der sich dagegen auflehnt. Es lohnt sich definitiv, deinen Herzenspartner zu fragen, was er für normal in einer Beziehung hält. Meine Klienten zeigten immer wieder erstaunliche Unterschiede in der Wahrnehmung. Bist du sehr wütend, wenn du seine Wahrnehmung zu deiner Realität machen musst - er dich sozusagen dazu zwingt oder sich sonst zurückzieht? Das ist dein Kern, dein unkaputtbares Selbst, der sich gegen ein „aufgezwungenes“ Konstrukt zu wehren versucht. Doch ist es kein Zwang, sondern deine freie Entscheidung, ob du seine Weltsicht übernimmst oder dir eine eigene zutraust, aufbaust bzw. beibehältst.

TEIL II

DEINE ANGST

(die, die schon da war, und die, die neu durch die Angst deines Herzenspartners hinzukam)

Schon wieder der Falsche!

„Es ist besser, für das, was man ist, gehasst, als für das, was man nicht ist, geliebt zu werden.“

André Gide

Heutzutage ist es zwar leicht, im Internet neue Menschen kennenzulernen. Aber das Zusammenbleiben wird wegen der Optionalität von Liebe zunehmend problematischer. Nach nur wenigen Wochen merken wir meist, dass wir wieder denselben Typ Partner angezogen haben. Wir sehen uns mit denselben Herausforderungen konfrontiert – nur in einer neuen Beziehung. Viele meiner GesprächspartnerInnen berichteten mir, dass er nicht ihr erster bindungsängstliche Partner war. Einige waren wiederholt in eine ängstliche Beziehung geraten; andere wurden mehrfach nur als Sündenbock oder Wiedergutmacherin gesehen, nicht aber als potenzielle Partnerin, Frau mit Träumen und Mensch mit Gefühlen.

Die Enttäuschung ist oft groß. Frauen zweifeln verständlicherweise an sich und oft an der Liebe. Welche Hintergründe dieses Phänomen haben kann, wird viel diskutiert. Dabei ist die Lösung ganz einfach: Du ziehst deshalb immer wieder denselben Typ Partner an, weil es eine alte Problematik in dir gibt, die du zu überwinden versuchst. Welche Aspekte dir helfen können, um dieses Muster zu durchbrechen, möchte ich in diesem Kapitel erläutern.

Menschen verlieben sich oft Hals über Kopf. Er zieht dich auf unerklärliche Weise an und es kommt dir so vor, als wäre es pure Magie. Die Hormone spielen verrückt und nach kurzer Zeit bist du in Gedanken nur noch bei ihm. Bevor du ihn richtig kennengelernt hast, ziehen dich deine Gefühle in Gedanken über eine gemeinsame Wohnung, eine Familie mit Kindern oder auf Reisen oder ins Standesamt. Menschen verfallen schnell dem Glauben, dass der neue Mensch endlich der Eine sein könnte. Doch schon bald fallen ihnen Ähnlichkeiten mit vergangenen Beziehungen und Bindungen (Eltern, Familie, Freunde usw.) auf.

Welche Gemeinsamkeiten zu vergangenen Bindungen und solche, die keine wurden, gibt es?

Nimm dir etwas Zeit, darüber zu reflektieren. Liste gern alle Menschen auf, die dir ad hoc in den Sinn kommen, gleich, ob männlich oder weiblich:

Schau dir nun die Verletzungen in deiner jetzigen Partnerschaft oder mit deinem Herzenspartner genauer an. Welche Handlungen und Worte lassen dich erstarren?

Wann hast du diese Starre zuletzt gefühlt? Bei wem stellen sich ähnliche Reaktionen ein?

Wie reagierst du auf das, was dein Herzenspartner tut?

Wie würdest du gern reagieren wollen?

Wie hast du in einer ähnlichen Reaktion oder bei einem Menschen, an den dich dein Partner erinnert, reagiert?

Wie hättest du stattdessen reagieren wollen?

Wir sehen uns nur selten eine Verbindung zu uns und unserer Vergangenheit genauer an. Doch dahinter verbergen sich vor allem Erinnerungen an alte Wunden, die wieder aufplatzen, wie Charaktereigenschaften ehemaliger Partner, die uns besonders verletzten. Oder wir erkennen, dass wir an denselben Bindungstyp geraten sind, den wir doch eigentlich so sehnlichst loswerden wollten: zu viel Distanz und Angst vor Nähe, Kontrolle, Eifersucht, Aufbau von Abhängigkeiten, schwierige sexuelle Muster oder Anhaftungen an vergangene Beziehungen, Mutterfrauen, Vatermänner oder der Wert des Jobs.

Es ist leider eine ungeschriebene Wahrheit, dass wir nur teilweise mitentscheiden, wen wir kennenlernen. Doch wen wir lieben, können wir durchaus steuern. Niemand muss sich mit einer ungewollten Beziehungsform, „nur Freundschaft", emotional abhängige Partner, einer On-Off-Beziehung oder Affäre zufriedengeben. Wir haben immer die 100-prozentige Wahl, wen wir in unser Leben lassen. Sokol und Carter[xxi] schreiben, dass Menschen mit Angst vor Nähe und Beziehungen nicht unweigerlich ähnliche Menschen anziehen. Sie suchen sich genauso gern (wenn nicht gar lieber) Menschen, die das Gegenteil von dem sind und können, was sie nicht sind. Natürlich kann es auch das alte Motto „Gleich und Gleich gesellt sich gern" geben. Wer sich schwertut, sich zu lieben und zu respektieren, verfängt sich sehr viel häufiger in Beziehungen mit Menschen, die einem genau das spiegeln. Auch Menschen, die sehr sensibel, mitfühlend und empathisch sind, werden gern von Personen mit der Angst vor wahrer Liebe und Bindung „angesteuert". Die meisten suchen in der Liebe eben genau das, was sie in ihrem Leben vermissen. Nur die Wenigsten leben nach dem Prinzip der Fülle: *Wenn es mir selbst gutgeht, geht es auch meiner Beziehung gut. Geht es mir schlecht, sollte ich zuerst an meinem Wohlbefinden arbeiten und etwas für mich tun. Erst dann kann ich wieder bedingungslos Liebe schenken und Liebe annehmen.*

Trau dich einmal, hinter deine eigene Fassade zu schauen. Deine Antworten und Erkenntnisse können sehr hilfreich sein, auch wenn sie vielleicht nicht die sind, die du von dir erwarten würdest. Es kann dir helfen, ein klares Bild davon zu bekommen, welchen Partner du tatsächlich möchtest und was für ein Partner du selbst bist. Stimmen die Aspekte überein, dann wunderbar! Solltest du jedoch merken, dass es schon in deinem Kopf unvereinbare Differenzen gibt, wäre ein Umdenken lohnenswert und befreiend. Umdenken muss nicht zwingend Trennung bedeuten. Manchmal ist es aber die bessere Wahl und schützt vor tiefen Verletzungen.

Dennoch ist man in einer Beziehung am Gelingen beteiligt und somit genauso verantwortlich wie der Partner. Ein Partner allein kann nicht alles leisten, damit es besser wird. Wenn sich beide einigen und beschließen, dass sie besser für- und miteinander werden möchten, ist die Grundlage für eine liebevolle und respektvolle Beziehung gelegt. Natürlich sind wir alle Menschen, wir machen alle Fehler und niemand ist perfekt. Das ist auch gut so. Wir können immer an uns arbeiten, können uns immer für Fehler entschuldigen und unser Verhalten ändern. Wer uns aufgrund unserer Charaktereigenschaften oder Lebensumstände nicht lieben kann, der soll auch nicht in unserem Leben sein. Das gilt insbesondere für dich, wenn du mit der Angst deines Herzenspartners nicht umgehen kannst. Und es gilt insbesondere auch für deinen Herzenspartner, wenn er nicht damit umgehen kann, dass du keinen Umgang mit seiner Angst findest. Das ist auch nicht deine Aufgabe. Es ist seine.

Wer uns liebt, entscheiden wir leider auch nicht. Aber dafür können wir beschließen, ob wir in der nächsten

Beziehung wieder denselben Typ Mann anziehen wollen. Wir können entscheiden, ob wir zu einer besseren Version unserer selbst werden möchten, um eine entscheidende Wende herbeizuführen. Eben weil wir alle nicht perfekt sind, ist es so wichtig, sich ständig zu reflektieren. Im Alltag schleichen sich leicht Bequemlichkeiten ein oder wir neigen dazu, über Negatives hinwegzusehen, um Streit aus dem Weg zu gehen. Aber wir können verhindern, dass diese Misslichkeiten zum falschen Zeitpunkt hochkommen, für Auseinandersetzungen und Bauchschmerzen sorgen oder gar zum Ende der Beziehung führen. An uns selbst zu arbeiten und zu erkennen, was wir noch nicht verarbeitet haben oder nicht bearbeiten wollen, weil es zu schmerzhaft wäre, ist ein absoluter Garant dafür, dass wir beziehungsfähige (und passende Partner) anziehen.

Haben wir die Antworten auf die gestellten Fragen gefunden, können wir leichter bewirken, dass auch die Beziehung eine andere sein wird. Doch wenn sich zwei Menschen auf einem Haufen weigern, sich selbst anzusehen und auch die dunklen Stunden ihrer Vergangenheit und wunden Punkte ihrer Persönlichkeit zu akzeptieren und zu heilen, wird eine gesunde Beziehung unmöglich. Natürlich gibt es viele Bindungsängstliche, die sich als gesund beschreiben würden, weil es ihre favorisierte Beziehungsführung ist, die ihnen besonders gut tut. Doch das ist hier nicht gemeint. Was ihm gut tut, kann dir wehtun. Das ist von Belang. Es ist deshalb wichtig, weil du wichtig bist. Ob er die Ansicht teilt oder nicht, geht dich nichts an. Denn du wirst nichts daran ändern können, wenn er dich lieber aus Angst für unwichtig empfindet.

Durch die Fragen kannst du sehen, mit welcher Motivation du in eine Beziehung gehst. Was du deinem Partner vorwirfst, ist ein direktes Spiegelbild deiner eigenen Behandlung. Ist er zu distanziert dir gegenüber, kannst du dich fragen: *Bin ich mir selbst gegenüber distanziert? In welchen Bereichen entferne ich mich von dem, was ich eigentlich möchte? Wo lasse ich keine Nähe zu mir selbst zu? Wo verhindere ich Nähe zu meinem Partner? Welche Aspekte einer Beziehung machen mich richtig nervös?* Dich selbst so gut wie möglich zu kennen, deine Ecken und Kanten zu wissen, erlaubt, dass du weniger kritikempfindlich reagierst, vor allem in Situationen, in denen du von ihm unausgesprochen oder offen kritisiert oder abgelehnt wirst.

Je eher und präziser du lernst, deine Gefühle und Bedürfnisse klar zu formulieren, desto weniger wirst du zulassen, dass ein anderer Mensch dir deine Bedürfnisse abspricht. Je mehr Nähe du zu dir selbst hast, desto besser kannst du allein sein, desto weniger fürchtest du Trennung und Distanz, desto weniger eifersüchtig bist du und desto wohler fühlst du dich in deinem Leben. Sich selbst DER EINE Lebensmittelpunkt zu sein, ist einer der Hauptpfeiler deiner Psychohygiene. Es erlaubt dir in den schweren Zeiten des Lebens, resilient zu bleiben, statt zusammenzubrechen. Nicht nur in deinem Alltag, auch in deinen Beziehungen und denen, die eine werden können.

Der Versuch, die Wunde der Ungewollten und Verlassenen zu heilen

„Alle unsere Irrtümer übertragen wir auf unsere Kinder, in denen sie untilgbare Spuren hinterlassen.“

Maria Montessori

Hollywood und besonders die Medien erzählen uns romantische und herzzerreißende Geschichten über Paare, die lange kämpfen mussten, um endlich zusammen sein zu können. So, wie Romeo und Julia sich füreinander aufopferten, aber durch familiäre Zwänge zu Lebzeiten keine Chance hatten, ihre Liebe auszuleben, lebt auch in unseren Köpfen das Klischee darüber, wie eine große Liebe zu sein hat, weiter. Nur wenige erinnern sich daran, dass die Liebe wohltuend und einfach sein sollte.

Ich kann die Gespräche, die Frauen wegen ihrer Hoffnungslosigkeit und Verzweiflung mit mir führten, mittlerweile nicht mehr zählen. So viele leiden darunter, dass sie nicht wissen, was sie tun und nicht tun sollen. Sie trauen sich weder, sich gegen ihren Herzenspartner zu stellen und so für sich zu sorgen, noch sich gegen sich selbst zu stellen. Immerhin kommt das unweigerlich als Bumerang zu einem zurück - früher oder später. Trotzdem ist das Muster, erst einmal jede Verantwortung auf sich zu laden, freiwillig wegen fremden Leids verletzt zu werden und sich selbst die Schuld am Beziehungschaos zu geben, vorherrschend.

Es wird dir ein Stück Kontrolle geben, wenn du dich in die Position der Leidenden, Wartenden oder Verantwortlichen setzt, statt ihm seine Selbstverantwortung zu lassen. Viele von uns

Beziehungsängstlichen sehen sich als Opfer ihrer Erfahrungen. Ebenso viele wissen um die Fehler und Verantwortung anderer Menschen. Die empfundene Handlungsunfähigkeit ist also verständlich. Aber: Du bist nicht die Person, die ihn verletzt hat. Du warst es nicht, die ihre Verantwortung, als er als Kind jemanden brauchte, abgelehnt hast. Du bist keines seiner Elternteile. Und auch nicht seine Therapeutin.

Doch du wirst sicher viel Mitgefühl, wenn nicht sogar Mitleid, für ihn und seine Erlebnisse empfinden. Vielleicht hast du dich auch in dem Gedanken verrannt, du könntest ihn heilen oder retten. Dann wirst du sicher alles tun, um ihn nicht derselben Verletzung und Ohnmacht auszusetzen, die er früher erleben musste.

Das ist eine erhebliche Verantwortung, die du übernommen hast. Vor allem eine, mit der man beinahe nur scheitern kann. Denn nicht nur bringst du dich in die Situation, besser als andere sein *zu müssen* - eine gewisse Bringschuld zu erfüllen. Du hast in deiner Position auch dein Recht auf deine eigenen Bedürfnisse verwehrt, als seiest du keine eigenständige Person, sondern eher eine liebevolle und fürsorgliche Mutter, die er nicht hatte. Die Schwierigkeit ist die, dass auch Mütter nur Menschen sind. Du bist ein Mensch, aber nicht seine Mutter. So leid es dir auch tun könnte, was er durchgemacht hat oder was ihm andere antaten: Es lag nie in deiner Hand, ob diese Geschehnisse auftraten oder nicht. Es war nie deine Absicht, dass ihm das geschah. Aber es sollte auch nicht seine Absicht sein, ihn vor dem Schmerz der Auseinandersetzung und der endgültigen Heilung durch seine! eigene Kraft zu bewahren. Niemand hat das Recht, die eigene Angst als Druckmittel zu verwenden.

Das ist ein schwieriges Thema, sogar für mich. Nicht nur weiß ich, wie schmerzhaft es für uns ist, wenn wir die Angst fühlen. Ich weiß auch, wie schmerzhaft es für den Partner ist, wenn er durch sein wahres Gesicht unsere

Angst schürt. Doch die, die sich ändern wollen, wissen um ihre Angst und können diese auch reflektieren. Sie wissen genau, was sie triggert und wie sie mit der hochkommenden Angst umgehen. Sie kennen ihre Schutzmechanismen. Solltest du aber einen Herzenspartner haben, der dir latent die Schuld und Verantwortung dafür gibt, dass es ihm schlechtgeht, ist Obacht geboten. Denn in diesem Fall hast du keinen Menschen, der seine Angst reflektiert und sie auch in Frage stellt, an deiner Seite. Falls du dir unsicher sein solltest, ob dein Herzenspartner bereits reflektiert ist oder nicht, hier ist ein Beispiel:

Viele Männer mit Beziehungsangst (und auch Frauen mit Beziehungsangst) werden unweigerlich wieder zu einem ängstlichen Kind, wenn sie von ihrem Partner nicht das bekommen, was sie sich wünschen. Das müssen keine erwachsenen Wünsche sein, sondern können auch nur „wollende, „bekommende“ und „sehnsüchtige“ Begierden sein, zum Beispiel nicht kritisiert zu werden, das letzte Wort haben dürfen oder ständig Lob für die kleinsten und normalsten Taten zu erhalten. Das sind die Bedürfnisse eines Kindes danach, gesehen zu werden und sich ausprobieren zu können, ohne verlassen und bestraft zu werden, wenn sie Fehler machen. Es ist der Wunsch nach bedingungsloser Zuwendung und Aufmerksamkeit, das Gefühl, der oder die Beste oder in allem toll und wertvoll zu sein. Weil das vielen von uns nicht erlaubt war oder verwehrt wurde, rutschen wir in ein kindisches, bockiges Verhaltens- und Gefühlsmuster zurück. Dann stänkern wir, schweigen absichtlich als Bestrafung, haben Wutausbrüche, knallen mit den Türen oder „rennen von Zuhause“ weg. Wir sagen, so wie sich ausprobierende Kinder, die die Grenzen und Begrenztheit kennenlernen müssen, solche Sachen wie: „Ich hasse dich!“ oder „Hätte ich mich nur nicht auf dich eingelassen!“ als Synonym für „Ich wünschte, du wärst nicht meine Mutter!“.

Dieses Trotzverhalten, was man von Kindern her kennt, hätte in der Kindheit/Pubertät ausgelebt werden müssen. Man benötigt Reflexion, um zu wissen, dass die Vergangenheit eben vergangen ist und sie nichts mit der Gegenwart zu tun hat. Solltest du dennoch von deinem Herzenspartner auf diese Weise behandelt und jede Individualität oder jeden Schmerz, den er auslöst, bestraft werden, ist es gut, die Dynamik als solche zu benennen: „Du bist erwachsen. Ich bin erwachsen. Ich bin nicht deine Mutter und du bist nicht mein Kind.“ Umgekehrt ist es natürlich genauso.

Vielleicht weißt du das selbst und hast schon beschlossen, dass du ihn lediglich auf seinem neuen Weg unterstützen kannst. Doch dazu muss der Weg neu sein. Geht er jedoch noch den alten Weg und bekommst du seine Wut, seine Angst und seine Abwehrmechanismen wie Lügen, Betrug, Isolation oder Schuldgefühle ab, werdet ihr nicht an deinem Ziel ankommen. Du solltest niemals die Zielscheibe sein, wenn es doch in Wahrheit jemand anderes ist, dem er wehtun möchte, weil er ihn verletzt hat. Ihr beide benötigt eine klare Vereinbarung und Bedingungen, was *erlaubt* ist und was nicht. Mit „erlaubt“ meine ich im Übrigen, dass nichts bewusst geschehen darf, was einen von euch beiden verletzt. Es darf keine Rachesysteme geben wie verletzendes Schweigen, wenn er einmal seine Meinung äußert oder Rückzug, wenn du nicht gutheißen und dulden willst.

Im Umkehrschluss, und ich weiß aus Gesprächen, dass das eine tiefe Wunde in fürsorglichen Frauen hinterlässt, ist deine Hilfe und Unterstützung zwar gut gemeint, aber er darf sie ablehnen. Das ist sogar sinnvoll. Es wird dich sicher sehr wütend machen und erst recht Ohnmacht in dir auslösen. Denn du hoffst, dass du ihm durch deine Hilfe eher in Richtung Liebe und Beziehungsfähigkeit begleiten kannst. Doch es ist wichtig, dass du erkennst, dass er darin eine Manipulation sehen könnte: dass du das nur tust, damit er dich liebt. Tatsächlich würdest du das alles sicher nicht tun und nicht tun wollen, damit er mit einer anderen Frau glücklich wird, eine wunderbare und erfüllte Beziehung in Liebe und Vertrauen führen kann. Du tust es hauptsächlich für dich, damit du weniger unter seiner Angst leidest. Daher ist es nicht immer ratsam, sich einzubringen oder begleiten und beschleunigen zu wollen. Wenn er einen neuen Weg gehen möchte, wird er das tun. Bis dahin kannst du dir überlegen, ob und wie du ihm zur Seite stehen kannst. Ob du ihm dabei zusehen möchtest und bereit bist, auch unangenehme Situationen auszuhalten, liegt bei dir allein. Seine Beziehungsangst zu überwinden, liegt bei ihm. Er entscheidet über das Tempo und die Art der Heilung. Er entscheidet, mit wem er sich bespricht und von wem er sich helfen lässt. Er beschließt die Form der Therapie. In eine solche Heilung eingreifen zu wollen oder gar zu meinen, man wüsste es besser, ist sehr schmerzhaft für Menschen wie uns. Die Wahrscheinlichkeit, dass du nichts davon übel meinst oder ihn manipulieren möchtest, steht zweifelsohne fest. Nur geht es Frauen wie dir um das Ergebnis. Dieses Ergebnis kann man nicht erzwingen. Heilung muss man geschehen lassen. So machen es auch Therapeuten. Wenn du ihn also unterstützen möchtest, sprich eine klare Regelung mit ihm ab. Sprich deine Bedingungen aus und frage vor allem nach seinen. Lassen sich beide miteinander vereinen, steht eure Beziehung unter einem guten Stern.

Sollte dem nicht so sein, sollte er jede Handlung gegen seine Angst abwehren, wird es dir vorkommen, als wolle er dich partout nicht lieben und als würde er alles tun, um dich abzuweisen. In Wahrheit aber weist er Liebe ab. Vielleicht ist er noch nicht soweit, sich dem Unangenehmen zu öffnen und zu stellen. So Mancher braucht viele Bruchlandungen, um sich einzugestehen, dass es an seinen Reaktionsmustern liegt.

Aber viele von uns halten ihre potenziellen und existenten Partner auch deshalb fern, weil wir sie weder in unser Chaos hineinziehen wollen, noch glauben wir, dass uns jemand anderer als wir selbst retten könnte. Außerdem legt niemand von uns gern seinen ganzen Schatten mit all seinen Wunden offen. Viele wollen das lieber in einem geschützten Raum tun, sei es stückweise, anonym oder ohne einen gefürchteten Übergriff, ohne Handlungsdruck.

Ich habe Liebe und Glück doch (nicht) verdient.

„Eines der traurigsten Dinge im Leben ist, dass ein Mensch viele gute Taten tun muss, um zu beweisen, dass er tüchtig ist, aber nur einen Fehler zu begehen braucht, um zu beweisen, dass er nichts taugt.“

George Bernard Shaw

Das ist ein sehr gängiges Glaubensmuster, dass eine Partnerschaft mit einem beziehungsängstlichen Menschen triggern kann. Ich werde mich noch an anderer Stelle mit dem Thema befassen, möchte dich aber bereits jetzt auf den zweiten Teil des Buches einstimmen.

Wie du bemerkt hast, fühlen sich Menschen wie ich nicht sehr wertvoll oder sind übermäßig ins Gegenteil verfallen, aus Angst, sich wieder mit den „kleinen“ Gefühlen auseinandersetzen zu müssen (und keinen Weg da raus zu finden). Die Wahrheit ist natürlich, dass ein Jeder es verdient, glücklich zu sein. Jeder hat seinen Wert. Doch je mehr man sich mit Menschen umgibt, die es für vermeintlich sicherer halten, sich ihren oder dir deinen Wert abzusprechen, desto mehr kann das fremde Verständnis deiner Liebe in dich einsickern. Es kann sein, dass es dort auf eine frühe Erfahrung in dir trifft, weshalb dir deine Beziehung so unsagbare Schmerzen bereitet. Es kann auch sein, dass es auf völliges Unverständnis in dir trifft und du dich stattdessen fragst, was in diesen Momenten eigentlich geschieht. Viele werden leicht zur Zielscheibe, wenn sie ein gesundes Selbstvertrauen und Selbstbewusstsein haben, zu dem sie auch stehen, wenn es ihnen abgesprochen wird. Dann würde derjenige nur versuchen, sein Leid mit dir zu teilen, wagt es aber nicht, sich eine Scheibe davon abzuschneiden. Schlussendlich landen viele Frauen in der Misere, weil sie Angst haben, ihn zu verletzen. Man bekommt nicht immer mit, worauf man sich da eingelassen hat. Erst wenn man sich bereits verliebt hat, scheinen plötzlich aus allen Ecken Missverständnisse und verletzte Gefühle zu kommen. Eben weil man dann schon Gefühle investiert hat und dem einen Versuch geben möchte, bleibt man noch stehen. Das ist nicht immer die beste Wahl. Es ist besser, nie die eigenen Gedanken und Gefühle zu verheimlichen, sondern offen auszusprechen. Es ist wichtig, dass man die Angst des Partners auch bei ihm belässt.

Stelle dich in den Mittelpunkt, auch wenn Angst davor mitschwingt, dass es ihm missfallen könnte (oder du ihn im Stich lassen würdest). Du darfst in deinem Leben im Mittelpunkt stehen. Du verdienst Glück und hast ein Recht darauf. Doch es ist essentiell, dass ein Jeder sich diese Erlaubnis auch selbst geben muss. Es ist so leicht, darauf zu warten, dass jemand kommt und es einem endlich beweist und zeigt. Doch damit machst du dich vom Verhalten eines Anderen abhängig. Legt er sein Verhalten auch nur einmal ab, wirst du automatisch in die alte Variante deines Selbst zurückfallen. Also verurteile dich nicht für deine Gedanken oder Gefühle. Entziehe dich der Ohnmacht und Geringschätzung, die du in deiner Beziehung erlebst. Genehmige dir Freude und Spaß, statt jedes seiner Worte oder alle Handlungen auf eine Goldwaage zu legen. Nimm dich selbst in allem, was du denkst, weniger ernst. Wer in solchen Dynamiken aufwuchs oder sie im späteren Leben für sich auswählt, erlebt etwas sehr Greifbares. Alles, was du sehen und begreifen kannst, kannst du auch ändern. Du magst keinen Einfluss auf das Außen haben oder auf deinen Herzenspartner, aber es liegt an ihm, sich entweder für seine Angst oder gegen seine Angst (und damit für euch) zu entscheiden. Dieselbe Entscheidung triffst du auch auf ähnliche Art: Entweder du entscheidest dich gegen seine und deine Angst (und damit für euch) oder du entscheidest dich für seine Angst (und damit auch für deine).

Natürlich weiß ich, dass der Verlust von Zuwendung und Bestätigung der eigenen Liebesgefühle eine schmerzhafte Erfahrung ist. Ich möchte nicht suggerieren, dass es ohne Mühe sei, sich dieser Angst auszusetzen oder sie zu überwinden. Allein der Gedanke, dass sich dein Partner von dir lösen, trennen oder wieder zurückziehen könnte, wird sicher Angst, Trauer, Ohnmacht oder Schuld in dir auslösen. Weshalb du es nicht tust und sicher nur selten getan hast. Auch du hast bereits deine (seine) Lektionen von ihm gelernt. Wer aber in Richtung Liebesglück steuern möchte, der müsste alle Lektionen, die für andere gut gemeint waren, ablegen.

Du müsstest deine eigenen Wahrheiten wiederfinden, statt dich an fremde zu halten oder die Vergangenheit wieder und wieder in die Gegenwart zu holen.

Wie wertvoll bist du für ihn?

Wer sich in einer nicht erfüllten Beziehung wiederfindet, der glaubt oft, er sei nicht gut genug und fühlt sich wertlos: wertlos, Anforderungen zu stellen oder gar eigene Bedürfnisse zu haben, die man sich erfüllen darf und sogar in engen Beziehungen anmerken und einfordern darf. Denn Ansprüche zu stellen, bringt auch die Herausforderung mit, dass man ein Nein vom Gegenüber erhalten könnte. Was Menschen, die sich nicht gut genug fühlen, hier oft missverstehen oder schlichtweg nicht wissen, ist, dass sie dennoch ihre Bedürfnisse anmelden oder eigens umsetzen dürfen. Wie dein Gegenüber darauf reagiert, obliegt ihm. Was du gern möchtest und dem Anderen mitteilst, ist ein Vorschlag an ihn und ein Wunsch von dir. Heißt: Jeder hat das Recht, den Vorschlag eines anderen abzulehnen und zu sagen, wieso er das nicht möchte. Du auch. Dein Herzenspartner genauso. Es gibt keine Gewichtung. Man sollte sie deshalb auch keinem von beiden einreden.

Du darfst aber auch bei einem Nein des Anderen dennoch deinen Wunsch umsetzen. Damit meine ich nicht, dass du fremdgehen oder dich über seine Wünsche hinwegsetzen sollst. Sondern ich spreche von deinen eigenen Bedürfnissen, die genauso erfüllt sein müssen, wie die von ihm, wenn es euch beiden gutgehen soll. Wir haben alle das Recht dazu. Kollidieren aber Bedürfnisse - auch die der Anderen mit deinen, wenn du einmal Nein sagen möchtest - dann müssen wir darüber reden (lernen). Nun weiß ich aus eigener Erfahrung, dass spätestens an diesem Punkt viele Menschen, die sich wertlos fühlen, in eine Starre geraten. Sie meinen dann irrtümlicherweise, sie müssten ihr Bedürfnis zurückziehen und eben, weil der Andere wie ein Elternteil früher dir als Kind, Nein dazu sagte. Doch heute bist du erwachsen und dein Gegenüber auch. Ihr beide mögt vielleicht eine Eltern-Kind-Dynamik haben, das heißt aber nicht, dass du das stets so weiterleben und aufrechterhalten musst. Du bist auch völlig sicher ohne den Anderen. Du gerätst aber - das weißt du sicher aus eigenen Erfahrungen - immer wieder in den Strudel der Negativgefühle wie Schuld, Scham, Angst oder gar Wut und Frustration, innere Aggressionen, die im Körper und Geist wüten: weil du deine Ansprüche zurückziehst, nur damit dein Herzenspartner nicht Nein sagt, weil er auch später deine Bedürfnisse nicht als Wiedergutmachung erfüllt, weil er stets seine Bedürfnisse in den Vordergrund stellt und vielleicht sogar erwartet, dass das so geschehe.

Um wertvoll zu sein, musst du dich so fühlen. Um dich wertvoll zu fühlen, musst du glauben, dass du wertvoll bist. Um das zu glauben, musst du danach handeln - deinem Wert entsprechend, deinen wahren

Überzeugungen entsprechend, in Verbindung und Übereinstimmung mit all deinen Gedanken und Handlungen. Um so zu handeln, dass du dich wertvoll und dich andere als wertvoll einstufen, musst du vor allem eines haben: Nein, nicht Selbstbewusstsein, Resilienz oder Selbstwirksamkeit oder eines dieser anderen Wörter, mit denen heute wie wild umhergeschmissen wird. Was du dafür brauchst und niemals wieder von dir weisen darfst, sind **Wert**e - die dich (er)füllen, bis du **voll** damit bist.

Im Moment übernimmst du wahrscheinlich (oder hast seit jeher) eine Riesenmenge an fremden Werten. Die führen dich nirgendwohin, außer von dir weg. Immer weiter, bis dich Ängste plagen oder tiefe Selbstwertzweifel, Traurigkeit zuschlägt oder es gar in Depressionen endet. Hast du aber eigene Werte, an denen du festhältst, weil eben die dir HALT geben (nicht dein Herzenspartner und seine Werte), dann kann dir nichts geschehen.

Jetzt werden viele denken: *Aber dann kann es doch sein, dass er mich vielleicht gar nicht mehr will!*
Das ist der Knackpunkt:

Bessersein als alle anderen zuvor

Zum Beispiel kann es sein, dass du Freunde hast, die sich immer nur dann bei dir melden, wenn sie Probleme haben und schnell wieder verschwunden sind, wenn sie sich erleichtert haben. Du traust dich nicht auszusprechen, dass du gern auch die positiven Zeiten mit ihnen teilen oder dich an sie wenden wollen würdest, wenn es dir schlechtgeht. Stattdessen bleibst du und schluckst den Frust, ausgenutzt zu werden, einfach herunter. Vielleicht denkst du auch, dass du sie im Stich lassen würdest oder hast andere Ausreden gelernt, die alle nur davon ablenken, dass du leistest und jemand von dir nimmt. Dasselbe könnte auch auf deinen Herzenspartner zutreffen.

Oder du kümmerst dich mehr um die Erfolge und/oder Wachstumsschritte eines Menschen, zum Beispiel deines Partners, lässt dich stets ablenken von seinen Herausforderungen, begleitest ihn auf seinem Weg und investierst sehr viel Zeit in sein Leben, aber lässt dich so auch von deiner Lebensaufgabe abhalten. Du fürchtest, dass er es allein nicht schaffen würde oder ohne dich nicht weiterkäme, dass er dich bei einem Nein ablehnen und fallenlassen würde, verletzt wäre, schwere Vorwürfe und Anschuldigungen aussprechen würde oder gar sich trennen würde: „Du hast versprochen, dass..." ist ein Klassiker. Oder auch „Wenn du mich lieben würdest, dann..." oder „Ich habe so viel für dich getan und jetzt..." oder „Ich habe es gewusst!" Doch du hast immer das Recht, selbst, wenn du etwas versprochen hast, dieses Versprechen zurückzunehmen. Du hast vor allem das Recht, dich von der Schuld, die dir gegeben wurde, zurückzuziehen und sie abzulehnen: „Ich möchte das nicht mehr."

Ob du Werte hast oder die anderer übernimmst, siehst du auch, wenn du dich stets im Strudel eines Funktionierens befindest, der dich krankmacht und herunterzieht. Du weißt, du müsstest ausbrechen, damit es dir besser ginge, aber du wagst den Schritt nicht, weil du dich abhängig von den Anderen fühlst oder weißt, dass sie abhängig von dir sind (vielleicht auch in wahrer Abhängigkeit, wie existenzielle, finanzielle). Du hast das Gefühl, du wärst nicht zu ersetzen oder fürchtest, ersetzt zu werden. Du hast noch nirgends einen Ort gefunden, an den du gehörst und dich aufgehoben fühlst. Diese Form findet sich oft im Beruflichen und Partnerschaftlichen. Dann haben wir Angst, dass wir einen Schritt gehen, aber am Ende allein oder weniger situiert dastünden und sich

Reue und Trauer zeigen würden. Wir haben also zwei Herausforderungen zu meistern:

> Erinnere dich an deine Werte oder stelle neue auf. Finde einen Weg (oder mehrere), wie du diese Werte mit Menschen aus deinem alten Wertesystem vereinbaren kannst - sodass beiderseitig eine erfüllende Verbindung entstehen und gelebt werden kann.

Auch Angst kann im Übrigen ein Wert sein. Wer Angst vor etwas in seinem Wertesystem integriert hat, der weiß um Konsequenzen und kann sich lebhaft oder wenigstens dunkel daran erinnern, was in seiner Vergangenheit geschah, als er etwas wollte, aber nicht bekam - als er etwas tat, einfach so, ohne Erlaubnis eines anderen, als er etwas fühlte und aussprach und jemand anderes darauf mit seinem Gefühl reagierte.

Angst kann auch von anderen übernommen werden. Das ist kein esoterischer Schnickschnack, sondern einfache Empathie und Mitgefühl. Doch beides läuft in eine für dich falsche Richtung, wenn aus Mitgefühl plötzlich Mitleid wird - Leid, das du bereit bist wegen der Angst des Anderen und deiner eigenen vor den Konsequenzen, zu teilen. Es ist gleich, ob es sich dabei um Bindungsängste oder Karrierewünsche handelt: Das Grundmuster ist dasselbe. Die Wahrscheinlichkeit, dass es sich auch in anderen Bereichen deines Lebens zeigt, ist sehr hoch.

Gehe einmal in dich und schaue, wo in deinem Leben dieses einfache Muster auftaucht:

Wo leidest du freiwillig, weil jemand anderes seine Angst (vor seinen eigenen Konsequenzen wegen deines Wunsches) wichtiger nimmt und dich anhält, dasselbe zu tun, weil er den Spieß umdreht - so, dass plötzlich du

Angst davor hast, was geschieht, wenn du seinen Wunsch (nicht) umsetzt?

Hier tauchen schnell Kompetenzen auf, die wir alle mehr und weniger gut nutzen: Durchsetzungsvermögen, Konfliktfähigkeit, Selbstausdruck, Mut trotz emotionaler Verletzbarkeit, Schwächen ausdrücken, aber balancieren können, Vertrauen in sich selbst, Widerstandskraft, Selbstverwirklichung u. v. m. Diese Kompetenzen würden in solchen Angstsituationen ein gutes Contra bieten können, wenn es nicht noch eine Herausforderung gäbe: Angst vor Verlust und folglich das Auftauchen von Angst, Traurigkeit, Wut, Scham- und Schuldgefühlen. Scham, weil man meint, man sei falsch. Schuld, weil man glaubt, man hätte etwas Falsches getan (was beim anderen Angst ausgelöst oder Kummer entwickelt hätte). Wut, weil man seine Traurigkeit schwer zulassen kann. Angst, weil man selbst der Verursacher all dessen sein könnte.

So schnell schließt sich dann der Kreis zum „sich nicht gut genug fühlen“. Das erste Entwicklungspotenzial, „Werte definieren“, können wir zum Glück ohne deinen Herzenspartner, ohne Angst, Schuld und ohne Scham erledigen. Dazu möchte ich dich jetzt einladen.

Übung: Wert-e-Voll

Liste alles auf, was dir zu den Fragen einfällt:

(1) Ohne diese Menschen/Tiere/Dinge/Freiheiten/ Leidenschaften kann ich nicht leben:

(2) Das eben Genannte würde ich jederzeit eintauschen gegen zum Beispiel:

(3) Ich verbinde mit dem Genannten unter (1) folgendes:

(4) Von diesen unter (3) genannten Punkten gibt mir mein Herzenspartner:

(5) Die unter (1) und (3) genannten Punkten lassen mich so fühlen:

(6) Womit/mit wem bringst du diese Wörter in Verbindung (Springe hin und zurück, wenn du ergänzen möchtest.):

Freiheit:

Liebe:

Grenzen:

Leichtigkeit:

Fülle:

Begrenztheit:

Geborgenheit:

Kindheit:

Getrenntsein:

gut:

Kreativität:

Bewegung:

Rücksicht:

Stagnation:

schlecht:

Seele:

Erfahrung:

Lehrer/-in:

Möglichkeiten:

im Fluss sein:

Aufgabe:

Erlaubnis:

Kälte:

Leistung:

wertvoll:

bedingungslos:

Pflicht:

Freude und Spaß:

Eltern:

Fürsorge:

Herz:

Erfüllung:

steinig:

zusammen:

Verantwortung:

(7) Schreibe hier frei nach deinem Herzen, was dir in den vorherigen Antworten aufgefallen ist:

(8) Die unter (1) und (3) genannten Punkte muss ich bei oder wegen meines Herzenspartners verbergen, vernachlässigen oder gar vermeiden:

Die Übung sollte dir gezeigt haben,

1) welche Werte du hast
2) welche Gefühle du mit ihnen verbindest
3) was dich erfüllt
4) wieso du Leere spürst, weil bestimmte Gefühle durch abwesende Werte ausbleiben
5) somit, welche Gefühle du brauchst, um dich wohl- und gut zu fühlen
6) welche dieser Werte und folglich Gefühle dein Herzenspartner unterstützt
7) welche dieser Werte und folglich Gefühle dein Herzenspartner ablehnt
8) welche Werte und Gefühle du aus Rücksicht auf ihn und deine Hoffnung freiwillig ablehnst
9) was/wer dir etwas im Leben bedeutet und was du damit in Verbindung bringst.

Jeder Regen birgt einen Segen

„...denn ohne Wind gehen keine Mühlen.“

Hermann Hesse

Wenn sich eine Angst in zwei Menschen wiederfindet und aufeinandertrifft, kann sie sich auch verstärken. Deshalb widme ich mich in diesem Kapitel deiner Angst. Ich hoffe, dass ich dir bei einer geänderten Perspektive und dem Blick auf dich selbst helfen kann. Denn wir sind heutzutage schnell mit der Erklärung, es müsse zwingend am anderen liegen. Er tut dies, was dir missfällt und das, was du nicht leiden kannst oder schon von vorherigen Partnern kennst (und du doch nie wieder erleben wolltest). Und irgendwie bekommst du nicht das, was du dir eigentlich gewünscht hättest und dir verdient hattest.

Sehr sicher wirst du das nicht hören wollen. Aber auch du bist ein Mensch und hast Ängste, die er fühlen wird oder sogar selbst fürchtet. Du strahlst etwas aus, ohne es zu wissen. Du hast Energien, die drängen, wollen oder nichts wollen und anderen nicht das Gefühl geben, dass sie etwas sollen. Darauf reagieren alle Menschen mit Sympathie oder Antipathie in Übereinstimmung mit ihrem Wertesystem. Ertappst du dich dabei, dass du seine Gefühle oder die, die er in dir auslöst, nur schwer erträgst, kann das ein Hinweis darauf sein, dir deine Schattenseiten anzusehen und zu reflektieren, woher sie kommen. Es ist gar nicht so schwer, seine Herausforderungen zu erkennen, wenn man sich die deines Herzenspartners ansieht. Es spiegelt sich entweder als Gegenteil oder als gesteigerte Gemeinsamkeit. Das ist das ganze Geheimnis. Sieh dir die Strukturen näher an, die dich unglücklich machen oder in den Wahnsinn treiben.

Übung: 10 Dinge, die ich an ihm hasse

Liste hier alles auf, was du ihm im Stillen oder aber in Gesprächen und Wutausbrüchen vorwirfst. Du darfst die Liste gern um weitere Punkte ergänzen.

1.

2.

3.

4.

5.

6.

7.

8.

9.

10.

Übung: 10 Dinge, die ich an mir hasse

Kehre nun die Vorwürfe gegen dich selbst. Wenn du geschrieben hast „Dass er sich bei jeder Kleinigkeit immer gleich aufregt!“, schreibe nun „Dass ich mich bei jeder Kleinigkeit immer aufrege.“ sowie das Gegenteil des Vorwurfs „Dass ich mich nie aufrege.“

1.

2.

3.

4.

5.

6.

7.

8.

9.

10.

Zwischen Gebraucht- und Geliebtwerden

„Man braucht nichts im Leben zu fürchten,
man muss nur alles verstehen.“

Marie Curie

Viele Frauen beschäftigen sich weitaus mehr mit dem, was in ihrem Herzenspartner vorgeht als mit sich selbst. Sie haben kaum eigene Grenzen und achten mehr auf ihn als auf ihr eigenes Wohl. Das zeigt nicht nur eine emotionale Abhängigkeit, sondern auch, dass das Verhältnis zu ihnen selbst gestört ist. Mit *gestört* meine ich keinen Krankheitswert, sondern ein Element, das von außen in dein inneres System eingreift und so den reibungslosen Ablauf deines Lebens *stört*. Es ist dein Selbstwert, der in Mitleidenschaft gezogen wird. Du bemisst ihn anhand dem, was du von deinem Herzenspartner bekommst (und was nicht), schlussfolgerst Interpretationen und vergleichst die entstehenden Gefühle mit früheren Erfahrungen. Entgegen dem, was viele Frauen glauben, ist der Selbstwert nicht einfach da oder nicht da und bleibt, was er ist. Im Gegenteil: Er kann stabil, hoch oder niedrig sein. Entscheidend ist aber zu jeder Zeit, ob dein Urteil über dich selbst gut ausfällt oder nicht. Das macht dein Selbstbild zu dem, was es ist.

Vielen sind die eigenen Urteile eher unwichtig. Sie wollen geliebt und gewollt sein. Das möchte jeder. Aber nicht jeder nimmt so erhebliche Hürden auf sich oder versucht gar mit allen Mitteln und großem Schmerz, jemandes Herz zu gewinnen. Dahinter versteckt sich eine weit verbreitete Dynamik, die schon die Autorin Robin Norwood in ihrem Klassiker „Wenn Frauen zu sehr lieben“[xxii] ansprach. Der Spiegel[xxiii] schrieb 1988 als Reaktion auf das Buch, „Frauen, die in ihrer Kindheit gelernt hätten, ich werde nur geliebt, wenn ich gebraucht werde“, seien die Verlierer in ihren Beziehungen. Sie kämen ihr Leben lang von diesem Muster nicht los, begleitet von entsprechend anstrengenden Männern. Da es für einige Menschen sehr schwer ist, das Bild, das sie in ihrer Kindheit von Partnerschaft, Liebe und Geborgenheit vermittelt bekamen, zu ihren Gunsten zu verändern, beschreibt Norwood in ihrem Klassiker Wege zur Heilung und Strategien, wie diese gelingen kann.

Zu sehr zu lieben ist nicht pathologisch, sondern kann jedem geschehen, der sich früher einmal mehr Aufmerksamkeit und Liebe gewünscht hätte - und noch heute ersehnt. Laut Norwood liegt es bei allen in der Kindheit. Wer destruktive bzw. gestörte Familienbeziehungen hatte, der setzt diese - weil es ein Leid ist, das einem vertraut ist - in seiner Zukunft fort. Man möchte wiedergutmachen, was damals schief gelaufen war. Man möchte im erwachsenen Dasein die Sache selbst in die Hand nehmen und sich endlich die Liebe, die man als Kind vermisste, ergattern. Man möchte jene Männer, die besonders interessant sind - weil sie meist unerreichbar oder emotional nicht verfügbar sind, „für sich gewinnen“. Man mag den Kampf um die Liebe, wappnet sich erneut (so wie damals) und holt samt allem auch die alten Gefühle und Leidzustände wieder hervor.

Einige typische Herausforderungen von Frauen, die zu sehr lieben, so Norwood, seien unter anderen diese:

Die Frau, die zu sehr liebt, wuchs in einer destruktiven Familie auf und erlernte sehr wahrscheinlich einen unsicheren Bindungsstil. Vielleicht war das Familienklima auch kaltherzig und wenig emotional. Emotionen aller Art wurden als nicht gewollt oder lästig erlernt. Sie kommt aus einer Familie, in der Liebe,

Wärme, Akzeptanz, Geborgenheit und Ehrlichkeit Mangelgüter waren. In den wenigsten Fällen erhielt sie, was sie brauchte, um ihre emotionalen Bedürfnisse erfüllt zu bekommen. Egal, was sie auch tat. Vielleicht lag es an der mittelpunktbezogenen und neidischen Mutter, dem abwesenden oder kranken, süchtigen Vater oder den Geschwister, denen Vorrang gegeben wurde. Auch Elternteile, die zu sehr an dem Kind zerrten, es nicht atmen ließen und die Trennung fürchteten, fallen darunter sowie extreme Glaubensmuster in Bezug zu Geld, Arbeit, Religion, Bildung, Politik, Sport, Freizeit usw., die an die restlichen Familienmitglieder weitergegeben wurden, eingehalten werden sollten, erweisen sich als schwierig. All das erfordert ein sehr frühes Erwachsensein, das das Kind nicht leisten und verarbeiten kann. Es erinnert an Männer, die in suchtkranken Familienverhältnissen aufwuchsen.

Weil die Frauen sehr darunter litten, dass ihnen Liebe und Fürsorge verwehrt blieben, werden sie so liebevoll und fürsorglich, wie sie selbst behandelt werden wollten. Auf der Suche nach Liebe bei ähnlich emotional kalten oder falschen Menschen verlieren sie sich im Kampf, sich als liebenswert beweisen zu wollen. Ihre große Trennungsangst bringt sie dazu, beinahe alles zu tun, um die Beziehung aufrechtzuerhalten. Trennungen können nicht nur Verlassenwerden bedeuten, sondern auch emotionale Trennung im Sinne einer lieblosen Atmosphäre. Das bedeutet innere Leere und Schuldempfinden und tut allen Menschen schrecklich weh. Doch in diesem Fall erinnert es an jene Menschen unserer Kindheit, die uns verließen oder aber den Eindruck erweckten, sie würden uns verlassen, wenn wir nicht etwas Bestimmtes tun oder lassen.

Frauen, die zu sehr lieben, sind bereit, ihre gesamte Zeit und Kraft, ja ihr ganzes Leben, diesem einen Menschen zu widmen, um ihn durch ihre Liebe zu ändern.

Sie erbringen Leistungen, um aus dem Menschen einen komplett anderen zu machen - den, den sie haben wollen, der ihnen gibt, was sie sich so sehr wünschen. Sie verstehen dabei nicht, wie überzogen und selbstschädigend diese „Hilfe“ ist.

Sie sind so sehr an zu wenig Liebe und emotionale Sicherheit gewöhnt, dass es ihnen nichts ausmacht, zu warten und zu leiden, solange bis sie bekommen, was sie brauchen. Sie versuchen, dem Menschen zu gefallen, mit allen Mitteln. Vielleicht hat man noch nicht genug getan oder hätte etwas sein lassen sollen, vielleicht wird alles besser, wenn er erst einmal xyz verstanden hat. So werden alle kleinen Versprechen oder Signale als positiver Hinweis gedeutet, dass die Mühe es wert war, nur um dann wieder enttäuscht zu werden. Man lebt ausschließlich in der Hoffnung.

Sie nehmen deshalb beinahe die gesamte Verantwortung, Pflicht und Schuld auf sich, um sich zu beweisen. Als Kinder waren sie oft frühe Erwachsene, mussten anpacken oder handeln, wie es Erwachsene tun. So erhofften sie sich Aufmerksamkeit und erhielten ihre Welt, in der sie für ihre Leistungen Liebe erfahren konnten. Dabei waren sie für die Verantwortung noch viel zu jung. Sie konnten die Aufgaben und Pflichten nicht tragen und seelisch nicht verarbeiten. Doch sie kennen sich im weiteren Leben noch gut damit aus, um dieses „Pseudo-Erwachsensein“, wie Norwood es nennt, fortzusetzen, und so ihre Liebeswürdigkeit zu beweisen. In Wahrheit aber ist ihr Selbstwert ungesund niedrig. Sie glauben, sie hätten Liebe und Glück nicht verdient. Sie vermuten, sie müssten sich erst beweisen, um in der Liebe auf einfache Weise zufrieden sein und Gutes erhalten zu dürfen. Sie haben nur wenig oder keine Selbstachtung und fühlen sich wegen ihrer Fehler schuldig. Sie wollen ihre Beziehungen und Partner am liebsten kontrollieren, um die fehlende Sicherheit oder Enge in der Kindheit nicht erneut zu spüren. Die Angst davor, wieder die Hochs und Tiefs der emotionalen (In-)Stabilität erfahren zu müssen und die Trennungsangst, die diese mit sich bringt, veranlasst sie dazu, die Zügel straff zu halten. Am besten gelingt das mit einer Maske, die bei vielen wie Hilfsbereitschaft aussieht. Sie müssen gebraucht werden, und sind gut im Befriedigen von Bedürfnissen - nur so können sie ihr eigenes Brauchen ebenfalls aufrechterhalten, während sie die Steuermänner sind.

Zu sehr liebende Frauen befinden sich in einer emotionalen Abhängigkeit von Männern und dem Gedanken, dass Liebe Leid bedeute. Sehnsucht, Verzehrung, pausenlose Gedanken an die kommenden, gemeinsamen Stunden, Grübeleien darüber, wie man den Menschen zu einer Beziehung verführt, große Pläne, wie man ihn ändern kann, um alles wiedergutzumachen, was ihn wohl am Lieben hindert: Diese Merkmale fließen in die Abhängigkeit hinein und formen sie. Sie entspringen dem Leid beider Partner und widmen sich dem Leid von wenigstens einem der Beteiligten. Statt auf ihr Gefühl zu hören, zu erkennen, dass sie nicht zurückerhalten, was sie sich wünschen, investieren sie noch mehr Gefühl, Zeit und Energie in das Gelingen.

Norwood vermutet auch eine mögliche Anfälligkeit zu depressiven Verstimmungen, denen sie mit dem emotionalen Tumult einer schlechten Beziehung versuchen, aus dem Weg zu gehen. Je dramatischer oder aufregender ein Verhältnis ist, desto mehr ist los bzw. weniger Langeweile kommt auf. So können sich Frauen, die zu sehr lieben, von ihren Stimmungstiefs ablenken. Doch liebe, nette, zuverlässige und einfühlsame Männer finden sie langweilig. Die Jahre, in denen sie sich mit „zu wenig“ arrangieren mussten, haben sie daran gewöhnt, Leid zu befürworten. Damit können sie umgehen; darauf haben sie sich eingestellt. Echte Nähe jedoch, die von Aufmerksamkeit, Liebe und Fürsorge geprägt ist, kennen sie nicht. Es ist wenig verwunderlich, dass bei Menschen, die zu sehr lieben, ein Spiegel der Vergangenheit angenehmer erscheint, als etwas Neues, an das sie sich erst gewöhnen müssten.

Ein Kapitel widmet Norwood allein dem Typus Mann, der verstärkt solche Beziehungen bzw. Frauen braucht. Es ist wenig überraschend, dass diese Männer selbst Liebe und Beziehung als Herausforderung empfinden und häufig Kontrolle und emotionale Abhängigkeiten nutzen, um sich der Unberechenbarkeit von Liebe zu entziehen.

Als ich das Buch las, wurde mir schnell klar: Das passiert nicht nur Frauen. Ich kenne Dutzende Männer, die zu sehr lieben bzw. eine Kindheit hatten, die sie lieblos und mit fehlender Geborgenheit zurückließ. Auch sie sind heute auf der Suche nach einer Partnerschaft, in der sie ihre Liebe beweisen können, darum kämpfen können, während sie wenig vom Gewünschten zurückbekommen. Sie leiden genauso wie Norwood es bei Frauen beschreibt. Denn Menschen, die zu sehr lieben, verbindet eines: Sie würden sich für die Liebe eines Partners bis zur Selbstaufopferung auslaugen, dabei zusehen, wie es sie körperlich und seelisch krank macht, Leidenschaft und Sexualität mit Liebe gleichsetzen, zulassen, dass diese Besessenheit von einem Menschen das eigene Leben mit den Gefühlen, Zielen und Verhalten bestimmt. Aber sie würden sich dennoch nicht trennen oder den Menschen im Herzen loslassen können. Gleichzeitig würden sie viel tun, um diese Belastungen loszuwerden. Meines Wissens wurde bislang noch kein Buch in ähnlicher Manier über Männer, die zu sehr lieben, verfasst.

Solltest du dich aber in den beschriebenen Frauen wiedererkannt haben, kann ich dir das Buch von Robin Norwood wärmstens empfehlen. Es bietet dir liebevolles, aber klares Verständnis und Wege aus der Lage heraus. Auch ich sehe nach dem Lesen des Buches einiges anders.

Besonders aber ist mein Selbstmitgefühl für mich gestiegen: Wir sind alle nur Menschen, machen Fehler und leiden unter einer Situation. Wir alle versuchen nur, das Beste aus dem, was war und ist, zu machen. Aber wie das Leben mit Liebe in der Zukunft aussieht, entscheidet ein Jeder für sich allein. Es gibt Auswege aus dem „zu sehr lieben“-Dilemma. Man kann die Verwechslung von Gebraucht- und Geliebtwerden jederzeit wieder ablegen.

Der Kampf um die Liebe

„Jeder muss seinen Frieden in sich selber finden, und soll der Friede echt sein, darf er nicht von äußeren Umständen beeinflusst werden."

Mahatma Gandhi

Doch wenn Liebe (für einen selbst) schwierig wird, suchen wir nach Gründen und Verursachern, die sich im Außen leicht finden lassen. Wir weigern uns, zu glauben, dass bestimmte Umstände derart misslich sind, dass unsere Hoffnung auf Liebe von vornherein unbegründet ist oder einfach nicht so leicht, wie angenommen. Wir glauben lieber, dass, wie in einem Märchen oder Hollywoodfilm, am Ende doch noch alles gut ausgehen wird. Die beiden Liebenden, die vorher von bösen Mächten entzweit werden sollten, finden kraft ihrer Liebe zusammen. Denn Liebe siegt über alles.

Wenn es sich lohnt, um etwas zu kämpfen, dann um das Überleben und die Liebe. Worum man aus vollem Herzen kämpft, wird zudem wertvoller erachtet, als etwas, was einem zugeflogen kommt. Wir sind heute so sehr auf Leistung und Gewinn bedacht - eine Lektion des wirtschaftlichen Denkens und Handelns - und nutzen selbst in privaten Bereichen diese Strategie, um ein Stück des Kuchens abzubekommen. Sich im Wettbewerb durchzusetzen, mit Härte und Konsequenz, ist eine Qualität, die zeigt, wie zielorientiert man ist. Ziele zu haben und sie zu erreichen, ist Ausdruck eines starken Ichs. Wer leise und daher ungehört versucht, seine Bedürfnisse zu erfüllen, bleibt oft auf der Strecke. Introvertiertheit, Schüchternheit, Hochsensibilität und Ängste aller Art finden zwar immer mehr Verständnis. Doch es birgt die Gefahr, dass wir uns in Beziehungen vollends aufgeben, um ja eine Beziehung zu haben. Wir heften unseren Wert an andere und definieren unseren Selbstwert über die, die uns wollen und das, was wir haben dürfen. Deshalb aus Angst eine ungewisse Zeit zu kämpfen, als kampflos aufzugeben, entpuppt sich als Merksatz, wenn auch als unbewusster. Ist es falsch, zu hoffen und sich für jemanden und die Liebe einzusetzen, wenn sie denn schon so nah sind? Nein, ganz sicher nicht. Außer, es fühlt sich schlecht an...irgendwie immer wieder schlecht.

Vielen fällt dabei nicht auf, dass sie entweder von vornherein bereits emotional abhängige Strukturen innehatten oder aber eine solche langsam durch die Beziehung zum Herzenspartner entwickelten. Es ist ein eher schleichender Prozess, der die eigenen Ängste weckt oder aber die Abhängigkeit durch subtile Aufforderungen fördert. Die prägnantesten Signale einer emotionalen Abhängigkeit (von vielen Experten auch Co-Abhängigkeit genannt) sind diese:

- Man vernachlässigt Freunde und Familie, verbringt seine Zeit nur noch mit dem Partner und traut sich nicht, auch andere soziale Kontakte zu pflegen.
- Das nahe soziale Umfeld bemerkt die Unzufriedenheit durch die Beziehung. Man ist „nicht mehr man selbst“.
- Man beginnt, den Herzenspartner als Teil des Lebens zu *brauchen*, statt nur zu lieben. Man liebt, weil man braucht. Man braucht denjenigen nicht, weil man ihn liebt.
- Man richtet sein Handeln, Denken und Fühlen ganz nach den Bedürfnissen, Vorlieben und Abneigungen des Herzenspartners.
- Man will ihn um jeden Preis zufriedenstellen und jede Unzufriedenheit, besonders hervorgerufen durch

„falsche“ Handlungen und Worte, tunlichst vermeiden.

- Die gefürchtete und eventuell präsente Unzufriedenheit des Herzenspartners bestimmt den eigenen Wert. Man fühlt sich schlecht und wertlos, wenn man dem Partner nicht genügen konnte oder ihn nicht glücklich machen konnte. Das kann von Kleinigkeiten wie andere Filmgeschmäcker, Zeit für seine Freunde bis hin zu „großen“ Ereignissen wie Streitigkeiten reichen. Jeden Konflikt wertet man als Zeichen seines Versagens. Der Selbstwert sinkt mit jedem neuen Urteil.
- Bei Kritik oder Auseinandersetzungen versuchen emotionale abhängige Frauen intensiv, sich zu rechtfertigen und ent-*schuld*-igen. Sie sehen ihre Gedanken, Worte, Gefühle und Taten als Fehler, hervorgerufen durch sie selbst, nicht durch gegenteilige Meinungen oder Bedürfnisse. Der Fakt, dass man beschuldigt wurde, verletzt tief.
- Man möchte nur vom Herzenspartner geliebt werden und fürchtet sich stark vor einer Trennung.
- Man liebt den Partner zu sehr oder mehr, als man zurückerhält. Man steigert das Geben und verringert die Bedürfnisse, zu empfangen. Empfangen wird schnell unwichtig. Hauptsache ist, dass der Partner erhält, was er braucht, um in der Beziehung bleiben zu wollen.
- Was der Herzenspartner einem vorwirft bzw. man selbst als Ursache seiner Unzufriedenheit hält (z. B. dein Aussehen, dein Nähebedürfnis, dein Wunsch nach mehr Freiraum usw.) stellt man zurück, aber gewährt man ihm in größerem Ausmaß. Sich selbst hingegen engt man immer stärker ein.
- Der Herzenspartner bemerkt die emotionale Abhängigkeit und nutzt sie gegen dich. Du fühlst dich

in Auseinandersetzungen allein durch Worte oder Blicke bereits eingeschüchtert, wenn nicht sogar emotional und psychisch erpresst.

- Du siehst keine Möglichkeiten, wie du dich aus der Spirale befreien könntest. Eine Trennung erscheint dir unmöglich.

Wie auch bei allen anderen Ängsten ist der Schritt, die eigene Abhängigkeit von der Zufriedenheit und der Beziehung zum Partner der erste und wichtigste. Es kommt einer nicht weniger wichtigen Entscheidung gleich, sich aus dieser Abhängigkeit zu lösen und wieder ein eigener Mensch zu sein. Es erfordert Mut und vor allem Durchsetzungsvermögen und Standhaftigkeit, sich aus den Kreiseln herauszuziehen. Nur so kann es gelingen, sich wieder zu fühlen und für die eigene Zufriedenheit da zu sein. Wer nicht mehr für sich emotional zur Verfügung steht, der verliert sich im Anderen, was sehr häufig von noch größerer Angst vor Trennung resultiert. Dann treffen die kleinsten Konflikte mitten ins Herz und lösen ein Erdbeben aus, dass kaum mehr zu besänftigen ist. Viele meiner Klientinnen und Klienten berichteten mir von Angstattacken und Panikattacken, depressiven Schüben und einen unnatürlichen und ungesunden Scham- und Schuldgefühl. Es geht dann nicht mehr nur darum, Fehler gemacht zu haben, sondern zu glauben, einer zu sein - in den Augen des Herzenspartners und in den eigenen. Auf so einem brüchigen und maroden Fundament kann keine Liebe und gesunde Beziehung entstehen oder bestehen. Zwangsläufig wird das eigene Leben völlig in den Hintergrund geraten. Deshalb sind auch die kleinsten Schritte in Richtung Unabhängigkeit wertvoll: alle zwei Wochen Treffen mit den Freunden oder der Familie, offene Gespräche über neue Zeiteinteilungen (zum Beispiel jeden Sonntag eine halbe Stunde telefonieren zu einer festgesetzten Zeit) oder gemeinsame Treffen mit Freunden und dem Partner.

Auch die eigene Einstellung zum Wert seines Lebens mit und ohne Beziehung, sowie mit und ohne diesen Herzenspartner, zu klären, hilft. Falls du dich hier wiedergefunden hast, wirst du bereits wissen, dass die Gefühle, die dir die Bindung zu deinem Partner vermeintlich schenkt, aus dir heraus kommen sollten. Sie sind im Übrigen schon da, nur dass du sie im Moment an der harmonischen Anwesenheit eines Menschen haftest. Tatsächlich aber kommen die Gefühle nur aus dir. Würdest du dir erlauben, sie auch in dir zu spüren, wenn er nicht anwesend ist oder deine Meinung einmal nicht teilt, wäre das ein großer Schritt. Deshalb sind Freunde und Familie, insofern du dich bei ihnen wohlfühlst und sie dir Halt geben, ein guter Anfang. Dort kannst du dich aussprechen und auch darum bitten, dass ihre Sorge um dich oder zu viele negative Einstellungen gegenüber deinem Partner vermindert werden. Es bringt erst einmal niemandem etwas, wenn du entgegen deinen Bedürfnissen handeln musst. Viel wichtiger ist, dass sie dir Rückendeckung und Halt geben, ein offenes Ohr und eine Schulter zum Anlehnen. Mit ihnen darüber zu sprechen, dass du dich emotional und psychisch freier machen möchtest, erlaubt ihnen auch, dich daran zu erinnern. Solltest du also einen „Rückfall" erleiden, wirst du kein leichtes Spiel haben (Das sage ich mit einem Lächeln!). Das ist wunderbar und nährend, weil du spüren wirst, wie viel du anderen bedeutest und wie sehr sich Menschen außerhalb deiner Beziehung um dich sorgen und kümmern möchten.

Aber ja, das heißt, dass du dich deiner Angst stellen müsstest, dass es zu Konfrontationen (nicht Trennungen) oder aber zu Drohungen und Strafen kommt (Rückzug oder angedrohte Trennung). Es heißt auch, dass er sich emotional von dir lösen würde/müsste und sich gegebenenfalls mit eigenen Ängsten, z. B. sich nicht gebraucht und geliebt zu fühlen, allein zu sein oder sich einsam zu fühlen, auseinandersetzen müsste. Immerhin warst du vorher stark auf ihn fokussiert.

Hier werden viele Frauen nervös, weil sie sich als Ziel gesetzt haben, dass ihr Herzenspartner eben keine Angst mehr hat oder haben braucht, erst recht nicht wegen bzw. verursacht von ihnen. Aber das Ziel sollte es nicht sein, dass er keine Angst mehr hat. Vielmehr geht es darum, dass du unabhängig von ihm und jedem anderen Menschen ein Recht auf diesen Zugang zu dir und deiner Zufriedenheit hast - wann immer dein Herz und deine Seele danach schreit. Es würde sich sonst unweigerlich auf den Körper niederlegen. Nicht wenige Frauen berichten mir immer wieder, dass es sie im wahrsten Sinne des Wortes lahmlegt, wenn sie sich übermäßig hoch emotional für den Partner und die Beziehung verausgaben. Ich spreche nicht nur von leichter Reizbarkeit oder zunehmender Stressanfälligkeit, Angst- und Panikattacken oder depressiven Gefühlen, genährt durch Schuld, Traurigkeit oder Scham. Auch vorwiegend als körperliche Krankheiten auftretende Beschwerden wie Infekte, Magen-Darm-Schwierigkeiten oder vermehrte Nahrungsunverträglichkeiten, Hautausschläge oder Blasen- und Nierenerkrankungen, Schlafstörungen, Konzentrationsschwierigkeiten und HNO-Beschwerden höre ich täglich. Psychosomatische Beschwerden kommen genauso schleichend wie eine emotionale Abhängigkeit und sind ein Zeichen deines Systems, dass etwas von außen eingreift und dein gesundes und ausgeglichenes Leben *stört*.

Es ist nicht ratsam, sich und seine psychische sowie physische Gesundheit hinten anzustellen, um der Angst vor einer Trennung oder dem Alleinsein zu entgehen. Neue Partner oder Beziehungen findet man immer wieder. Gesundheit und innere Zufriedenheit aber nicht. Man kann sie nicht online in Gesundheitsbörsen, bei einem Coach oder Therapeuten kaufen. Das Immunsystem, und vor allem dein eigenes Warnsystem, zu kennen und zu schützen, ist wichtig für dich. Auch mit und ohne Partner und Beziehung.

Du musst dich mit der Frage auseinandersetzen, wofür und für wen du bereit bist, zu kämpfen und zu leiden, ohne den Ausgang deines Kampfes zu kennen.

Erste Gedanken zu emotionaler Abhängigkeit

Bin ich ungern allein? Wenn ja, was glaube ich in diesen Momenten, wieso es so ist? Was glaube ich, wird mir passieren?

Welche Ängste kommen hoch, wenn ich allein bin? Woher kommen diese Ängste? An welche ähnlichen Situationen erinnere ich mich?

Fehlt es mir (auch ohne ihn) an nährenden Beziehungen?

Habe ich eine nährende, liebevolle und respektvolle Beziehung zu mir und meinem Leben? Woran könnte ich so eine schöne Beziehung zu mir erkennen? Welche Gefühle hätte ich mir gegenüber? Welche Gefühle zeigen mir, dass ich keine gesunde Beziehung zu mir habe?

In welchen Bereichen meines Lebens zeigt sich das ebenso oder besonders?

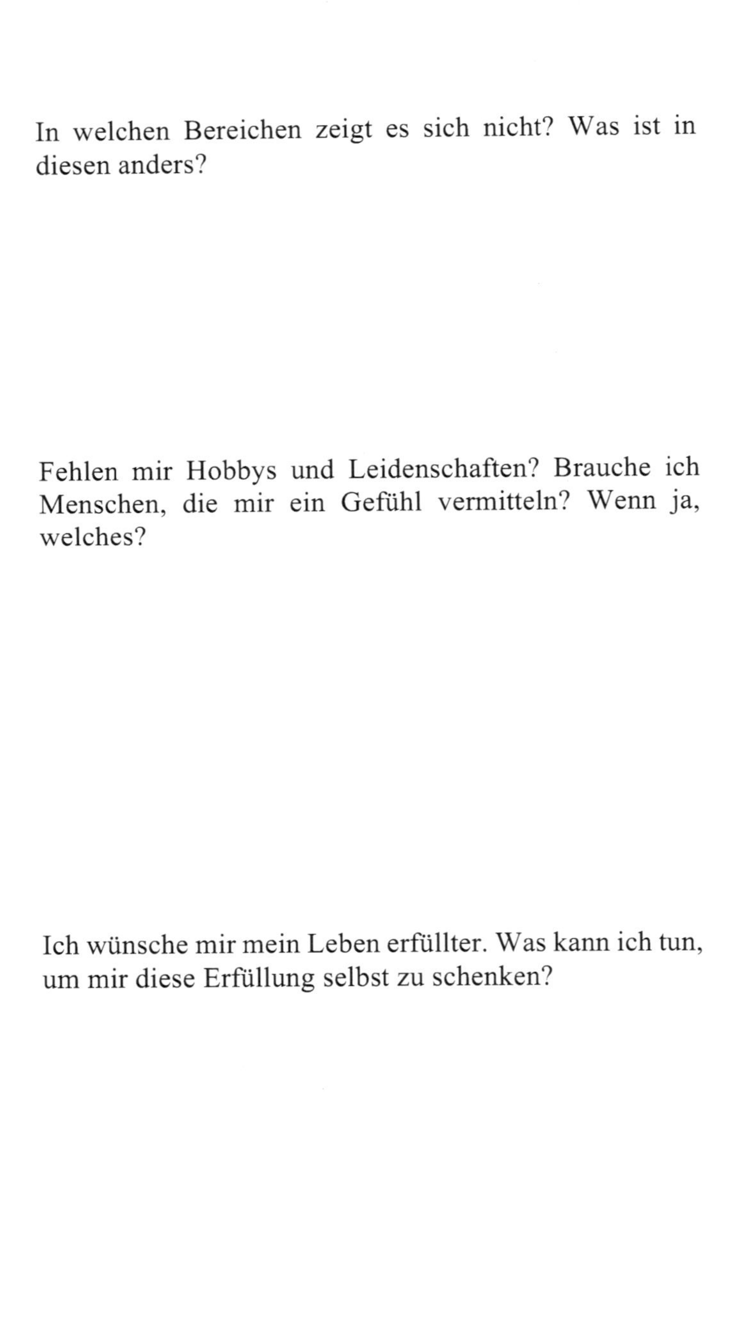

In welchen Bereichen zeigt es sich nicht? Was ist in diesen anders?

Fehlen mir Hobbys und Leidenschaften? Brauche ich Menschen, die mir ein Gefühl vermitteln? Wenn ja, welches?

Ich wünsche mir mein Leben erfüllter. Was kann ich tun, um mir diese Erfüllung selbst zu schenken?

Wie du ihn in dich verliebt machst

„Sei einzig, nicht artig."

Martin Wehrle

Es ist wohl das größte Geheimnis der Menschheit, wie Liebe funktioniert, aufblüht und angstfrei bewahrt wird. Besonders, wenn man einen Menschen trifft, für den man sich interessiert, stellt man sich die Frage, wie man ihn für sich „gewinnen" kann. Ich gehe davon aus, dass du bereits Kontakt mit deinem Herzenspartner hast, ihr eure ersten Höhen und Tiefen erleben durftet und du – immerhin liest du dieses Buch – seine und vielleicht auch deine Angst erkannt hast. Doch egal, ob du bereits mit ihm zusammen bist oder es dir nur wünschst: Ratgeber für Frauen, die Strategien, Tricks und Tipps suchen, wie sie einen Mann in sich verliebt machen, finden sich zuhauf. Für Frauen existieren überwiegend Angebote, die sich auf romantische Beziehungen beziehen. Liebes-Ratgeber gibt es auch für Männer, meist jedoch in Bezug zu „Aufreißertum", was mir schleierhaft ist. In meinen Augen suchen und brauchen Männer ebenso viel Liebe und Zugehörigkeit wie Frauen auch.

Was mich seit eh und je verwundert – und deshalb habe ich dieses Kapitel eingefügt – sind Ratgeber, die Frauen vermitteln, was sie anders machen müssten, um *doch noch* einen Mann für sich zu interessieren: Erfolgsformeln, um die eigene Anziehungskraft zu erhöhen, Übungen, um interessant zu bleiben, Körpersignale, wie aus ersten Gefühlen wahre Liebe entstehen kann, wie man mit einem einzelnen Blick, High Heels oder einem bestimmten Tonfall den Mann um den Verstand bringt und vieles mehr. Hat man ihn dann „gewonnen“, reichen die Tipps und Strategien von „Wie du ihn in einer Beziehung nicht einengst“, „Wie du zum wichtigsten Menschen seines Lebens wirst“, „Wie du so wirst, dass er dich heiraten will“ und „Wie er dich nie wieder verlässt“. Aber schon beim Lesen und Querblättern solcher Ratgeber bemerke ich stets ein übles Gefühl in der Magengegend. Sie suggerieren Frauen, ein Fehler zu sein oder welche zu machen, die es gilt, zu beheben, um der Liebe wert zu werden.

Folgen Frauen diesen Strategien, 6-Stufen-Programmen, geheimen Tipps und manipulativen Tricks, geschieht es ganz problemlos und superschnell, dass sie ans Ziel ihrer Träume gelangen: Sie machen den Mann in sich verliebt. *Und ab da wird alles gut!* Dafür bräuchten sie nur den richtigen Blick, die richtige Pose, einige Gesten, eine sinnliche Stimme oder sie sagen am besten gar nichts, was den Mann denken lassen könnte, dass sie eine eigene Persönlichkeit besitzen. Unbequemlichkeiten dürfen nicht sein. Denn nach diesen Ratgebern dürfen Frauen keine Individualität besitzen, sondern müssten eine angepasste Persönlichkeit entwerfen, schauspielern, eine schöne Maske aufsetzen, die unwiderstehlich ist und keine Angst auslöst. Das ist in meinen Augen unrealistisch, nicht nur, weil es unmöglich ist, die individuellen Ängste aller Männer zu kennen. Es spielt ebenso eine Rolle, dass auch die Frau den Mann mag und nicht nur um seine Aufmerksamkeit kämpft oder *geduldet* ist, weil sie nichts falsch macht.

Oft wird geraten, dass die Frau dem Mann niemals Verantwortung zusprechen dürfe. Eigentlich heißt das Kriterium, sie sollten ihre enttäuschten Gefühle nicht zeigen, jedenfalls nicht ihm gegenüber. Sie sollen so tun, als sei es in Ordnung, wenn er sich nach dem letzten Treffen eine Woche lang nicht meldet. Sie sollen dennoch Freude in ihrer Stimme haben, wenn er sich meldet. Sie sollen beschäftigt tun, wenn er anruft. Und und und. Aber auf gar keinen Fall dürfen sie sagen:

- „Hey, ich hätte mir gewünscht, dass du dich schon früher meldest."
- „Ich hatte dir vor drei Tagen eine Nachricht geschrieben. Warum hast du nicht geantwortet?"
- „Was zum Teufel ist los mit dir?"

Sollten sie doch ein kaltes, desinteressiertes oder unentschuldbares Verhalten an ihm feststellen oder sich durch seine Angst verletzt und wie ein Spielball behandelt fühlen, dürfen sie sich das nicht anmerken lassen, sagen viele Ratgeber. Denn Männer, so die Aussage, würden keine Kritik mögen und würden auch mit keiner „nörgelnden" Frau zusammen sein wollen. Sie würden sich leicht und locker-fluffig fühlen wollen. Ein anderes Verhalten würde sie abschrecken und die Frau stünde wieder allein da.

Es ist ein schöner Gedanke, dass wir Menschen, besonders Männer, in der Liebe manipulieren könnten, wenn wir nur unser Verhalten änderten. Diese Richtung ist in meinen Augen verfehlt. Sie sollte nicht ausschließlich ihn umsorgend, ihm gebend, ihm verzeihend sein, wenn er sich nur meldet, weil er gerade nichts zu tun hat, wenn es „ruhiger" geworden ist oder wenn er Zuwendung braucht bzw. Anerkennung.

Was die meisten Frauen aus den Augen verlieren, ist, dass der Mann ehrliches Interesse an ihnen haben sollte, wenn sie sich eine liebevolle Beziehung wünschen. Wenn du dir nur eine liebevolle Beziehung mit ihm wünschst, weil er momentan noch kein starkes Interesse an dir entwickelt hat, dann liegt die Grundlage seiner Angst bei dir: Denn dann bist du gefragt, deine Angst davor, nicht gewollt zu sein, aufzulösen. Die Frage nach der Ehrlichkeit und Tiefe seiner Liebe im Vordergrund seines Verhaltens steht auf einem anderem Blatt.

Viele Frauen merken ihren Wunsch nach Liebe und Beziehung auch deshalb so stark, weil sie beides bei dem Mann nicht (greifbar) sehen. Es ist so, als würden sie ihn ansehen und fühlen, dass da eine Leere ist, die sie wiederum mit ihrer eigenen wertvollen, liebevollen und verbindlichen Energie zu füllen versuchen. Das macht noch lange keine Beziehung. Ich gehe sogar noch weiter: Es macht keine Liebe, jedenfalls keine gegenseitige. Das einzig Ehrliche daran wäre, dass er deine Masquerade liebt, aber nicht deine wahre Person.

Als Frau, Mensch und Fast-Kurierte erlaube ich mir zu sagen: Es ist ein Trugschluss zu glauben, Manipulation oder Verstellen würde wahre Liebe schaffen. Dieses Verhalten stärkt weder dein Selbstwertgefühl noch hilft es, zu verstehen, wieso es brüchig werden konnte. Liebe ist kein Produkt und keine Position, für die sich Frauen qualifizieren müssten. (Oder Männer.) Alle, die bislang keine Liebe gefunden haben, hätten sonst versagt. Sie würden die Verantwortung für ihr Scheitern tragen müssen. Sie wären nicht genug oder nicht X. So, wie sie sind, wären sie nicht in Ordnung. Das ist weder eine erstrebsame Position für Frauen noch für Männer.

Doch natürlich haben auch die Ratgeber ihren Wert. Er ist etwas verborgen, aber dafür eine wichtige Lektion für alle Frauen, die nur Schwierigkeiten in der Anfangsphase mit Männern haben, sei es wegen Schüchternheit oder weil ihnen eine unverarbeitete, nicht so gute Beziehung der Vergangenheit suggeriert, ihr Wert sei vermindert. Vielleicht lassen sich die Ratschläge auch dafür zurate ziehen, wenn man herausfinden will, welchen Typ Partner man nicht anziehen möchte. Eventuell nutzen sie auch, um ein wenig in das Unterbewusste zu tauchen und herauszufinden, was es dort zu entdecken gibt.

Deshalb möchte ich gern an dieser Stelle meine eigenen Erkenntnisse darlegen. Ich halte sie nicht für die einzig wahren. Du darfst sie ablehnen, abwandeln oder befürworten. Aber sie sollten dir nicht signalisieren, dass dein wahres Ich und deine Identität grundsätzlich falsch oder nicht genug wären. Im Gegenteil.

Geheimnis Nummer 1:
Du bist, was du ausstrahlst. Was du ausstrahlst, kommt aus deinem Inneren

In der Liebe (und überall sonst) braucht man Respekt und Wertschätzung gegenüber seiner Person und Persönlichkeit sowie dem Gegenüber. Aber viele tun sich mit sich schwer, weil sie negative Erfahrungen in der Vergangenheit gesammelt haben. Weil Beziehungen nicht so gut liefen, interpretierten sie ihren Wert neu und stuften ihn ab. Das schürte Angst und bei manchen auch depressive Verstimmungen oder andere Belastungen. Sie maßen ihren Wert schließlich an den verflossenen Partnern oder an Menschen, die sie abwiesen. Doch seinen Wert bestimmt in Wahrheit ein Jeder allein. Sonst würde man das ausstrahlen: *Ich bin das, was du möchtest, was ich bin. Ich drehe und wende mich, wenn und vor allem wie du es willst. Hauptsache ist: Du willst mich. Dann bin ich wertvoll.*

Es gibt einen Kern in deinem System, der sehr genau weiß, dass du viel wert bist – vielleicht sogar wertvoller, als dein aktueller Partner es dir suggeriert. Nur dieser Kern darf befragt werden. Wenn aber die Frage: „Wieso mag er mich nicht? Wieso will er nicht mit mir zusammen sein?“ auftaucht, lautet die Antwort nie: „Weil du es nicht wert bist.“ Sie lautet vielleicht: „Weil ihr nicht zusammenpasst." oder „Weil er Schwierigkeiten hat, Frauen, der Liebe, Beziehungen oder deinem Weg zu vertrauen." Vielleicht lautet sie auch: „Weil er es nicht können will."

Geheimnis Nummer 2:
Die Farbe deines Nagellacks ist nicht wichtiger als die deiner Seele

Ich war einst mit einem aktiv beziehungsängstlichen Mann zusammen, der mich in High Heels, dem richtigen Nagellack und sexy Unterwäsche an der Tür wollte, als Vorzeigeobjekt und gute Beraterin in Krisensituationen. In allen anderen Situationen wollte er mich als gefügige, stille und nichts meinende Frau, die brav nickend in den Kreis seiner Freunde lächelte. Was ich aus den sechs Jahren mit dem Mann gelernt habe: Die gespielte, sexy Wärme in deiner Stimme ist nicht wichtiger als die Wärme zwischen euch und in seinem Herzen. Die Höhe deiner Absätze sagt auch nichts über die Augenhöhe in deiner Beziehung aus.

Ein Mann ist nur dann gut für dich, wenn du ihn magst, wie er ist. Und wenn er dich nur mag, wenn du anders bist als in Wirklichkeit, dann magst du dich selbst nicht. Sollte das auf deinen jetzigen Partner (und auf dich) zutreffen: Gib dein Geld in diesem Fall lieber für ein Selbstwert-Coaching, einen Therapeuten oder einen tollen Ratgeber über Selbstvertrauensaufbau oder den gesunden Umgang mit dem Alleinsein aus. Aber investiere es nicht in Bücher oder Internetinhalte, die dir eintrichtern, dass irgendetwas mit dir nicht stimmen würde. Kauf dir lieber eine geile Jeans oder ein paar Birkenstocks, in denen du dich pudelwohl fühlst. Denn wahre Attraktivität kommt *wirklich nur* von innen. Je mehr man in sich selbst ruht, sich mag, wie man ist, und je mehr man die Meinungen anderer eben die Meinung anderer sein lässt, desto stärker wirkt man auf andere: nämlich anziehend.

Wenn du mit deinem beziehungsängstlichen Herzenspartner für immer zusammenbleiben möchtest, trotz aller Herausforderungen wegen seiner Angst, dann brauchst du weder Stillschweigen über verletzte Gefühle noch den richtigen Nagellack. Es gibt nur eines, was du mehr brauchst als alles andere: Mut, dir treu zu bleiben. Das erfordert dir und ihm gegenüber Ehrlichkeit, nicht Manipulation, sportliche Strategien und gerissene, aber oberflächliche Taktiken, als wäre die Liebe ein Fußballspiel und der Gewinn eine vermeintlich authentische Beziehung. Denn was geschieht, wenn wir diese Strategien und Taktiken durchgezogen, den Mann in uns verliebt gemacht haben und nach einer Weile Beziehung wieder so werden, wie wir wirklich sind? Feststeht, dass es dem Mann wohl sicher auffallen wird. Wird es ihm auch gefallen? Wie wird er darauf reagieren?

Würde- und selbstrespektvolle Gedanken würden sagen: Wenn mich ein Mann nicht so mag, wie ich bin, dann sollte ich ihn nicht wollen. Wenn ich einem Mann nicht genüge, dann genügt mir das nicht. Wenn ich mich immer verstellen muss, um dem Mann zu gefallen, dann belüge ich nicht nur den Mann, sondern auch mich. Was bringt es mir, dass ein Mann in mein falsches Ich verliebt ist, aber nicht in mich? Was bringt mir die Liebe eines Mannes, wenn ich meine Liebe für mich dafür aufgeben muss? Ist Liebe und Beziehung zu einem Partner wirklich wichtiger als man selbst?

Mit dir stimmt nicht alles, weil niemand perfekt ist. Auch mit ihm stimmt nicht alles, weil auch er nicht perfekt ist. So, wie du bist, bist du vollkommen und damit so *richtig*, wie du es im Moment sein kannst. Aber du wirst *falsch*, wenn du dich verstellst, in der Hoffnung, dass du dann nicht mehr allein wärst oder von jemanden, der oberflächlich toll erscheint, gewollt wirst. Damit magst du vielleicht Männer für ein oder zwei Dates gewinnen, aber eine gesunde und funktionierende, anhaltende Beziehung ist fraglich.

Ich möchte diesen Punkt gern mit einem Sprichwort beenden, was am klarsten ausdrückt, was ich hier meine: „Eine Frau wird immer den Mann begehren, der sie geheiratet hat. Ein Mann immer nur die Frau, die ihn abgelehnt hat.“ Das ist nur eine Binsenwahrheit, aber sie möchte darauf hinaus, dass wir manchmal X haben wollen, weil wir es nicht haben können. Gewollt zu sein, ist eine schöne Form der Zuwendung. Aber sie sagt nicht zwingend etwas über Zuneigung, gegenseitige Achtung und Augenhöhe aus. Manchmal ist der Preis dafür, gewollt zu werden, zu hoch, um ihn zu zahlen.

Geheimnis Nummer 3:
Homogamie wird verkannt

Ob sich ein Mann in dich verliebt, hat im Wesentlichen etwas mit dem Mann zu tun. Ob du dich in einen Mann verliebst, hat im Wesentlichen etwas mit dir zu tun. Ob ihr beide zusammenkommt und zusammenbleibt, hat mit der sogenannten Homogamie zu tun: die Ähnlichkeit zweier Partner in puncto Bildung, soziale Stellung, (emotionale) Intelligenz, moralische Werte, Zukunftsträume, Charakter, Interessen, Aussehen, Einstellungen zum Leben und der Liebe. Einige Experten nannten in Studien sogar das Lungenvolumen und die Länge der Ohrläppchen.

Wer also zusammengehört und wer nicht, entscheiden wir unbewusst, keineswegs aber lässt es sich steuern. Doch du kannst entscheiden, ob du dir einen Partner wählst, der dich morgens im Pyjama mit zerzausten, fettigen Haaren oder abends auf dem Sofa in ausgeleiertem Kuschelpulli und löchrigen Wollsocken anlächelt und sich denkt: „Mein Gott, wie ich dich liebe.“ So jemanden „bekommt“ man nicht, indem man ihn manipuliert und sich verstellt. So jemand ist abgestoßen von Spielchen. Wer dich wirklich lieben wird, liebt dich, weil er dich so, wie du bist, authentisch und wahr, gern sieht und mag. So jemand spürt, dass du besonders bist, eben weil du bist, wie du bist.

Auch Männern geht es um Sicherheit. Es gibt genug Studien, mittlerweile sogar Längstschnittstudien (Studien über mehrere Jahre/Jahrzehnte), die das zeigen: Zusammenhalt, freundschaftliches Gefüge, ehrliches Interesse an der Person, Wohlwollen für den Partner, emotionale Sicherheit und Geborgenheit. Männer sind in bestimmten Hinsichten gar nicht so fundamental anders. Männer sind Menschen. Menschen haben Ängste. Und ja, Männer mit Ängsten sind nicht sehr leicht zu handhaben. Frauen mit Ängsten ebenso wenig. Doch wer dich will und dafür die eigene Angst hinter sich lassen möchte, der wird es tun. Ganz ohne Strategien und Tipps, wie du dich verstellen kannst.

Sei anders, unbequem, wagemutig, offen, verschlossen, introvertiert, kreativ, still, laut, fordernd oder abwartend. Aber sei du selbst. Sei eine Person, die du selbst toll fändest. Mach es dir in deinem Körper und deinem Leben so bequem und attraktiv, wie möglich.

Keine Angst vor Männern

„Zukunft ist kein Schicksal, sondern die Folge der Entscheidungen, die wir heute treffen."

Franz Alt

So wunderschön die Liebe auch sein kann: Sie bringt ihre eigenen Herausforderungen mit sich - besonders, wenn es in der Vergangenheit Ereignisse gab, die einem genug Anlass dazu gaben, Angst vor Männern zu haben. Aber liegt es tatsächlich an der Liebe und romantischen Beziehungen oder sind es die Männer im Allgemeinen?

Bei Frauen kann sich die Angst vor Männern und der Liebe unterschiedlich äußern: Entweder sie sehnen sich nach Liebe (Zuwendung, Bestätigung, Anerkennung) und tun alles, um sie zu bekommen, nur um dann festzustellen, dass sie sie - einmal erhalten und das Herz erwärmt - doch nicht brauchen oder nicht von diesem Mann möchten. Sie glauben schnell, dass sie nicht zueinander passen und sind so schnell weg, wie sie da waren. Oder sie spüren die Angst, wenn die erste Nähe stattfindet. Mit jeder Enge in der Brust oder Panik vor der ersten Intimität wollen sie die Flucht ergreifen.

Ich habe Frauen kennengelernt, die krank wurden, weil ihr Körper die Angst durch die geistige und emotionale Überforderung abfangen musste. Einige hatten Panikattacken; andere Frauen verspürten nach kurzer Zeit keine Lust mehr auf Sex. Vereinzelte Frauen hatten anfangs keine Schwierigkeiten mit Männer, bis sie in eine Beziehung „gerieten" und emotional abhängig (gemacht) wurden. Mit jedem Tag der Partnerschaft wuchs ihre Angst, dass sie selbst nichts wert waren ohne den Partner. Sie wurden besitzergreifend, eifersüchtig oder depressiv, ängstlich bis phobisch und immer unzufriedener. Denn *eigentlich* wollten sie weder abhängig sein noch abhängig machen.

Hintergründe & Ursachen: Woher kommt die Angst vor Männern?

(Einige Frauen haben traumatische Erfahrungen mit Männern gemacht. Diese spreche ich im Folgenden nicht an. Es ist in solchen schwerwiegenden Fällen ratsamer, sich dem Thema in einer Therapie zu widmen.)
In allen anderen Fällen liegt es nie an den Männern oder der Liebe von ihnen an sich. Es liegt auch nicht an ihnen als Frau per se. Hinter der Angst vor Männern und der Liebe verbergen sich Muster aus alten Zeiten: Denk-, Gefühls- und Verhaltensmuster, die erlernt wurden, die entweder Angst abwehren sollten oder Angst verursachten. Es sind alte Ängste, geschürt durch Erinnerungen. Sie stammen nicht selten aus der Kindheit, Jugend oder den ersten Erfahrungen mit der (ersten, großen oder erwachsenen) Liebe. Oft rühren sie auch aus sehr negativen Beziehungen, die sich die Frauen nicht verzeihen konnten.

Viele haben keine anhaltenden, echten Gefühle der Liebe - gleich, wie sie sich selbst verhielten oder nicht verhielten - gelernt. Sie bringen deshalb in späteren Jahren Liebe nicht in Verbindung mit Freiheit, Glücksgefühl, Geborgenheit oder Zufriedenheit. Sie verbinden sie unbewusst oder bewusst mit Abhängigkeit, Angst, Unterdrückung, Aufopferung, Trennung oder anderweitigem Verlust. Ihre frühen Erfahrungen mit Liebesgefühlen wurden oft schon in ihrer Kindheit von ihren Bezugspersonen unterbrochen, abgewiesen oder an Bedingungen geknüpft.

Bei Angst vor Männern und der Liebe finden wir diese zwei Extreme:

Extrem 1) Fremde Bedürfnisse und Ansprüche an sie waren wichtiger als ihre eigenen. Sie waren in der einschneidenden Lebensphase aufgefordert, sich *entsprechend* zu verhalten und mehr Rücksicht und Fürsorge für die Mutter, den Vater oder die Geschwister aufzubringen, als sie selbst erhielten oder sich geben wollten. Sie waren überfordert und konnten die emotionalen Leistungen gar nicht erfüllen, bemühten sich aber, um Liebe und Zuwendung zu erhalten. Sie lernten so, dass sie vor allem geben MUSSTEN, um zumindest etwas Liebe zu erhalten. Oder Manipulationen (Ich liebe dich nur, wenn…) formten ihr Bild davon, wie Liebe aussehe und *funktioniere*, um sicher und beständig zu bleiben. Das früher Gelernte formte somit das heutige mangelnde Vertrauen in sich selbst *mit* Männern, Partnern, Beziehungen und Liebesgefühlen. Um der Angst aus dem Weg zu gehen, leisten sie oft. Sie sind aufopfernd, neigen zu Depressionen, Angst oder emotionaler Abhängigkeit.

Viele von ihnen spüren sich durch die Spiegelung ihres unsicheren oder ambivalenten Beziehungsstils. Ist stets Wut gegenüber Männern präsent, kann es auch auf den vermeidenden Stil hinweisen. Sie erkennen sich sozusagen in ihm wieder. Ihr Bedürfnis, ihn von seinem Schmerz zu befreien, ihm die Angst zu nehmen und den Mut zu geben, sich der Liebe zu öffnen, ist ein Versuch, sich selbst zu überzeugen.

Extrem 2) Es gab gar keine Forderungen in der Kindheit, Jugend oder in den ersten Liebeserfahrungen. Es fehlte eventuell sogar Liebe von Seiten der Eltern, sei es, weil sie emotional oder lokal abwesend waren. Sie waren so vogelfrei, dass sie zwar machen konnten, was sie wollten, aber dadurch keine (eigene oder fremde) Autorität, Struktur, Grenzen, Umgang mit Nähe und

Konflikten oder Kompetenzen kennenlernten. Mit den ersten (Grenz)Erfahrungen im Umgang mit Männern lernten sie aber schnell, dass andere in einem Rahmen leben, in den auch sie sich pressen müssen, um Liebe in ihrer vermeintlichen Harmonie und Bedingungslosigkeit erleben zu dürfen. Ähnliche Auswirkungen wie beim ersten Extrem zeigen sich hier: Sie neigen zu Unsicherheiten, Angst- und Panikattacken, emotionalem Burnout oder ständiger innerer Hektik, um den Bedürfnissen gerecht zu werden. Sie versuchen vor allem, es sich selbst rechtzumachen. Oder sie verharren in einer inneren Starre, die sie jedes Mal bei Kontakt zu Liebe zurückschrecken lässt und zur Flucht animiert. Dahinter verbergen sich die Angst vor Trennung und die, nicht zu genügen.

Trennungsangst hat, wie bereits erwähnt, zwei Ausrichtungen: die Angst davor, dass man verlassen wird oder davor, sich selbst zu trennen. Hinter diesem Thema versteckt sich auch die Angst, wieder alleine zu sein oder jemanden allein zu lassen. Aus der eigenen Erfahrung heraus wissen die Frauen, wie es sich anfühlt, verlassen oder missachtet zu werden, wenn sie den Anforderungen anderer nicht genügten. Jemandem dieses Gefühl zu geben, belastet sie. Daher fällt es ihnen oft schwer, offen Kritik zu äußern, dem Mann die eigenen Gefühle zuzumuten, eigene Bedürfnisse anzusprechen und einzufordern, sich Freiräume zu nehmen - oder sei es auch darum, Geschirr an die Wand zu werfen, als Ausdruck ihres emotionalen Zustands.

Sie haben häufig Schwierigkeiten mit Konflikten und Durchsetzung, weil sie damit Verletzung in Verbindung bringen. Sie haben ebenso Angst vor Wutausbrüchen - ihren eigenen und denen anderer. Auf der einen Seite fühlt sich die Kritik des Partners an, als hätten sie versagt. Auf der anderen Seite trauen sie sich nicht, jemandem - meist trotz aller emotionaler Zumutungen des Partners - zu sagen, dass das, was er gibt, nicht genügt.

Wir müssen im Laufe unseres Lebens anhand schwieriger Beziehungskonstellationen lernen, dass es okay ist, jemandem nicht zu genügen. Wir dürfen wählen, so wie andere wählen dürfen. Was nicht passt, muss nicht passend gemacht werden. Man darf sich trennen. Was jemand anderes denkt, denkt jemand anderes. Doch kein Partner - und das ist die Lernaufgabe - bestimmt über deinen Wert.

Angst vor Nähe

Kommt ein Mann dieser Frau zu nahe, entsteht ein Gefühl der Enge und Einschränkung, als würde man keinen Fluchtweg mehr sehen. Sie stehen mit dem Rücken zur Wand. Aus der vormals als weit empfundenen Freiheit wird urplötzlich ein dunkles, enges Verließ, in dem man festgehalten wird. Liebe wird schnell zu einem Gefängnis und streicht alle Möglichkeiten der Selbstentfaltung und Selbstwirksamkeit mit einem Wisch weg. Bist du jedoch ein passiver Bindungsängstlicher und dein Partner der aktive Part, würde dir das erst auffallen, wenn sich eure Rollen abwechselten. Würde er dich ganz und gar wollen und stets Nähe und Zuwendung bieten, könntest du diejenige sein, die eine Ablehnung spürt.

Frauen mit Angst vor Nähe meinen, Anforderungen erfüllen zu müssen, die mit ihren Wünschen und Vorstellungen kollidieren, um in der Beziehung bleiben zu *dürfen*. Man findet diese Angst oft, wenn Liebe und Beziehung überstürzt werden. Viele brauchen es einfach langsam, hinsichtlich der Entwicklung und Wahrnehmung ihrer eigenen, wahren Gefühle. Sie leben mitunter mehr in der aufgedruckten, stempelartigen

Gefühlswelt anderer und nehmen fremde Emotionen eher wahr als ihre eigenen. Sie sind auf die Beachtung und Befriedigung fremder Gefühle und Bedürfnisse konditioniert.

Zu nahe an ihre Gefühle heranzukommen, äußert sich bei einigen beim Sex. Frauen mit dieser Angst können sich nur schwer fallenlassen, öffnen sich nur wenig und haben eine Barriere, die sie von der Echtheit ihrer Gefühle abspaltet. Es fällt ihnen schwer, anderen ihre Gefühle anzuvertrauen. Viele von ihnen haben gelernt, dass ihre Gefühlsausdrücke negativ interpretiert werden oder ungewollt sind. Sie fühlen sich als Sexobjekt oder als eine Art Puppe, die ihren Zweck in der Beziehung erfüllen soll (gesellschaftlicher Status, Mutterrolle, Geldgeberin, Wunscherfüllerin, „Freundin von-Syndrom" usw.). Aufgrund früherer Erfahrungen missverstehen sie sich als Erweiterung des Mannes oder können spüren, dass sie nur X für den Mann sind, weshalb diese Angst in ihnen auftaucht.

Andere wiederum schämen sich für ihre Gefühle und dass sie welche haben. Sie haben gelernt, dass sie bei Gefühlsausdruck mit Ablehnung oder Spott behandelt werden, weshalb sie sich schämen, wenn sie ihre Gefühle der Freude, Gelassenheit, Hingabe, Begierde, Befriedigung zeigen. Viele müssen sich erst einmal überwinden, präsent zu sein, sich trauen, zu wollen, teilzuhaben und zu teilen, um wieder Kontakt zu sich und authentischer Liebe zu finden.

Angst vor Liebe und vor Glück

Wer eine Menge verletzender Erfahrungen gemacht hat, wird nicht selten zum Wahrsager und meint in jedem Menschen, Mann und Frau, jemanden zu erkennen, den man „schon mal hatte". „Das kenne ich schon! Danke, nicht noch einmal! Damit bin ich durch!“ Wieder neu an die Liebe und die Individualität der Menschen glauben zu lernen, ist hier die Aufgabe. Es ist möglich, wenn man sich auf die positiven Charaktereigenschaften des neuen Menschen konzentriert, statt auf die negativen eines Verflossenen. Es hilft zum Beispiel, in akuten Angst- oder Enge-Situationen, auch durch Trauer oder starker Wut begleitet, ein Foto des verletzenden Ex-Partners zu verbrennen oder zu zerreißen. Das ist ein symbolischer Akt, der der Angst und dem Gehirn signalisiert, dass man weiß, woran es liegt. Und auch wenn viele Männer heute versuchen, dem Stereotypen des harten, charmanten, erfolgreichen Kerls oder … (Platz für deine Gedanken) zu entsprechen, so gleicht doch keiner dem anderen. Auch Männer (alle!) haben Ängste. Sie sind menschlich. So wie du.

Angst vor der Zukunft

Eng verbunden mit all den benannten Ängsten ist die Angst vor der Zukunft. Sie konzentriert sich im Wesentlichen auf die Angst vor dem Ungewissen, dem Neuen und Unbekannten. Was, wenn er fremdgeht? Was, wenn ich nach zwei Jahren doch keine Familie mehr will? Was, wenn wir nicht zusammenpassen? Was, wenn wir unsere Unterschiede nicht ausbügeln können? Was, wenn er mich gar nicht mag? Was, wenn...

Oft tauchen verheerende und hiobsbotschaftähnliche Antworten auf: *„Dann hast du deine Freiheit oder XYZ aufgegeben...dann ist nichts mehr so, wie es früher war...dann muss ich wieder von vorn anfangen... dann habe ich meine besten Jahre verschenkt... dann kann ich nicht mehr tun (und lassen), was ich möchte...dann...dann...lasse ich es doch lieber gleich sein und nichts Böses kann geschehen.“*

Frauen können diese Angst sehr oft durch erlebte Sicherheit, Geduld und Verständnis des Partners, langsame Schritte und die Gewöhnung (sowie Freude) an der zukünftigen Situation auflösen. Sie wachsen langsam hinein, statt wie in ihrer Angst ins Dunkle hineingeschubst zu werden, ohne den Weg zurückzufinden. Sie dürfen sich auch daran erinnern, dass jedes vermeintlich noch so große „Problem“ eine Lösung birgt, die nur gesucht und umgesetzt werden braucht. Sicher aber sind sie immer.

Und sollte doch alles grundsätzlich schlecht und unzufrieden ablaufen, dürfen sie beruhigt gehen und ihr Glück woanders suchen. Doch so mancher Versuch hat Schönes und Wertvolles gebracht, wenn man sich einmal getraut hat. Der Preis ist, wie so häufig, Vertrauen und Zuversicht.

Angst vor sich selbst und der eigenen Größe

Wer Angst vor der eigenen Größe hat, scheut das Unbekannte an sich. Frauen mit dieser Angst fürchten sich vor allem vor den Reaktionen anderer auf ihre Tiefen und Höhen. Sie möchten weder verletzen noch ihre Glaubensmuster einstürzen sehen. Sie brauchen ihre aufgebauten Sicherheiten, auch wenn einiges Komfortzonen-Material ist. Sie haben zudem oft Angst vor plötzlichen Kehrtwenden. (*Wenn ich rundum glücklich wäre, würde bestimmt etwas Böses geschehen, um das wieder auszugleichen.*)

Einige von ihnen haben gelernt, dass sie nicht rundum glücklich sein dürfen. Dies rührt wieder aus ihrer Vergangenheit, in der ihnen ihr Glück madig gemacht wurde. Oft zeigen sich solche Signale in Neid/Eifersucht anderer auf ihre Talente und Fähigkeiten, Erfolge oder Lebensbereiche. Viele kennen fremde Schadenfreude oder aber Menschen, die ihnen ihre großartigen Ideen mit Angst ausreden wollten/ausgeredet haben. (*Also ich weiß nicht. Mach das lieber nicht. Bleib lieber bei XYZ, dann geht auch nichts schief. Wenn du meinst, das unbedingt machen zu müssen, meinetwegen, aber…(vermeintliche Warnung vor einer Katastrophe).*) Solche Worte spiegeln, dass jemand enttäuscht sein würde, sie schüren Angst und so das Gefühl, man müsse klein bleiben oder dürfe sich nicht vom Leben wünschen und nehmen, wonach man sich zutiefst sehnt.

Die folgenden Methoden entstammen meiner Praxis. Am besten ist es, man probiert sich einmal durch und schaut, welche am wirksamsten für sich und den individuellen Fall sind. Auch Kombinationen machen Sinn. Wichtig ist nur, dass es funktioniert und dich erleichtert.

Menschlich sein lassen: Idealbilder auflösen

Wir bilden uns oft ein, dass jemand, den wir toll finden, größer ist als wir. Wir idealisieren denjenigen, sprechen ihm Ängste und Schwächen ab und verstärken stattdessen unsere eigenen. So fühlen wir uns klein, wertloser oder dessen Kontakt und Zuwendung nicht würdig. In Wahrheit ist er ein Mensch mit einer Vergangenheit, Gegenwart und Zukunftsträumen für verschiedene Lebensbereiche. Es hilft, wenn wir das gottgleiche Bild auflösen und uns an den wahren Menschen erinnern. Jeder Mensch hat viele Facetten.

Im Coaching sprechen wir auch vom Inneren Team. Mit dem kann man arbeiten, hat man erst einmal erkannt, was Richard David Precht mit „Wer bin ich - und wenn ja, wie viele“ ausdrückte. Oft spricht vor allem das kleine Mädchen aus Frauen, ihr inneres Kind, und lenkt in der Liebe ein. Oder man erinnert sich an eine strenge

Bezugsperson oder die neidische Freundin von früher, die ihnen aus eigener Angst Wertlosigkeit einredete, um ihr Liebe zu verwehren und selbst Angst zu machen. Die Stimmen zu identifizieren aber ist der Schlüssel. Sich dann daran zu erinnern, dass man heute eine erwachsene Frau ist und die Vergangenheit vorbei, bringt dich einen Schritt weiter.

Wer sich in einigen Momenten stark und fähig fühlt, aber in anderen wiederum schwach und unwürdig, dem könnte es helfen, sich starke Sätze auszudenken, die Mut zusprechen. Nimm diese mit deinem Handy auf (entweder als Tonaufnahme oder idealer als Video). Das nächste Mal, wenn du ins Straucheln gerätst, kannst du dir deine Sätze in Erinnerung rufen, indem du dir das Mut-Video ansiehst oder deine mutmachende Stimme anhörst. Es ist gut, wenn du selbst die Person bist, die dir den Mut zuspricht. Die eigene Stimme beruhigt und heilt.

Angst entmystifizieren: Gib deiner Angst ein Gesicht

In der Schreibtherapie biete ich gern diese Übungen an: Wenn du Angst hast, stelle dir vor, sie sei eine Person. Beschreibe sie so detailliert, wie es dir möglich ist:

Welches Gesicht hat deine Angst vor Männern?

Ist sie weiblich oder männlich?

Klingt sie ruhig, einschüchternd oder schrill?

Trägt sie einen Anzug und Krawatte oder Jeans und T-Shirt?

Sitzt sie trinkend auf dem Sofa oder mit einer bildhübschen Frau im Café?

Wann immer die Angst erneut auftaucht, erinnere dich an diese Person oder Gestalt und sprich mit ihr Klartext. Schicke sie aus dem Zimmer, aus deinem Kopf, verbanne sie für diesen Tag oder die Nacht, aber halte sie im Zaum. Wer so seiner Angst begegnet, erkennt, dass es sich nicht um eine fremde, übermächtige Angst handelt, sondern um *sein* ureigenes *Gefühl*. Doch du bist nicht dein Gefühl. Du bist nicht Angst. Sie separat wahrzunehmen, kann helfen, sie neutral zu betrachten.

Über den Umgang mit unerwiderten Gefühlen

„Betrachte einmal die Dinge von anderen Seiten, als du sie bisher gesehen hast. Denn das heißt, ein neues Leben beginnen.“

Marc Aurel

Niemand kann unerwiderte Gefühle leicht ertragen. Wohl empfinden es einige als zeitsparend, so schnell wie möglich zu erkennen, dass ihre Gefühle nicht geteilt werden. Doch was kann man tun, wenn man schwer darunter leidet, dass Liebesgefühle abgewiesen werden? Manche Frauen berichteten mir, dass ihre Herzenspartner ihre Gefühle belächelten, weil sie selbst eine kritische Sicht auf ihre eigenen Liebesgefühle hatten und sich verboten, Liebe zu fühlen. Welches Ausmaß die Ablehnung auch haben mag: Ich möchte im Folgenden einige Coping-Strategien zeigen, die dir den Umgang mit unerwiderten Gefühlen erleichtern können.

Was müsstest du tun, damit es noch schlimmer wird?

Wenn es höllisch wehtut oder du wahnsinnig wütend bist, Angstzustände, Depressionen, Panikattacken oder „nur“ durchweinte und schlaflose Nächte hast, frag dich, was du tun müsstest, damit sich diese Gefühle verstärken:

- dich noch mehr quälen, indem du dich abwertest?

- dich noch liebloser und wertloser behandeln, damit du dich lieblos und wertlos fühlst?
- noch weniger schlafen, noch mehr essen, noch weniger unter Menschen gehen, noch mehr trinken, noch mehr grübeln, rauchen usw.?

Dein Gehirn ist ein mächtiges Organ und es wird wie immer tun, was getan werden muss, um die Funktionalität in deinem Leben zu erhalten: Es wird dich schützen und aus dem Sumpf herausziehen, sei es durch Aha-Momente, neue Kraftimpulse, Hilfe, die du annimmst oder dir suchst. Der erste Schritt ist, dich und den Kritiker zu beobachten. Lass ihn meckern und begegne ihm mit einem entschiedenen: *Ganz egal, was du mich glauben lassen willst: Ich bin gut genug.*

Unser Gehirn vermag auch eine erstaunliche Sache: Es ist darauf programmiert, verschüttete oder verdrängte Gefühle mithilfe unseres Unterbewusstseins hervorzubringen. Gefühle, die uns einst verletzten, aber ungelöst blieben, werden durch aktuelle Gedanken und Gefühle wiederholt, um den Konflikt ein für alle Mal aufzulösen. Jeder schwere Gedanke und jedes dunkle Gefühl soll dir helfen, dich mit eigener Kraft *aus einer ehemaligen Verletzung herauszuziehen* und somit auch aus der neuen, die du mit deinem Partner erlebst.

Welche ungelösten Konflikte wirken noch immer nach?

Gab es Frauen/Männer, die sich dir und deinen Bedürfnissen in den Weg stellten, dich in der Bedürfnisbefriedigung unterbrachen oder dir den Zugang zu Liebe, Zuwendung und Aufmerksamkeit, Harmonie und Verbindung zu jemanden verwehrten?

Finde die Haken und Knebel, die du in deiner Partnerschaft siehst zuerst in deiner Vergangenheit, und schaffe so den Zugang und die Verbindung zu deinen jetzigen Gedanken und Gefühlen. Erkenne dich in deinem Partner.

Welche seiner Gefühle kannst du nicht erwidern?

Welche Gefühle spiegelt er dir also durch sein unerwidertes Verhalten zurück?

Hast du diesen Zusammenhang gefunden, kannst du dich fragen, ob der heutige Konflikt den damaligen Auslöser wiedergutmacht oder ob es dir um eine allgemeine Gerechtigkeit geht. Falls es eine allgemeine ist, hilft dir Akzeptanz und der unbedingte Blick auf deine Situation, die sich nur bessern darf, wenn du an deinen Mustern (Handlungs-, Gefühls- und Gedankenmustern) schraubst. So fortzufahren wie bisher, hat bis jetzt keinen Erfolg gebracht und wird auch morgen und übermorgen kein besseres Ergebnis erzielen.

Was kannst du stattdessen tun, was dich zufriedener macht?

Wie kannst du dir selbst die Liebe und Zuneigung geben, die dir von deinem Herzenspartner fehlt?

Der unweigerlich erste Schritt ist es, zu akzeptieren, dass alle Menschen ihre eigenen Gefühlswelten und Verhaltens- und Denkmuster besitzen, die ebenfalls in ihrer Vergangenheit gelegt und geprägt wurden. Der zweite Schritt besteht darin, dass wir unsere akzeptieren und anerkennen, in ihrer gesamten Wucht. Statt sie wegmachen zu wollen, indem wir jemanden finden, der sie kuriert und uns vollständiger macht, können wir uns einen großen Gefallen tun und das allein erledigen.

Diese Selbstwirksamkeit erlaubt uns, dass wir auch zukünftig emotional unabhängig bleiben. Sie schützt uns davor, den Halt zu verlieren, wenn der Partner einmal nicht geben kann oder möchte. Sie schenkt uns Ruhe in uns selbst.

Was kannst du Hilfreiches tun, was dich in deinem Selbstwert, deiner Selbstannahme und Selbstliebe unterstützen würde?

Kleine Rituale für den Alltag einzuführen, wie zum Beispiel dein Lieblingsessen zu kochen, einen Freizeitkurs zu buchen, einen neuen Ort in deiner Gegend zu erkunden, den nur du besuchst, das Alleinsein zu akzeptieren, in der Natur zurück zu dir zu finden - die neue Wende, die folgen wird, wenn du sie dir erlaubst - kann genauso hilfreich sein, wie die ersten Impulse, die dir in den Kopf schießen, wenn du dir die folgende Frage stellst:

Was kann ICH tun, damit es mir besser geht?

Lass die „echten" Gefühle heraus

In der gewaltfreien Kommunikation unterscheidet man zwischen echten und unechten Gefühlen. Echte Gefühle sind Traurigkeit, Verärgerung, Hilflosigkeit, Angst, Einsamkeit, Langeweile, Enttäuschung, Eifersucht, Leere. Wegen früherer Erfahrungen identifizieren wir uns mit einem oder mehreren dieser Gefühle. Aus ihnen können wiederum negative Gedanken entstehen, die uns mürbemachen, auslaugen und uns weiter verletzen.

Neben diesen echten Gefühlen, existieren noch unechte Gefühle. Sie sind „erdacht" und folgen entweder als Gedanken aus den echten Gefühlen oder laufen automatisch in einer Schleife ab, wenn wir ähnlich verletzende Erfahrungen machen. Sie kommen nicht aus deinem Herzen, sondern entspringen deinem Geist. Du fühlst dich, wie du denkst, zum Beispiel

- abgelehnt
- ausgenutzt
- belogen
- betrogen
- geringgeschätzt
- erniedrigt
- im Stich gelassen
- ignoriert
- nicht beachtet
- unbedeutend
- vernachlässigt
- zurückgewiesen
- unerwünscht
- wertlos
- ungeliebt
- usw.

Mach dir in dem Moment, in dem du ein unechtes Gefühl bemerkst, klar, dass du diese gedachten Gefühle gar nicht fühlst. *Du denkst sie*. Es sind deine Gedanken, die hier wirken und Ergebnisse auf körperlicher Ebene nach sich ziehen. Es handelt sich um deine Interpretationen. Die Quelle sind unerwiderte Gefühle und unerfüllte Sehnsucht nach Liebe, Geborgenheit (emotionale Sicherheit), Nähe, Kontakt und Teilsein; sie lösen Einsamkeit, Angst und Traurigkeit aus. Die unechten Gefühle spiegeln sie.

Wenn das Gehirn weiß, dass du nicht bereit bist, Traurigkeit erneut auszuhalten, würde es ein kompensatorisches Gefühl hervorrufen. Meistens ist es Angst, die dich wiederum vor zu viel Traurigkeit schützt, weil du sie nicht fühlen willst. Oder du verspürst als Ersatzgefühl Hass anstatt Freude und Liebe, weil dir einst verboten wurde, (jemanden Bestimmtes) zu lieben. Oder du verspürst Ekelgefühle bei körperlicher Nähe oder bei eigentlicher Trauer. Es ist ein wenig so, als würde dir dein Gehirn stattdessen erlauben, Wut oder etwas Anderes zu entwickeln, um dein psychisches Erleben und Überleben zu gewährleisten.

Dieses Ersatzgefühl befähigt dich nur selten dazu, einen anderen Weg zu gehen, um dein Problem zu lösen. Nur wenn wir wieder die Verbindung zu unseren echten Gefühlen herstellen können, haben wir die Möglichkeit, die Ersatzgefühle zu verlernen und die jeweiligen Herausforderungen ohne sie anzugehen. Doch sie sollten gelöst werden, weil sonst auch die kompensatorischen Gefühle in dir gebunkert blieben. Die Ursache aber würde nicht behoben werden. Doch die Auflösung ist es, was dein Unterbewusstsein will!

Einige versuchen misslicherweise, noch mehr zu unternehmen, um ihren Herzenspartner von ihrem Wert und ihrer Liebenswürdigkeit zu überzeugen. Sie treten in die Aktivität des Partners, die er selbst nicht übernimmt, um überhaupt handeln zu können und sich nicht so hilflos zu fühlen. Sie wollen für die Bestätigung ihres Wertes und ihrer Bedeutung für einen Mann, für Liebe und Willkommensein sowie Annahme und Akzeptanz ihrer Gefühle und deren Erwiderung kämpfen. Sie haben früher gelernt, dass ihnen übermäßiges Drängen oder Wollen oder selbstloser Einsatz half, die gewünschte Zuwendung und Liebe zu bekommen, nach der sie sich sehnten. Andere entscheiden sich dazu, ihren Partner ebenfalls abzulehnen, weil sie sich von ihm abgelehnt fühlen. Sie haben wiederum gelernt, auf nicht erwiderte, eigentliche Gefühle und Bedürfnisse nach Liebe mit Hass oder Wut, statt mit Traurigkeit, zu reagieren.

Echte Gefühle hingegen sind zum Beispiel Selbstmitgefühl, Traurigkeit, Angst oder der Glaube, im Sinne der Hoffnung auf eine bessere Zukunft – ob mit oder ohne Partner. Sie auszuhalten, nachdem man sie erkannt und sich erlaubt hat, ist der eine Schlüssel, um die Ersatzgefühle und unechten Gefühle abzulösen.

Aus eigener Erfahrung weiß ich, dass sich die gedanklichen Lebenswelten im Laufe einer Beziehung koppeln und verschmelzen (können). Im Geiste lässt sich dann kaum mehr eine Trennung zwischen dem Du und Ich vollziehen. Beides gehört unmissverständlich zusammen und kann nicht mehr getrennt werden. Jeder Schnitt, der dem Band seinen Halt nimmt, ist wie ein Messerstich. Man kann sich kaum mehr selbst spüren, weil man sich zu sehr mit dem Anderen identifiziert.

Ich möchte den Leserinnen und Lesern, die das so empfinden und mit den un/echten Gefühlen wenig anfangen können, deshalb folgende Fragen stellen, die Klarheit bringen können:

Wodurch verletzt dich dein Partner?

Welches unechte Gefühl kommt dann zum Vorschein?

Wie reagierst du aufgrund dessen?

Welches echte Gefühl steht hinter dem unechten Gefühl?

Hat man das Gefühl, das einen antreibt, einmal identifiziert, kennt man seinen Trigger. Du kannst genau hinsehen, wenn eine Handlung deines Herzenspartners oder einer deiner Gedanken dieses Gefühl wie einen Knopf betätigen. Und dahinter verbirgt sich ein echtes Gefühl, das verletzt oder nicht befriedigt wurde, aber noch auf angemessene Beantwortung wartet. Dass diese Antwort ausblieb, ist der Grund für dein Befinden.

Manche nehmen lieber eine negative Beantwortung ihrer Gefühle in Kauf, als gar keine Zuwendung und Liebe zu erhalten. Identifiziere dein echtes Gefühl hinter deinen Reaktionen auf unerwiderte Gefühle und du kennst deine Mechanismen ein Stück mehr.

Fühle den Schmerz, den du verarbeiten willst

Der Psychologe und Autor Chuck Spezzano[xxiv] sagte einst, dass man sich den Schmerz ins Leben zurückhole, den man im Inneren am meisten loslassen wolle: alte Trauer über Trennungen, Verzicht, Opfer, Konflikte, Ablehnung, sei es seitens der Mutter, des Vaters, früherer Freunde oder PartnerInnen. Das in Verbindung mit einer Schuld, die man fühlt, die nicht zwingend die eigene sein muss, sondern auch die eines anderen, lässt uns teilweise jahrzehntelang leiden. Während wir wütend und traurig sind, entschuldigt sich aber der für uns schuldige Mensch nicht und macht auch seine Schuld nicht wieder gut. Stattdessen ist er kalt, selbstherrlich, distanziert, überzeugt von seiner Meinung und seinem Verhalten und so weiter, was uns noch mehr verletzt und uns vermeintlich schuldig spricht.

Dieser alte Schmerz wird jedes Mal neu aktiviert, weil er noch da ist und wie ein schlafender Hund in uns lebt, wenn jemand Ähnliches in unser Leben tritt. Man zieht Vergleiche, weiß, dass man „so etwas" ja schon kennt und erlebt dasselbe wie früher, nur noch schmerzhafter. Das Ziel dahinter ist, diesen Schmerz - solange und so oft, wie es braucht, bis wir bereit sind - zu durchleben, um ihn endgültig loslassen zu können.

Auch die Schuld, die jemand nicht übernehmen wollte, die Verantwortung, die jemand nicht tragen wollte, fällt so nicht länger auf uns zurück. Wir müssen lernen, die Handlungen anderer bei den Anderen zu belassen und unsere Gefühle darüber bei uns. Sonst können wir sie nicht loslassen und übernehmen sie für denjenigen. An seiner Stelle verhalten wir uns auf eine bestimmte Art, wie wir es von demjenigen erwartet und erhofft hatten; wir versuchen, die fremde Schuld eigens wiedergutzumachen. Doch wir vergessen dabei, dass unsere Wut, Trauer und Angst, ja sogar unser Hass, verborgen bleiben, um den echten Schmerz nicht fühlen zu müssen. Der Schmerz aber wird solange da sein, bis du bereit bist, ihn zu fühlen und zu verarbeiten, indem du ihn zulässt. Deshalb ist es so wichtig, unsere eigenen und echten Gefühle zu erkennen und nicht länger unsere Ersatzgefühle einspringen zu lassen. Daher ist es so essentiell, dass wir uns den echten Gefühlen stellen. Und sie anderen zumuten. Du bist unschuldig.

So wie dein Herzenspartner auch. Man kann voneinander lernen. Gerade Beziehungen, die Bindungsängste thematisieren, eignen sich sehr gut dazu, diese schmerzhaften frühen Erfahrungen endgültig zu heilen.

Verzeihe dir deine Gefühle

Marshall Rosenberg, der Begründer der gewaltfreien Kommunikation, sagte einst: „Hinter jedem unangenehmen Gefühl steht ein aktuell unerfülltes Bedürfnis“.[XXV] *Needy* zu sein, wie es die englische Sprache unserer Gesellschaft so schön eintrichterte, sei aber ein Problem. Dabei ist es kein Verbrechen, sondern höchst menschlich, bedürftig zu sein (übersetzt: Bedürfnisse zu haben). Es ist normal, dass es schmerzt, wenn diese Bedürfnisse unbeantwortet und unerfüllt bleiben. Sie zu verdrängen oder uns dafür zu tadeln, bewirkt nur, dass sie noch mehr an die Oberfläche kommen.

Die meisten psychologischen Auswüchse können nur entstehen, weil wir unsere Bedürfnisse und Gefühle darüber verdrängen. Da es keine Pille und kein Mittelchen gegen Traurigkeit, Angst oder Einsamkeit gibt, kann man nur eines versuchen: Akzeptiere, dass du dich nach Kontakt und Anerkennung sehnst, dass du dich beizeiten abgelehnt fühlst und dir dein Verstand einredet, dass das eine Bedeutung und einen Grund hätte. Verzeihe dir deine Gefühle, und vor allem: Erlaube sie dir. Diese Fragen können dich dabei unterstützen:

Was brauchst du, um dich angenommen zu fühlen?

Brauchst du bestimmte Menschen oder nur *irgendwen*?

Warum (Grund aus der Vergangenheit) und wozu (Nutzen für die Zukunft) ist das so?

Brauchst du die Gefühle anderer, um dich wohlzufühlen? Wie sind deine eigenen Gefühle für die ersehnten Menschen?

Wie sind deine Gefühle für dich und deine Situation?

Was würdest du dir selbst - an meiner Stelle - raten?

Wer bist du ohne andere Menschen oder ohne den einen ersehnten Menschen?

Die Antworten darauf können dir helfen, die wahren Gründe für dein Denken aufzudecken. Schaue dann, was es mit dir macht, wenn du die Gefühle und Bedürfnisse einfach so stehen lässt: ohne Bewertungen, ohne zusätzliche Gedanken oder Grübeleien, ohne

Zielplanungen. Meist fühlen wir dann die unerwünschte Hilflosigkeit oder gar Einsamkeit, gefolgt von Angst und Traurigkeit. Doch Weinen ist heilsam. Deine Gefühle wollen ausgedrückt und liebevoll gesehen werden.

Erkenne, dass du bekommst, was du bekommen willst

Zu einer Zeit, in der es mir partnerschaftlich sehr schlecht ging, fand ich ein Buch mit dem Titel „Jeder bekommt den Partner, den er verdient - ob er will oder nicht" von Hermann Meyer. Ich war schockiert über seine Aussagen und konnte nicht glauben, was der Autor als Argumente lieferte. Sollte ich wirklich daran „schuld" sein, dass es mit diesem Partner so schlecht lief? War meine Partnerwahl unbewusst? Hatte ich mir absichtlich einen Menschen ausgesucht, der liederlich mit mir umging? Ja. Ich wollte den. Ich ignorierte alle Anzeichen und bin mir heute sicher, dass das pure Absicht meines Unterbewusstseins war und vor allem eine Erkenntnis, die ich erlangen wollte. Aber bis zum Schluss - wie Annette Zinkant polarisierend in ihrem Buch „Mr. Unentschieden" schreibt - glaubte ich felsenfest, dass es eines Tages die wunderbarste Beziehung meines Lebens würde, mit niedlichen Kindern und Glück und Haus und Hund und Hof, am Rande einer Gänseblümchenwiese. Heute weiß ich es besser.

Ganz oft erhalten wir, was wir geben, und bekommen das, was wir glauben, „verdient" zu haben, weil es den momentanen Möglichkeiten unseres Selbst im vollen Umfang entspricht (ob bewusst oder unbewusst). Ich begann damals, mir (wirksam und erfolgreich) zu sagen:

Jetzt ist gut so, wie es ist.

Jetzt habe ich alles, was ich brauche.
Jetzt genügt mir vollkommen.

Glaubst du, so wie ich vor vielen Jahren, du müsstest richtig viel leisten, um dir im wahrsten Sinne des Wortes *Liebe zu verdienen*? Sicher würdest du, wenn wir befreundet wären, nur den Kopf schütteln und mir ins Gewissen reden, oder? Dasselbe kannst du auch bei dir tun, wenn du ähnliche Gedanken haben solltest, so wie ich früher. Einige Fragen, die mir halfen, möchte ich dir weitergeben:

Wer bist du als Partnerin?

Was glaubst du, verdient zu haben?

Was ist das Schlimmste, das dir je suggeriert wurde, und was hast du in dem Moment gedacht und folglich getan?

Noch mehr gegeben, geschwiegen, versucht, gelitten, dich gerechtfertigt, argumentiert?

Falls ja, scheinst du zu glauben, dieses Verhalten und so einen Partner verdient zu haben. Oder bist du kopfschüttelnd gegangen und hast jemanden gefunden, der dich besser behandelt und dich so akzeptiert, wie du bist?

Das lässt sich auch auf andere Lebensbereiche anwenden: auf den Job, das Leben an sich, die Familie, die Bildung, Freunde. Wie Henry Ford einst zu sagen pflegte: „Ob du glaubst, du schaffst es oder du schaffst es nicht: Du wirst immer Recht behalten“. Die Energie folgt der Aufmerksamkeit und wie im Inneren, so im Außen.

Was meinen damaligen Partner anging, war es genauso: Ich dachte, ich müsste mir Liebe verdienen. Es ging gar nicht um ihn. Es ging um meine Einstellung, um meinen Wert, den ich zum damaligen Zeitpunkt so gering gefühlt hatte. Ich war einsam und traurig, hatte Selbstzweifel, kaum eigene Orientierung und Ziele. Und da war er: mein Gegenstück, mit genau denselben Gefühlen für mich (und sich), nur schlimmer. Ich habe jahrelang versucht, ihm klarzumachen, wie liebenswert er ist und dass er sich nicht zu verstecken braucht, er sich nichts verdienen muss, weil er trotz aller Schwächen gut ist, wie er ist, und ich ihn so liebe, wie er ist. Erst zwei Jahre später verstand ich, dass *ich* das lernen musste und es mir selbst einbläute, anstatt ihn zu überzeugen. Es war an der Zeit, dass ich wesentliche Lektionen im Sinne von Fähigkeiten erlerne. Mein damaliger Partner war die übertriebene Variante dessen, was ich ebenso noch nicht konnte: Selbstliebe, Vertrauen, offene und ehrliche Kommunikation, Durchsetzungsvermögen, Konsequenz, Authentizität u. v. m.

Hermann Meyer[xxvi] postuliert in seinem Buch genau das: Wir ziehen an, was wir noch nicht können, aber lernen wollen. Bevor wir das nicht gelernt haben, uns nicht einverleibt haben, zum Beispiel Bedürfnisse auszudrücken und uns bei Ignoranz oder Distanz anderer abzuwenden, werden wir keine Besserung in unserem Leben feststellen. Stattdessen finden wir Menschen, die uns unsere Unfähigkeiten und wie wir mit ihnen umgehen, zeigen.

Nimm deinen Schatten und geh

Oft, wenn wir abgelehnt werden, finden wir uns in der Mecker-Opfer-Position wieder und denken oder sagen Sätze wie: „Wie konntest du mich nur so verletzen?“, „Wieso hast du das gemacht?“, „Ich hätte nie... Ich würde nie... Ich habe nie...“, „Jahrelang habe ich dieses und jenes gemacht und so dankst du mir?“, „Ich habe dich geliebt und du?“. Dasselbe geschieht uns auch in anderen Lebenslagen: Wenn uns der Job gekündigt wird, wir mit Freunden Missverständnisse haben oder Streit mit jemandem. Wir wollen nicht schuldig sein und daher geben wir viel Pflicht und Verantwortung ab, um uns zu entlasten. Vor allem aber wollen wir nicht den Gedanken aufkommen lassen, dass wir „falsch“ seien.

Dieses Verhalten ist bedauerlicherweise zweischneidig. Auf der einen Seite übertragen wir die Verantwortung auf jemand anderen und lenken von unserer Eigenverantwortung und Teilhabe ab. Wir schieben es auf eine zweite Person, die dann im Zugzwang ist, falls sie sich nicht eigens befreit und nein sagt. Zu echten Kompromissen kann es so aber nicht kommen, im Gegenteil. Man baut Fronten auf.

Auf der anderen Seite: Sollen die Anschuldigungen, Vorwürfe, emotionalen Erpressungen, die beim anderen Schuld und Selbstzweifel auslösen, bei demjenigen bewirken, es sich anders zu überlegen, dich ernster zu nehmen und zu lieben? Eines habe ich, so qualvoll und schwer es auch war, gelernt: Wenn du dir jemanden oder etwas erkämpfst, kann es passieren, dass du jedes einzelne Mal wieder kämpfen musst, jeden Morgen, jeden Abend, solange, bis du eines morgens auf dem

Weg zur Arbeit, während du dich in Sicherheit wähnst, verlierst. Ohne es zu merken.

Manchmal ist es besser, besonders in der Liebe, sich hinzustellen und seine eigene Verantwortung und Teilhabe an einer Situation zu sehen. Lieber gesteht man sich seine Mitwirkung ein, als darauf zu vertrauen, dass jemand anderes die volle Last trägt. Oft kann ein Partner das auch gar nicht. Außerhalb der Beziehung gibt es genug weitere Baustellen, für die ihm die Verantwortung übergeben wurde oder die er freiwillig übernommen hat. Wenn er schon unter den Pflichten für die Gefühlslage anderer Menschen in seiner Beziehung zusammenbricht, wird er es auch in eurer Beziehung. Es ist hilfreicher und gesünder für eure Verbindung, wenn die „Schuld" geteilt bleibt.

Wenn wir uns einsam fühlen oder Angst davor haben, allein zu sein, machen wir es ähnlich: Entweder wir sagen, dass die anderen Menschen schuld und verantwortlich seien und übergeben ihnen eine Last, die sie allein nicht tragen können. Oder aber wir ent-*schuld*-igen ihre Verantwortungslosigkeit und übernehmen sie völlig. In meinen Augen sind beide Wege schwierig zu gehen.

Wenn deine Liebesgefühle durch Einsamkeit oder Zeiten allein so einengend werden, dass sie dir die Luft zum Atmen nehmen, erinnere dich an deine Eigenverantwortung. Alles, was Bestand haben soll, muss ein Gleichgewicht aus Geben und Nehmen sein. Alles andere wäre auf Dauer zu schmerzhaft für dich. Du ignorierst dabei vor allem die vielen Möglichkeiten deines Handelns - für dich. So hilflos und wehrlos kann man sich nur wie ein Opfer fühlen. Aber du bist kein Opfer. Außer dein eigenes.

Wer bist du ohne den Anderen?

Stuart Wilde sagte einst: „Alles, was Sie um sich sehen, ist ein klarer Traum, den Sie für kurze Zeit durchleben, um Ihr Verstehen zu steigern. Was alles so aufregend macht, ist, dass Sie lernen können, diesen Traum zu Ihren Gunsten zu verändern".

Leider betrachten wir in unserer eher haltlos erscheinenden Welt Partnerschaften als Wundermittel gegen alle persönlichen Ängste und Unsicherheiten. Dabei bergen sie das Risiko, diese nicht nur hervorzubringen, sondern auch zu fördern. Partnerinnen beziehungsängstlicher Männer tappen leicht in diese gesellschaftliche Falle, aber tragen weit mehr emotionalen Ballast mit sich herum. Immerhin idealisieren und projizieren sie viele ihrer Wünsche - und das nicht immer so realistisch, wie die Selbstwirksamkeit der Herzenspartner betrachtet werden müsste. Sie sprechen ihnen sehr viel mehr Mut und Konsequenz zu, als ihre Handlungen sagen.

Wann der Zeitpunkt gekommen ist, sich an sich und seinen Lebensplan zu erinnern, entscheidet jede/r selbst. Es ist dennoch bedeutend, dass du dich kennenlernst und dein Leben erforschst, dir die Fülle ansiehst, die es gibt, oder aber sie selbst kreierst. Ich hoffe, es ist verständlich geworden, dass all das leer bliebe, was auch jetzt leer ist, und dass nichts Wunder bewirken wird, wenn du sie nicht erlaubst und anschiebst. Niemand wird vor deiner Tür stehen und dir Liebe anbieten. Der Wille, dein Leben selbst in die Hand zu nehmen und entdecken zu wollen, es nach den eigenen Wünschen zu formen, muss da sein. Ob mit oder ohne Partner: Du bist jemand. Finde dich in dir. Erkenne deinen Lebensplan. Erkenne deine Träume. Wage den Blick auf dich, auch wenn du im ersten Moment viele Leerstellen siehst. Du kannst sie füllen und mit wunderbaren neuen Menschen oder mit

Leidenschaften besetzen. Du wirst feststellen, dass die illusionistische Bedeutung (d)eines Partners mit der Zeit verblassen wird. An ihre Stelle wirst du rücken.

Stelle dir die Frage, wer du bist, ohne deinen Herzenspartner. Traue dich, auf deine inneren Antworten zu hören und sie wirken zu lassen. Und falls sie unangenehm sein sollten, atme und lass sie da sein. Es ist nicht selten genau dieselbe Stimme, die dich in einer destruktiven Beziehung hält - aus Angst. Doch Angst ist und bleibt eine Entscheidung. Nur Furcht als Urgefühl ist uns eingebrannt. Nur die Angst zu fallen oder die vor lauten Geräuschen ist angeboren. Jede andere Angst aber kommt erst, wenn wir eine Frage durch unser Entscheidungszentrum laufen ließen und uns gegen das Handeln und Lösen entscheiden. Das bedeutet: Wenn du dich gegen deine Wirksamkeit entscheidest, entscheidest du dich für Angst - und damit auch immer gegen ein Stück in dir selbst, was sich mehr vom Leben und der Liebe wünscht, als du aktuell erfährst.

„So, wie ich bin, bin ich nicht okay!“

In all meinen Büchern spreche ich gern über die Transaktionsanalyse (kurz TA), entwickelt von Eric Berne. Sie befasst sich mit menschlichen Gedankenmustern und wie das, was wir klugerweise als Kinder lernten, glaubten und taten, von uns als unbewusste Entscheidung ins Erwachsenenleben hineingetragen wird - und dort allerhand Probleme macht. Gemeint sind Glaubenssätze, zum Beispiel nicht genug zu sein, nicht wichtig, intelligent, liebenswert oder fähig genug. Ein weit verbreiteter Glaubenssatz ist der: „So, wie ich bin, bin ich nicht okay.“

Viele Coaches und andere Experten denken, dass Glaubenssatzarbeit allein ausreichen würde, um

Selbstachtung und Selbstvertrauen zu säen. Doch für eine effektive und nachhaltige Wirkung muss man nicht an den Sätzen, sondern an dem verborgenen Plan dahinter arbeiten. Denn mit den Sätzen fing es nicht an und hört es nicht auf. Sie zu verändern, greift nur oberflächlich. Der Gedanke, nicht genug zu sein, wird nur selten oder äußerst oberflächlich und kurzzeitig weggewischt. Die TA betrachtet deshalb ein unbewusstes Lebensskript des Menschen und markiert diesen Lebensplan mit bekannten Skriptglaubenssätzen. Dahinter verbergen sich auch Skriptentscheidungen, innere Antreiber, denen wir folgen (Ändere dich! Lass nicht zu, dass... Sei perfekt! Jetzt hab' dich nicht so! Greif an! Sei still!) sowie unsere Bedürfnisse, die wir früher hatten und noch heute haben. „Das Grundgefühl, nicht genügend akzeptiert zu sein bzw. nur dann gemocht zu werden, wenn man anders wäre, das heißt, bestimmte Bedingungen erfüllt, unterliegt diesem Lebensplan", schreibt Almut Schmale-Riedel. Weil wir dazugehören wollen, verlieren wir uns im Gedanken, durch angepasstes Verhalten gewollt und geliebt zu werden. Deshalb leiden Männer und Frauen lieber unter negativen Beziehungen, statt sich vom Partner zu trennen oder bleiben in einem Job, in dem sie sich zermürben müssen. Wie ich bereits schrieb, ist es für manchen leichter, lieber sehr wenig Liebe zu erfahren oder aber gar negative Gefühlsausdrücke, als keine Form der Zuwendung. Deshalb harren sie lieber in ihrer schmerzhaften oder einseitigen Beziehung aus, als einen Neubeginn zu entscheiden - weil sie sich an ihren Zukunftsplan erinnern.

Früher akzeptierten wir das Fremde, weil wir es mussten, unsere Eltern nicht enttäuschen und ihren Anforderungen gerecht werden wollten. Das erzeugte Druck und nährte das Gefühl, dass unsere eigenen Wünsche und Interessen mit den Erwartungen anderer aneinandergeraten könnten oder würden. Alle Kinder machen aufgrund ihrer Abhängigkeit den „Fehler", ihre Bezugspersonen wichtiger zu nehmen als sich. Das hält mitunter ein Leben lang an, wenn wir es als Erwachsene nicht selbst korrigieren. Kinder wie Erwachsene müssen in ihrem Selbstwert und ihrer Selbstständigkeit gefördert werden statt im „Das hast du gut gemacht, das hast du schlecht gemacht"-Schwarzweißdenken. Sie werten sich sonst im weiteren Leben ab (oder lassen sich abwerten), wenn sie fremde Ansprüche einmal nicht erfüllen können oder wollen.

Nicht nur streng erzogene, sondern auch überbehütete Kinder, denen kaum Grenzen aufgezeigt wurden, lassen sich durch Kritik schnell einschüchtern. Ich wuchs selbst so auf. In der Tat war meine Frustrationstoleranz lange sehr gering, weil mich meine Mutter sehr antiautoritär erzogen hatte. Wen wundert es, dass ich bei kleinsten Signalen der Ablehnung sofort meinen Selbstwert neu definieren wollte oder meinte, mich verstellen zu müssen, um nicht aus dem offiziellen Rahmen herauszufallen? Zu sich selbst bedingungslos zu stehen, will gelernt werden. Ein kleines Stück Arbeit, das sich ordentlich lohnt.

Die Angst, nicht genug zu sein, bringt besonders Probleme im Job (Leistung bis zur Erschöpfung, unkollegiales Verhalten aus eigener Angst) und in einer Beziehung (starke Eifersucht durch angsterfüllte Vergleiche, übermäßiges Geben und Klammern bis hin zu Angst vor Nähe-Distanz und Liebe im Allgemeinen). Wenn wir unseren Wert nicht kennen und schätzen, stellen wir ihn entsprechend oft infrage. Das verleitet dazu, dass wir uns nicht gern zeigen, so, wie wir sind, uns nicht zu freuen trauen, wenig bis gar nichts annehmen können, meinen, immer erst leisten zu müssen - als müssten wir uns Liebe und Anerkennung verdienen. Es sind Ersatzgefühle, die wir entweder von unseren Eltern übernahmen (Eltern-Ich) oder aber als Kind selbst entwickelten (Kind-Ich). Wir wollen uns vielleicht noch perfekter machen oder schauspielern uns durchs Leben, überfordern uns und ignorieren unsere Grenzen, „in der Annahme, dann o. k. zu sein, weil wir dann nicht mehr angreifbar sind“, so Schmale-Riedel.

Unsere verborgenen Skriptglaubenssätze und Skriptentscheidungen sind zum Beispiel:

- Ich bin nicht normal. Mit mir stimmt etwas nicht. Ich bin hässlich. Es ist besser, wenn ich mich nicht zeige, so, wie ich bin. Besser ich verstecke mich.
- Ich bin etwas Besonderes, aber keiner merkt es.
- Liebe und Zuwendung sollen einfach nicht sein.
- Keiner darf merken, wie ich wirklich bin und was ich eigentlich möchte.
- Ich darf nicht zu viel wollen.
- Ich darf nur leisten, aber nichts und niemanden beanspruchen.
- Ich bin, was andere sagen, was ich sei.
- Ich bin allein und muss mir selbst Trost spenden.
- Ich muss mich anstrengen, um geliebt/anerkannt zu werden.
- Am besten ich tue, was mir andere sagen. Ich weiß es selbst nicht besser.
- Am besten ist es, wenn ich perfekt bin. Dann kann auch keiner meckern.
- Ich darf keine Probleme machen.
- Nur wenn ich richtig dränge und nerve, bekomme ich die Zuwendung, die ich erhalten möchte.

Kinder, die mit diesen oder ähnlichen Skriptentscheidungen aufwuchsen, hätten sich oft von ihren Eltern (und späteren Ersatzpersonen im Erwachsenenleben) gewünscht, dass sie in den Arm genommen werden, ihre vermeintlichen Schwächen zeigen dürfen und in ihrer Traurigkeit nicht allein bleiben müssen. Sie hätten sich bedingungslose Liebe, Zeit,

Zuwendung, Annahme, Freude, Zuspruch, Trost und Aufmunterung gewünscht - Sätze wie „Du bist hübsch" oder „Ich bin stolz auf dich". Sie scheuen im späteren Leben Vergleiche, weil sie innerlich schlechter abschneiden, unbewusst aber ziehen sie die Vergleiche zu Personen. Sie wollen tief in ihrem Inneren als einzigartig wahrgenommen werden - so wie alle Menschen einzigartig sind und etwas Schönes in sich tragen. Frauen und Männern, denen es so geht, schlagen sich stattdessen mit der Angst herum, in ihrem wahren Ich entdeckt zu werden und sich zu schämen, weil sie angeblich doch nicht genug seien. Es ist die Angst davor, minderwertig zu sein und nicht auszureichen. Es droht Verlust, man würde nicht mehr dazugehören, ausgeschlossen werden oder erneut zu wenig erhalten. Meistens handelt es sich aber um eingebildete Mängel und Fehler, so Schmale-Riedel.

Vereinfacht gesagt, dürfen Frauen mit diesem Skriptmuster lernen, dass sie genügen und okay sind, so, wie sie sind, auch wenn ihr Herzenspartner keine Beziehung mit ihnen möchte oder seine Angst eine sehr große Hürde ist. Bewertungen durch dich selbst sowie Interpretationen durch andere zu erkennen und die Auswirkungen auf dich zu sehen, hilft bereits als Impuls zur Kampfansage. Übungen, die das Selbstvertrauen stärken, wie das bewusste Erinnern an Situationen, in denen du so, wie du bist, Erfolg hattest, können dabei helfen. Denn alles hat seinen Nutzen. Auch eine vermeintlich schlechte Eigenschaft kann in anderen Situationen gut sein oder in der jetzigen Situation einen sehr sinnvollen Zweck verfolgen. Jede schlechte Eigenschaft birgt eine positive Seite, eben nur in einer anderen Situation.

Im Wesentlichen aber hilft es, wenn wir unterscheiden lernen: zwischen dem, was das Kind-Ich (unser inneres Kind) denkt, und dem, was unser heutiges Erwachsenen-

Ich, das neutral ist, weiß. Es besitzt die Sicherheit, dass niemand perfekt ist, dass wir alle einmal Fehler machen oder „uns daneben benehmen". Es gibt neben diesen beiden Ich-Zuständen noch das lauernde Eltern-Ich, das mit Kritik bewaffnet ist oder die Dinge so klären möchte, wie man es von seinen eigenen Bezugspersonen lernte (oder es sich wünschte). Es kann helfen, sich mehr auf das Erwachsenen-Ich zu konzentrieren, wenn du dich dabei ertappst, dich klein zu fühlen oder aus Angst zu verstecken bzw. verstecken lässt.

Sich verstecken zu lassen zeigt, dass man sich selbst nicht so wichtig nimmt. Viele haben in ihrer Vergangenheit gelernt, dass andere sie nicht gleich wichtig genommen haben. Entsprechend begleitet sie bis ins Erwachsenenalter die Gewissheit, dass andere sie ohnehin vernachlässigen - und sie selbst machen es ebenso. Frauen, die meinen, ihre Bedürfnisse würden nichts zählen und im stillem Bewusstsein jederzeit bereit sind, fremde Ansprüche zu erfüllen, ohne sie zu prüfen, leben un/bewusst diesen Glaubenssatz. Auch, dass andere grundsätzlich an erster Stelle kommen und du dich um deren Zufriedenheit bemühen müsstest, ist oft im Kopf verankert. In den wenigsten Fällen versuchen sie, aufzufallen, da sie gelernt haben, im Hintergrund und im Schatten fremder Bedürfnisse zu stehen.
Die folgende Übung befasst sich näher mit dem Glaubenssatz „Ich bin nicht so wichtig":

Übung: So wichtig bin ich

Was empfindest du, wenn du die folgenden Sätze liest:

Ich bin weniger wichtig als andere.
Es macht anderen Probleme, wenn ich glücklich bin.

Meine Bedürfnisse sind weniger wichtig als die meines Herzenspartners.
Meinem Herzenspartner geht es schlechter als mir. Ich muss mich darum kümmern, dass es ihm gutgeht.

Diese Sätze spiegeln den Glaubenssatz wider, dass du weniger wichtiger seiest. Sollten diese Sätze nichts bei dir ausgelöst haben, versuche die folgenden:

Etwas kann nicht mit mir stimmen, wenn mein Herzenspartner mich nicht als Beziehung auswählt.
Ich bin anders und sehr wertvoll, aber mein Herzenspartner merkt es nicht oder will es ignorieren.
Es würde meinem Herzenspartner viele Probleme bereiten, wenn unsere Liebe öffentlich würde. Am besten bleibe ich geheim.
Niemanden interessiert es, wie ich mich fühle.
Zeit und Liebe, Nähe und Beziehung stehen mir nicht zu.
Wenn ich still bleibe, mag er mich lieber. Ich darf nicht böse auf ihn sein. Das zerbricht unsere Beziehung. Dann bin ich nicht mehr in Beziehung. (Ich fühle mich nur wohl, wenn ich in Beziehung mit jemandem bin.)
Diese Sätze stammen aus den Glaubensmustern, die einem suggerieren, dass man so, wie man ist, nicht in Ordnung sei. Sollten auch diese nichts in dir ausgelöst haben, stelle ich beide im Folgenden erneut um und formuliere sie als Anklagen, die du eventuell mit dir herumträgst, aussprichst oder aussprechen möchtest:

Ich bin nicht so wichtig:

Nie kümmerst du dich um mich.
Nie bist du für mich da.
Nie hast du Zeit für mich.
Immer gehst du nach zwei Stunden.
Du denkst immer nur an dich.

Du hast alles. Ich habe nichts.
Deine Familie/Deine Angst ist mir egal. Ich bin wichtiger.
Dir geht's doch nur um Sex.
Du liebst mich nicht.
Wenn du mich lieben würdest, dann...
Du nutzt mich nur aus.
Völlig egal, was ich tue: Es wird nie reichen.
Wieso hast du nicht gleich gesagt, dass du keine Beziehung willst?
Und was ich mir wünsche, spielt keine Rolle, oder was?

Ich bin nicht okay, so, wie ich bin:

Ich wusste, dass du dich gegen mich entscheiden würdest.
Ich weiß, dass ich nicht so attraktiv/sexy/, erfolgreich/gutverdienend bin.
Du hältst mich hin.
Du lügst doch (nur noch).
Du interessierst dich doch gar nicht für meine Gefühle (oder für mich).
Du liebst mich nicht.
Wenn du mich lieben würdest, ...
Was stimmt nicht mit mir, dass du mich nicht für eine Beziehung willst?
Ich bin ein sehr liebenswerter Mensch, auch wenn du das nicht sehen willst.
Ich bin besser für dich als andere.
Ich darf da sein.
Ich habe Liebe verdient.

Diese und ähnliche Sätze habe ich von meinen GesprächspartnerInnen gehört. Sie zeigen, dass sie ihre Glaubensmuster bewältigen wollen und in ihrem Herzenspartner einen guten Richter und Gegenspieler gefunden haben, an dem sie sich reiben und emanzipieren können.

Wir suchen uns immer Menschen, an denen wir wachsen können, gleich, welche Hintergründe es hat. Oft sind es solche Personen, die das, was wir uns so sehr ersehnen, ablehnen oder uns gar absprechen. Sie sind wie Schwellenhüter, die uns testen und mit konfrontativer Arbeit unterstützen wollen. Für viele zeigt sich der verborgene Schmerz erst in der Liebe oder der Abwesenheit dieser. Und die meisten Menschen lernen besser aus ihren Fehlern, nehmen sie eher wahr als Erfolge und überwinden ihre Ängste erst in Krisensituationen. Wir brauchen Weiterentwicklung.

Alle Barrieren aus der Vergangenheit könnten das Gehirn nicht aufhalten, das unbewusst Blockierende auflösen zu wollen. Wenn das Gehirn meinen würde, dass wir es nicht aushalten oder es uns körperlich und psychisch Schaden zufügen würde, gäbe es keine Diskrepanzen oder wir würden sie nicht bemerken. Nur wozu es bereit ist, wozu unser Herz und unsere Seele endlich lauthals Ja (bzw. Nein) schreien will, triggert uns, motiviert uns, macht uns wütend oder verleiht Kräfte, die wir vorher nicht an uns gesehen hatten. In jedem Menschen ruht diese unermessliche Kampfeslust, endlich ablegen zu können, was uns Hinderliches eingetrichtert wurde. Nutze sie.

Umkehrende Glaubenssätze können zu mehr innerer Ruhe, Selbstvertrauen, Selbstachtung und Seelenfrieden führen:

So, wie ich bin, bin ich in Ordnung.
Ich bin liebenswert, genauso wie andere.
Ich bin genauso wichtig wie andere.
Ich darf Fehler machen.
Ich bin stolz auf mich.

Ich darf mich mit allen Stärken und auch Schwächen zeigen.
Ich werde trotz meiner Schwächen geliebt.
Ich liebe mich trotz meiner Schwächen.
Keiner ist perfekt. Ich muss es auch nicht sein.
So, wie ich bin, bin ich genug.
Ich darf wollen.
Ich darf anderen meine Gefühle zumuten.
Ich darf Forderungen stellen.
Auch andere müssen meinen Ansprüchen genügen.
Ich habe genug geleistet.
Ich bin es wert.
Ich bin wertvoll.
Ich habe Liebe und eine Beziehung verdient.
Ich kann eine gute Partnerin sein.
Ich kann jederzeit an mir arbeiten.

Welche von denen räsonieren am meisten mit dir? Schreibe sie dir auf und grabe dort etwas tiefer:

Es ist nützlich für dich und zukünftige Verhaltens-, Gefühls- und Denkmuster, wenn du dich so gut wie möglich kennenlernst und weißt, wo deine Trigger liegen und wie sie ausgelöst werden. Nur so kannst du an ihnen arbeiten und mit deiner inneren Stimme, dem Kritiker, dem Persönlichkeitsanteil in die Diskussion gehen. Nur so kannst du diese Stimme beruhigen und zum Schweigen bringen. Mit den negativen Glaubenssätzen können sich noch zahlreiche andere verbinden, zum Beispiel diese:

Ich darf keinen Erfolg (in der Liebe, im Leben) haben.
Ich darf mich nicht freuen.

Ich darf keine Liebe und Nähe haben.
Ich darf nicht hier sein.
Ich bin schuld daran.
Ich muss durchhalten.
Ein schönes Leben ist mir nicht gegönnt.
Keiner darf merken, wie es mir wirklich geht.
Ich kann sowieso nichts ändern.

Für weitere Informationen zu den einzelnen Glaubenssätzen und Anregungen zur Glaubenssatzarbeit empfehle ich Almut Schmale-Riedels Buch „Der unbewusste Lebensplan“ (2016). Die Materie wird dadurch komplexer, aber es lohnt sich, sie anzusehen und ihre Herkunft zu identifizieren. Hat man diese Arbeit für sich geleistet, fällt es leichter, in schweren Situationen zu erkennen, welcher Glaubenssatz wirkt.

Im Spiegel der Verzweiflung

„Kinder, die man nicht liebt,
werden Erwachsene, die nicht lieben."

Pearl S. Buck

Vielleicht kennst du das verzweifelte Gefühl, wenn man nicht zurück geliebt wird. Es fühlt sich grausam an, zu denken, dass es an einem selbst läge. Je stärker man versucht, von seiner Liebenswürdigkeit zu überzeugen und sich in Liebesbeweisen verliert, desto schlimmer wird das Gefühl der Leere. Zwischendurch verliert man selbst den Blick für das Normale. Alles dreht sich nur noch darum, den Anderen zum Lieben, Teilen und zur Bindung zu bewegen. Am Ende des Kreislaufes steht ein schwarzes Nichts. Als hätte man versagt und wäre es nicht wert, schreit es einem entgegen: „Du bist ungewollt und nicht gut genug!"

Besonders Männer mit einer intensiven Angst vor Nähe fühlen diese Verzweiflung bei anderen außerordentlich stark. Sie können sehen und spüren, dass ihr Gegenüber kämpft und sich abmüht, selbst wenn man schweigt und still leidet. Ich habe im Laufe meiner Tätigkeit viele Menschen kennenlernt, die dieses Gefühl als widerlich, ekelhaft, angsteinflößend und fremdschämend empfanden. Sie sahen es nicht als Liebesbeweis, nicht als Geste, nicht als Einsatz aus Liebe. Für sie war es schlicht abstoßend.

Sie zogen sich daraufhin zurück, weil ihnen das Gefühl zu nah kam. Sie wollten es weder bei sich spüren noch bei anderen. So sehr gewollt zu werden, erschien vielen unglaubwürdig, manipulativ und verzweifelt. Sie berichteten mir, dass sie bei „so einer" Frau das Gefühl hätten, sie würde sie nur *irgendjemanden* wollen. Nicht aber sie. Irgendjemanden zu wollen, um gewollt zu sein, irgendjemanden zu lieben, um geliebt zu werden und mit irgendwen Kontakt zu haben, schreiben und sprechen zu können, um im Kontakt zu sein. Nicht aber wegen ihnen. Als ginge es ihnen darum, nicht das Gefühl des Getrenntseins zu spüren, als wäre der Mann das richtige Mittel der Wahl, um ihren Zweck zu erfüllen. Das wiederum ging oft einher mit der Angst, nur für die Bedürfnisse der Frau da sein zu müssen, sich zurückstellen und ihr Leben opfern zu müssen - damit jemand anders in Beziehung sein konnte - und glücklich wäre. Sie verbanden es mit Mangel und mit Heuchelei, beschrieben es als „unwahre Liebe". Sie würden spüren, wenn sie jemand wirklich lieben würde. Zum Beispiel wäre ihr gewünschter Freiraum keine Herausforderung, es gäbe kein Klammern und sie müssten sich nicht rechtfertigen. Sie würden alles aus freien Stücken machen und geben: Trost, Zweisamkeit, Urlaube, Zusammenziehen, Familie.

Da aber viele der Männer bereits gelernt hatten, dass sie wegen des Gefühls der Manipulation keine Beziehung wollten, sagten sie lieber bereits beim ersten Anzeichen der Verzweiflung der Frau rigoros Nein. Einige waren sich ihrer vorschnellen Entschlüsse zum Glück bewusst. Andere nicht. Dass ihre Angst den Kampf und die Verzweiflung der Frau mit ausgelöst hatte, konnten sie bedingt nachvollziehen. Aber dass sie wirklich geliebt würden, glaubten die meisten nicht. Das Gefühl, manipuliert zu werden, ließ manchen sogar wütend und ablehnend reagieren. Sie „straften" die Frau teils mit noch mehr Distanz, Verachtung und Gleichgültigkeit.

Viele mit Angst vor Nähe sind höchst selbstverantwortlich und eigenständig, weshalb sie ein freies Leben und ihre Individualität schätzen und ehren. Das kann auch mit Beziehung gelingen, wissen sie. Doch der Gedanke, sich stets rechtfertigen und für das Alleinsein oder die Angst, die Traurigkeit, die vermeintliche Schuld der Frau verantwortlich gemacht zu werden, widerstrebt vielen. Nicht nur bindungsängstlichen Menschen.

Die erwähnte Verzweiflung macht auch vor bindungsängstlichen Männern nicht Halt. Da sich Beziehungsangst spiegeln bzw. aktiv-passiv äußern kann, fallen ebenso viele Bindungsphobiker in ein ähnliches Verhalten. Sie handeln zum Beispiel sehr impulsiv, wenn ihre Herzensfrau keine Zeit hat (sie sie aber genau DANN, wenn sie sie brauchen, wollen). Sie identifizieren jeden noch so kleinen vermeintlichen Rückzug (wenn du deine Familie, Freunde besuchst, beruflich unterwegs bist oder einfach nur Zeit für dich brauchst). Auch wenn du eine eigene *und* andere Meinung hast als er, fasst er es als Angriff auf sein Sein auf.

Woran noch kann man diese Form der Verzweiflung merken? Untersuche einmal, frei von Schuld oder Scham, ob du die folgenden Verhaltensweisen von dir kennst (oder von deinem Herzenspartner):

- hohe Anpassung an das Sein und Denken des Herzenspartners (zum Beispiel im Lebensstil, Alltag, bei bestimmten Verhaltensweisen wie Rauchen, Alkohol, Essen, Sexualität, Morgen- und Abendrituale, Geschmäcker, Hobbys und Leidenschaften)
- Kritik, andere Meinungen, neue oder provokante Themen werden häufig vermieden *oder* geahndet bzw. enden in Streit, Rückzug und dem Gefühl, falsch zu sein
- häufige Versuche, sich zu verteidigen, stets alles recht machen, für das Glück des Anderen verantwortlich sein
- stark unter der eigenen Unzufriedenheit leiden

- Fehler im eigenen Denken und Verhalten nicht als natürlich empfinden, sondern als angstauslösend, weswegen man sie abstreitet oder verheimlicht
- Fehler des Anderes stark ahnden
- nach Streitigkeiten „zurückrudern“, Gesagtes wiederrufen oder durch extra viel Aufmerksamkeit, Zuwendung und Anerkennung wiedergutmachen wollen
- häufige Suche nach Kontakt, oft tagsüber oder in Leerzeiten über Nachrichten und Anrufe
- überstarkes Bedürfnis, stets zusammen zu sein
- keine Wahrung der eigenen Interessen und Freunde/Familie
- nicht sehr gut allein sein können, nur schwer Warten aushalten (auf Nachrichten, Treffen usw.)
- stete Beweise der Liebenswürdigkeit geben - aber auch verlangen (durch Geschenke, kleine und große Aufmerksamkeiten)
- alles über denjenigen wissen wollen (auch solche Informationen, die zum Beginn einer Beziehung als zu intim eingestuft würden)
- keine eigenen Grenzen haben und die anderer nicht wahren
- Wünsche und Fähigkeiten des Anderen ignorieren, um sich zu übervorteilen (dabei „zickig“ werden)
- Reaktion auf einzelne Aspekte mit überstarker Trauer, Schweigen, Angstgeschüre, Scham- und Schuldgehasche
- strenge Vorgaben, wie einzelne Lebensaspekte „abzulaufen haben“
- in Zeiten der Abwesenheit (Urlaube, Feiertage, Abende mit Freunden, berufliche Reisen, Krankheit) in eine Panik verfallen, es nur schwer aushalten, ohne den Anderen sein zu müssen, eventuell mit Dauerkontaktversuchen und/oder sofortigem Rückzug reagieren

- Extrem: „Terror“ machen als Zeichen der Verzweiflung und Unfähigkeit, ohne den Herzenspartner zu sein

All das darf man nicht mit Sehnsucht oder dem Wunsch nach normaler Nähe, der ersten Verliebtheit oder dem Zauber des Anfangs verwechseln. Was hier gemeint ist, ist die Wut und innere Verheerung bei solchen und ähnlichen Situationen, die nach außen zum Partner getragen wird - um sie zu teilen.

Was kannst du tun, wenn du vereinzelte Verhaltens- und Gefühlsweisen bei dir wiederfindest? Es ist wichtig zu verstehen, dass man sich und der Partnerschaft nichts Gutes tut - weder in der Gegenwart noch in der Zukunft, hält man dieses Verhalten aufrecht. Dass die Beziehung erst gar keine feste wird oder aber auf Dauer zerbrechen wird, ist wahrscheinlich. Auch in Beziehungen ist man stets ein eigener Mensch und führt neben dem Partner ein Leben, das nur einem selbst gehört. Das ist nicht nur psychisch gesund, sondern auch ratsam, weil vernünftig.

Wer zu viel Verschmelzung sucht, wird in Zeiten des Getrenntseins starke Gefühlsanwandlungen spüren, die einfach nur schmerzen. Deshalb können die Leerzeiten gut mit dem eigenen Leben gefüllt werden. Suche gezielt nach Freunden, der Familie, deinen Hobbys und Leidenschaften. Lenke dich von den Sorgen, die du dir machst, weil du ohne deinen Partner bist, ab.

Bei Angst vor Ablehnung in Fällen von Streitigkeiten oder Kritik, vermeintlich falschem Verhalten oder eventuellen Verletzungen des Partners, darfst du dich daran erinnern, dass Unterschiede auch nähren und interessant machen können. Atme und bleibe standhaft. Beziehungsängstliche orientieren sich stark an dir und deiner Charakterstärke. Sprich über deine Gefühle und vor allem Ängste. Aber bedenke immer, dass es deine Emotionen sind, nicht seine. Daher bist und bleibst du für sie verantwortlich. Gefühle sind aber keine Monster, auch wenn sie einen mitunter stark im Griff haben. Sie wollen dir dienen. Jedes Gefühl hat dabei seinen eigenen Auftrag.

Solltest du dich in Vorwürfen gegenüber deinem Herzenspartner oder gegenüber dir selbst wiederfinden, nimm die Schuld aus deinen Worten und Gedanken. Streiche sie einfach. Menschen sind Menschen und keine Maschinen. Weder du noch dein Herzenspartner sind auf der Welt, um es jedem rechtzumachen. Es geht darum, das eigene Sein zu pflegen, zu entwickeln und zu entfalten.

Vor allem darf man sich bewusstmachen, dass eine Beziehung nichts über den eigenen Wert aussagt. Weder sein Verhalten noch deines be-*wert*-et dich.

Ruhig zu bleiben, wenn dir Alleinsein schwerfällt, ist eine Kunst. Oft fühlt sich die Leere an, als würde der Himmel auf einem herabfallen. Man weiß nichts mit sich anzufangen und kann keinen klaren Gedanken fassen. Es ist normal, dass man in solchen Fällen zu Menschen greift, bei denen man sich sicher und geliebt fühlt. Aber ob dir das nun bei ihm geschieht oder bei einem anderen, sagt nichts über die Person. Es sagt etwas darüber, dass dir Alleinsein schwerfällt. Dort kannst du ansetzen. Sich in Achtsamkeit zu üben, das Hier und Jetzt zu genießen, weder an die Vergangenheit noch an die Zukunft zu denken, lässt sich trainieren. Man schaut sich dafür genau seine Gedankengänge an (Gedanke a führt zu Gedanke b führt zu Gedanke c...führt zu Gefühl x führt zu Gefühl y usw.). Aus Gedanken werden Gefühle. Allein das zu wissen, kann dir helfen, ruhig zu bleiben und dich gezielt im Unterbrechen deiner Gedanken zu üben. Übe es, solange bis du ruhig bist. Was auch immer dir gut tut, nutze es. Einige nutzen Sport, Kreatives, Hausarbeiten (Putzen scheint ein Klassiker zu sein), Musik, Filme, Freunde und Berufliches. Ziehe dir deine Energie zu den erfreulichen Seiten des Lebens. Lenke sie aber weg von Sorgen und den folgenden Interpretationen: „Er liebt mich nicht. Er will mich nicht.“ Nur so wallen schmerzhafte Gefühle wie Traurigkeit, Angst und Wut auf. Deshalb ist es oberstes Gebot, dich und deine Strukturen zu durchschauen und zu verstehen. Jeder hat seine eigenen Muster. Nicht nur dein Herzenspartner.

Eigene Grenzen zu haben und zu wahren ist daher so entscheidend. Du wirst eben immer DU bleiben - ob mit oder ohne ihn, mit oder ohne Beziehung. Wenn du alles aufgibst oder anpasst, damit ihr beide zusammen funktionieren könnt, dann bist du es auch, die das Funktionieren steuert. Das gibt dir eine Macht, die sich schnell gegen dich und die Beziehung wenden kann. In Zeiten von Schwäche könnte er sich abwenden, weil er deine Stärke gewöhnt ist. Oder in Zeiten von Krankheit würde er dich zum Zusammenreißen motivieren. Denn in diesen Fällen wirst immer du diejenige sein, die zu handeln hat, aber nicht er. Liebevolle Behandlung und Fürsorge unter Partnern ist vor allem liebevoll und fürsorglich. Eine Beziehung zieht grundsätzlich Verantwortung und Pflicht auf beiden Seiten nach sich. So angenehm es anfangs auch sein mag, dass er dir vieles überlässt (oder abnimmt), es wird der Punkt kommen, an dem du weder steuern möchtest/kannst, noch ihm das Steuern überlassen willst.

Womit wir bei der Frage wären, was du tun kannst, wenn er verzweifelte Verhaltensweisen zeigt, die dich wiederum einengen oder zum Handeln auffordern. Eigentlich gibt es hier nur wenig, was ich raten kann. Man kann andere nicht ändern. Man kann nur versuchen, mit ihnen ins Gespräch zu gehen. Entweder sie sind bereit, für die Beziehung, sich und dich zu handeln oder sie sind es nicht. Sind sie es nicht und beharren partout darauf, dass es nach ihrem Gusto geht, dann stimmt etwas nicht. Trotzverhalten mag Kindern stehen, aber erwachsene Beziehungen bestehen nun einmal aus zwei Erwachsenen. Es gibt dennoch viele Bindungsängstliche (und auch

Nicht-Bindungsängstliche), die sich eher wie ein Kind aufführen. Man erkennt sie daran, dass sie jede Beteiligung und Verantwortung an den „nicht so schönen Seiten“ einer Beziehung abwehren. Sie sind niemals verantwortlich und niemals fehlerhaft. Das ist natürlich unmenschlich. Nicht umsonst sagt man, dass Perfektion den Göttern gehöre. Aber sie streifen ihre eigene Unvollkommenheit ab, indem sie beispielweise keine Verantwortung übernehmen wollen oder indem sie dem Anderen die Schuld zuweisen. Sie streichen sich aus der Rechnung einfach heraus. Sei es in Sachen Geld, Familie, Zeitplanung oder Zweisamkeit: Sie müssen nichts, du alles. Sie dürfen alles, du wenig bis nichts.

Nicht alle Bindungsängstlichen folgen diesem Schema. Dass alle Verantwortung scheuen, ist ein weit verbreiteter Irrglaube. Ich kenne genug Menschen, die sehr bindungsfähig und frei von Beziehungsangst sind und dennoch nicht in der Lage, ihr Leben ohne das Gefühl der Zugehörigkeit zu einem Partner zu genießen und zu führen. Sind sie aus der einen Beziehung heraus, sind sie schon wieder in einer anderen. Es ist demnach nichts potenziell Ängstliches. Handelt dein Herzenspartner aber nicht für euch und dich, dann bleibt dir nur das Gespräch und/oder der eigene Rückzug.

Ich würde Gespräche jeder vorschnellen Trennung vorziehen. Doch diese müssen haltlos ehrlich und offen geführt werden. Selbst dann, wenn dein Herzenspartner patzig oder stark abwehrend reagiert, musst du standhaft bleiben - und vor allem ruhig. Wichtig ist nur, dass er bemerkt, dass du nicht schreist, nicht verzweifelst, nicht manipulierst, nicht absichtlich Schaden oder Schmerz zufügen willst. Er muss merken, dass es dir ernst ist, dass das Gespräch wichtig und bedeutend - auch für ihn - ist. Selbst dann, wenn du in Tränen ausbrechen solltest, solltest du ruhig und zuversichtlich (für dich und deine Zukunft, nicht eure) bleiben. Solche Energien sind sehr positiv für dich und er wird sie spüren. Je ernster die Energien auch für ihn werden, desto ernster wird er dich und deinen Wunsch nach einem Gespräch nehmen. Gerade bei Gegenwehr von seiner Seite spielen Erdung, Gelassenheit, Positivismus, Hoffnung, Selbstfürsorge und -liebe, Selbstverantwortung und -bewusstsein eine erhebliche Rolle. Es ist nicht zu unterschätzen, wie schnell in solchen Momenten seine anfängliche Angst, manipuliert zu werden, vergehen wird. Deshalb sollten dir die Gesprächsinhalte auch ernst sein.

Doch sehr oft wünschen wir uns einfach nur X und Y, ohne es *wirklich* zu brauchen. Es lohnt sich, bevor du in das Gespräch gehst, genau zu untersuchen, ob das, was du thematisieren möchtest, wirklich *essentiell für dich* und ihn sowie beziehungsfördernd ist - *für euch beide*. Eine Strategie besteht darin, sich gemeinsam ohne Zeitdruck und in ruhiger Atmosphäre hinzusetzen und eine Art Vertrag mit Bedingungen aufzustellen, die besprochen werden, denen zugestimmt werden kann und die ebenso abgelehnt werden dürfen. Diese Strategie findest du im Kapitel *Checkliste: Was er tun kann.*

Lieber nur eine Affäre statt gar keiner Liebe?

„Nichts macht uns feiger und gewissenloser als der Wunsch, von allen Menschen geliebt zu werden.“

Marie von Ebner-Eschenbach

Wenn sich bindungsängstliche Männer von Beziehungen fernhalten, streben sie oft Affären an, die ihnen die Freiheiten und Rückzugsmöglichkeiten geben, die einem eine Beziehung vermeintlich vorenthält. Doch Affären prinzipiell mit Bindungsangst zu verbinden, halte ich für irreführend. Auch nicht beziehungsängstliche Männer bieten Affären an und mimen eine Beziehungsangst, die in Wahrheit keine Angst, sondern reiner Wille ist. Ich erwähne das deshalb, weil nicht alle Männer, mit denen man eine Affäre haben könnte, aber keine Beziehung, zwingend Bindungsängste haben müssen. Leider wird das häufig verwechselt. Sie sind einfach nicht an einer Beziehung interessiert und haben ihre Gründe dazu. Das kann man finden, wie man möchte, auch wenn ich aus eigener Erfahrung weiß, wie schmerzhaft das ist.

Männer jedoch, die aufgrund ihrer Bindungsangst nur Affären wollen, halten sich ein Türchen offen und tasten sich ganz vorsichtig an die Sachlage Liebe und Beziehung heran. Sie erproben die Frau, das Zusammensein mit ihr und einzelne Reaktionen auf Verhaltensweisen. Gleichzeitig erlaubt ihnen eine Affäre, dass sie jederzeit aus bereits angekündigten Gründen Distanz üben dürfen, ohne, dass diese in irgendeiner Form diskutabel oder illegitim wäre, getreu dem Motto: „Wir hatten doch darüber gesprochen! Ich hatte dir doch zu Beginn gesagt, dass ich nur X möchte/Y nicht kann/Z im Moment nichts für mich ist." Es ist ihr Weg aus Diskussionen heraus und gleichzeitig, wenn die Akzeptanz auf deiner Seite da ist, auch ein schmerzfreier Weg in Hinsicht auf Trennungsangst. Solltest du deshalb auf diese Tür vertrauen? Solltest du dich fragen, ob es besser wäre, zu warten, bis er durch die Affäre oder lockere Beziehung zu etwas Festem bereit ist?

Ich hatte jahrelang eine heimliche Affäre. Es begann mit einem harmlosen Seitensprung, entwickelte sich zu einer heimlichen Affäre und endete schließlich in einer Dreiecksbeziehung, in der ich der verheimlichte Teil war. Damals dachte ich noch, dass alles gut würde. Ich glaubte, dass er sich für mich und eine Beziehung entscheiden würde. Das tat er nicht, aber mein Bedürfnis, geliebt zu werden, verzettelte sich in dieser Zeit stark mit meiner Definition von Liebe. Was in den Jahren geschah, zerrüttete mich emotional und hinterließ so tiefe Wunden, dass ich es kaum in Worte ausdrücken kann. Eine Geliebte zu sein, ohne es zu wissen, und gleichzeitig die Betrogene zu sein, lehrte mich: Affären und ungewollte Dreiecksbeziehungen haben für alle Seiten erhebliche emotionale Konsequenzen. Bindungsangst hin oder her.

Sollte dein Selbstwert ohnehin schon angegriffen sein oder solltest du an deiner Liebesfähigkeit zweifeln, kann ein falscher Schritt in Affären deinem Fass den letzten Tropfen zum Überlaufen verpassen. Ich gehe davon aus, dass du dieses Buch liest, weil du dir Liebe und eine erfüllte Beziehung wünschst. Ich weiß aus eigener Erfahrung, dass auch Affären sehr schöne Seiten haben (können) und zutiefst nah und emotional intim sein können. Aber sie haben auch eine komplizierte Seite, die je nach Empfindsamkeit gut oder weniger gut aufgenommen wird.

Ich vertrug sie gar nicht. Ich möchte dir deshalb im Folgenden zeigen, welche radikalen Konsequenzen es haben kann, eine Affäre mit einem bindungsängstlichen Mann zu haben (als Ersatz für eine Beziehung): für dein Leben, für deine Zukunft und für deine emotionale Sicherheit. Die folgenden Gedanken sind entweder bereits da (weshalb du zu einer Affäre statt gar keiner Bindung tendierst) oder werden sich durch deine Entscheidung häufen können:

- dass es Liebe nicht für dich gäbe
- dass es Nähe nicht für dich gäbe
- dass es keinen ehrlichen und liebevollen Partner für dich gäbe
- dass du dazu bestimmt seiest, allein zu bleiben
- dass du etwas Gutes und Schönes nicht verdient hättest
- dass du Betrug und Heuchelei verdient hättest.

Werte wie Vertrauen in dich und die Welt, Selbstwirksamkeit, Bedürfnisse wie Freiheit von Angst und Anerkennung werden allesamt weggewischt, für den Fall, dass dein Herzenspartner wegen seiner Angst bei einer Affäre bleibt oder sie gar irgendwann beendet. Natürlich, was auch immer geschehen wird, sagt nur etwas über den Menschen aus, der dich verletzt, während es wenig bis gar nichts über dich aussagt. Dennoch gibt dein Einverständnis dem Verlauf seine Berechtigung.

Ich habe die Strategie der Affäre selbst nie als Ausrede benutzt, aber da ich ein Buch darüber geschrieben habe, wie Affären auch als Mittel gegen die Zwänge einer Beziehung benutzt werden und wie Menschen aus ihnen wieder herausfinden, möchte ich wenigstens gern auf die Form der Hinhaltetaktik und Flucht aus Druck hinweisen.

Ich halte Affären nur dann für weniger gut, wenn wenigstens eine Partei erheblich darunter leidet und die andere sie mit vielen Lügen aus Angst vor einer

Entscheidung dennoch aufrechterhält. Auch bin ich mir der Tatsache bewusst, dass Affären eine unvergleichliche Form der Nähe und Intimität bieten, die man interessanterweise so aus vorherigen Beziehungen vielleicht gar nicht kannte. Werden aber Affären als Ersatz(befriedigung) für das Bedürfnis nach Bindung und emotionalem Halt geführt, bieten sie Falltüren, die einen harten Aufprall garantieren. Affären bieten in den wenigsten Fällen eine Konstante oder Zukunftsplansicherheit. Sie sind für den Moment bestimmt.

Wenn du als Frau diese Entscheidung triffst, dann solltest du sie treffen, weil du Obiges befürwortest. Wenn deine Absichten aber ernst und fester Natur sind, auf Beständigkeit und emotionaler Sicherheit aus sind, kannst du in einer Affäre mit deinem Herzenspartner nur leiden. In jedem Fall wird es Zeiten geben, in denen du dich nach ihm sehnst. Diese Zeiten werden weder angenehm noch fern von Kontrollverlust sein. Du wirst mit Hilflosigkeit und eigenen Ängsten, vor allem aber Selbstwertzweifeln oder Trennungsaggressionen zu tun haben. Wenn du Schwierigkeiten haben solltest, dich auszudrücken und deine emotionalen Bedürfnisse anzumelden und einzufordern, wird es dir in einer Affäre ebenso schlecht gehen. Denn diese Beziehungsform ist nicht auf die Erfüllung solcher Bedürfnisse bedacht.

Natürlich gibt es Mischformen und nicht selten werden aus anfänglichen Affären „Liebesbeziehungen", die sich anfühlen wie eine Beziehung aufgrund Liebe, aber sehr wenig mit den normalen Strukturen einer Beziehung zu tun haben. Das bedeutet, dass es keine Rechte auf Wochenenden, Abenden oder Nächten gibt. Es gibt keine Rechte auf gemeinsame Zeiten an Geburtstagen oder dem gemeinsamen Verbringen der Jahresurlaube. Eigentlich gibt es gar kein Recht auf irgendwas. Das wiederum tut Männern mit

Bindungsängsten natürlich sehr gut, besonders dann, wenn ihre Angst eine vor Nähe und Trennung ist. Sie brauchen nichts einklagen und nichts rechtfertigen und würden in jeder Auseinandersetzung ihre gewünschte und schon vermutete Bestätigung finden, dass ihre Entscheidung gegen eine Beziehung die richtig gewesen sei. Aber es ist ihre Form der Flucht und ihre Garantie der Distanz. Mehr nicht.

Du kannst leicht herausfinden, ob dein Herzenspartner für mehr gemacht ist und vor allem auch, ob du für eine anfängliche Affäre konstituiert bist, indem du dir folgende Frage stellst: *Egal, wie der Ausgang sein wird, reicht mir Liebe und Beziehung in Dosen?* Wenn die Antwort Nein ist, bist du nicht für eine Affäre gemacht. Wenn die Antwort deines Herzenspartners auf diese Frage ebenso Nein ist, dann stehen die Chancen für eine nachfolgende Beziehung gut. Das merkst du daran, ob er mit deinen Vorschlägen und Dosen („Ich habe morgen Nachmittag von 16-21 Uhr Zeit. Wollen wir uns treffen?“) einverstanden ist, ohne Zeichen von Abwehr, Ablehnung, Stimmungstief, Eifersucht und Sticheleien. Meistens kommt die Beziehung schleichend, aber nährt sich an deiner Zurückhaltung und der Gabe der Freiheiten, die die Beziehungsform Affäre mit sich bringt. Solltest du bei deinen Vorschlägen und Dosen aber Ablehnung von seiner Seite erfahren, kannst du ihn zurückholen und sagen: „Tut mir leid. Ich scheine dich neulich verletzt zu haben. Ich dachte, weil du häufig Zeitfenster vorschlägst, dass dir diese lieb wären. Wir können uns gern länger und ohne Limit treffen.“) Das beruhigt viele von uns und zeigt vor allem, dass du dich mit seinen Gefühlen beschäftigst und ihn nicht verletzen willst. Braucht dein Herzenspartner dich aber nur in Dosen und will er dich auch nur in Dosen, zu bestimmten Zeiten, wenn er es möchte und wie lange er es möchte, stehen die Chancen auf eine Beziehung schlechter.

Wieso du dein Glück nicht von anderen abhängig machen solltest

„Hinter dem Gitter
schmeckt auch der Honig bitter."

Sprichwort

Wie schön die Welt doch wäre, wenn sich jeder um sich und sein Leben kümmern könnte, völlig angstfrei in Bezug auf die Reaktionen anderer. Stattdessen warten wir auf andere, ihre Erlaubnis, ihre Gunst, ihr Handeln, ihre Zuwendung. Wir warten auf die Liebe und dass sich ein Mensch für uns entscheidet, auf den richtigen Moment in der Karriere, um zu wechseln, sich selbstständig zu machen oder nach der Gehaltserhöhung zu fragen, auf den richtigen Zeitpunkt, um in der Partnerschaft oder Familie ein missliches Thema anzusprechen, auf Freunde, dass sie sich melden, auf Geld, um uns unsere Träume zu erfüllen... Am Ende sind wir diejenigen, die sich wundern, ärgern, traurig sind, Angst bekommen oder die Schuld, sich schämen oder gar verletzt werden. Und wieso? Weil wir unsere Zufriedenheit von anderen Personen abhängig gemacht haben, statt selbst zu handeln.

Dein Herzenspartner macht, was er will, aber statt etwas zu sagen, bleibst du ruhig, obwohl du wütend bist. Du findest deinen Job langweilig oder den Chef zum Würgen, aber bleibst. Jemand sagt, er würde etwas tun, aber handelt dann anders oder gar nicht. Und du schweigst und wartest. Ein Freund hat große Probleme mit seiner Partnerschaft, aber bleibt, statt sie proaktiv zu lösen. Oder du bist dieser Mensch, aber hast Angst, dich zu trennen. Deine neue Liebe will ganz offensichtlich nur eine Affäre oder Freundschaft, aber spricht es nicht offen aus. Und du schweigst und bleibst. Oder deine Familie meint, eine bessere Lösung für dich und dein Leben zu haben, und versucht, dich davon zu überzeugen, indem sie deinen Weg ignoriert. Und du fügst dich. Jemand will es so und nicht anders und wird wütend, weil du bei deiner Meinung bleibst. Und du entscheidest dich um, weil es im Miteinander dann leichter ist: Alles das erledigt sich, wenn du dein Glück nicht von anderen abhängig machst. Immer dann, wenn wir eher schweigen und nichts tun, statt zu sprechen und zu handeln, stehen wir mit dem Rücken zur Wand. Wir haben uns und unser Leben von der Gunst und den Gefühlen anderer Menschen abhängig gemacht. Wir dürfen uns nun tagtäglich fragen, wann wohl im Außen etwas passiert, damit es uns besser geht. Wir warten weiter, statt einfach anzufangen. Denn Verlust von Liebe und Zuwendung droht heute an jeder Ecke. Mittlerweile müssten wir uns alle daran gewöhnt haben. Aber es ist und bleibt wohl einer der größten Schmerzen, die wir als Menschen ertragen lernen dürfen.

Ich glaube fest daran, dass diese Lektion die Goldgrube für einen Jeden ist. Dort liegt unser Schatz begraben. Dort müssen wir hin, um unseren Schatz zu bergen. Erst wenn wir ihn gefunden haben, können wir werden, was wir werden sollen/wollen. Jeder von uns hat diesen einen Sinn und diese eine Aufgabe, gleich, welche es ist. Am einfachsten erkennt man sie, wenn man tut, was man WIRKLICH will. Seiner Angst zu folgen, ist nicht WIRKLICH das, was Menschen wollen. Sie fürchten nur die Konsequenzen. Was sie WIRKLICH wollen, ist so angenommen und geliebt zu werden, wie sie WIRKLICH sind.

Weh tut es nur dann, wenn wir wegen unentwickelter Fähigkeiten glauben, auf externe Anerkennung angewiesen zu sein oder uns emotional oder existenziell von anderen abhängig gemacht haben. Darum ist es umso drängender, dass wir unnötige Abhängigkeiten und Verstrickungen Schritt für Schritt erkennen und auflösen. Bedauerlicherweise musst du zuerst selbst glauben, dass du viel wert bist und dich aus eigener Kraft in deine Größe erheben kannst, bevor du dich von anderen lösen kannst.

Denn hier ist das andere Extrem: Wer sich zu sehr nach den Bedürfnissen anderer richtet, andere in ihrer Lebensweise wegen Traditionen oder „weil man das halt so macht“ imitiert, den ganzen Tag lang nur tut, wie ihm befohlen oder belangt, der vernichtet seine Selbstwirksamkeit sekündlich. Was man davon *vielleicht* haben kann, sind leichte bis schwere Depressionen (gern bei Männern wegen schwindender Kräfte im leistungsfordernden Job), emotionaler Burnout (gern bei Frauen, die mehr geben müssen, als sie möchten), Bore-out (zu viel von „zu wenig“), Angstanfälle (drohende Gefahr für das eigene, zufriedene Leben und Lebenskonzept), Panikattacken (eigene Grenzen werden oder wurden lange Zeit nicht gewahrt), Selbstwertzweifel („Liegt es vielleicht gar nicht an dem Anderen, sondern nur an mir?“) oder schlichtweg ein verschwendetes Leben mit unerfüllten Träumen und einer Tasche voller negativer Gefühle, die sich unweigerlich auf die körperliche Gesundheit auswirken werden.

Wieso du dein Glück nicht von anderen abhängig machen solltest? *Weil deine Eigendrehung* für DEIN LEBEN *unverzichtbar ist.*

Ich beispielsweise sympathisiere viel und gern mit anderen Menschen, fühle mich häufig in ihre Situationen ein, spüre ihre Angst und Gedanken und helfe gern, wenn es möglich und gewollt ist. Aber ich weiß stets, dass es eben andere Menschen und *ihre* Lebensumstände sind, nicht meine eigenen. Natürlich ist man nie gänzlich unabhängig und immer auf die eine oder andere Art auf Menschen, ihre Gunst, Hilfe oder Geld angewiesen. Doch wem wir erlauben, welche unserer Grenzen zu verletzen, entscheiden wir. Wie wir anderen zuliebe unser Leben leben, entscheiden wir. Dass wir das nicht mehr wollen oder sich für gegenseitiges Glück etwas ändern muss, entscheiden wir. Alles beginnt bei uns. Es bringt nichts, auf andere zu warten oder zu hoffen, dass sie unsere Situation von allein erkennen und verbessern. Wir sind die, die den ersten Schritt gehen müssen - komme, was wolle.

Ich habe in den vergangenen Jahren gelernt, dass niemand so ist wie ich. Und niemand ist so wie du oder dein Herzenspartner. Niemand betrachtet die Welt und sein Sein genauso wie du, ich oder dein Herzenspartner. Und manche wollen keine Wachrüttler, kein Glück, keine neue Chance oder sind (noch) nicht bereit. Es gibt sogar welche, die man mit der Nase ins Glück drücken könnte und die sich trotzdem dagegen wehren würden. Sie haben ihre ganz eigenen Gründe.

Beschließe deshalb, dass du dein Glück nicht länger von anderen abhängig machst. Dazu gehören - wie immer - einige unliebsame Lektionen:

- Deine Gedanken und Bedürfnisse sind eben DEINE Gedanken und Bedürfnisse.
- Die Verantwortung für gescheiterte Träume und Projekte musst du übernehmen, statt die Schuld auf andere zu schieben.
- Du musst dir gegenüber Respekt und Akzeptanz zeigen, indem du dich zuerst gut behandelst, statt andere in ihrem Leid zuerst zu sehen.
- Du musst dir deine Grenzen setzen und wahren, statt es zuerst von anderen zu erwarten.
- Du brauchst dich nicht anhand fremder Meinungen, Lebenseinstellungen oder Handhaben zu bewerten,

vergleichen oder gar zu ändern. Das ist Verrat an dir selbst. Diese Form der Selbstsabotage gehört abgelegt.

- Du brauchst dich nicht wegen anderen neu zu interpretieren und gar zu verurteilen. Das schwächt dich.
- Du brauchst dich nicht zu verbiegen, damit dich andere mögen.
- Und es ist für deinen Weg unerheblich, wenn jemand mit dir und deiner Lebensweise nicht zurechtkommt.

Jeder interpretiert das Leben auf seine Art, legt sich als Opfer auf den Boden oder erhebt sich zum Täter. Menschen wie ich waren einst beides, bevor sie sie sich *als Mensch* kennenlernten - mit Werten, hinter denen man stehen muss - komme, was wolle. Ich sage es deshalb als Teil dieses Buches, weil das Streben nach einer Beziehung und das mit einem bindungsängstlichen Menschen - so wie alle anderen Beziehungen auch - gut oder nicht gutgehen kann. So sehr es dich als Mensch und Frau auch auszeichnet, so sehr wertschätzend und liebevoll deine Bemühungen auch sind: Die finale Entscheidung trifft dein Herzenspartner. So war deine Wahl.

Es ist deine Lebenszeit und deine Energie. Du allein entscheidest darüber, was du mit beidem anstellst oder anstellen lässt. Andere suchen genau nach diesem Weg, dieser Einstellung, aber wissen nicht, wie sie sich gegen ihre PartnerInnen, Familie oder Kollegen, Freunde usw. durchsetzen können. Sie fürchten, sie zu verletzen oder verletzt zu werden. Sie haben Angst vor Selbstverlust und Trennung - ihrer oder die anderer. Aber: Je mehr man aus Angst die Bedürfnisse anderer in sich hineinstopft, herunterschluckt oder zu befriedigen versucht, indem man sich selbst vernachlässigt, desto schwerer werden die Tage. Vielleicht macht es dich wütend, traurig und ängstlich, wenn dein Rückzug deinen Herzenspartner traurig machen würde. Vielleicht hast du Angst, dass du bei Distanz und Fokus auf dich und deinen Willen wieder alleine dastündest. Die Richtungen der Angst sind vielfältig. Aber alle laufen auf einen Kern hinaus: Du nimmst andere wichtiger als dich.

Aus den vorherigen Kapiteln hast du vielleicht gelernt, dass es dein Wohlbefinden und deine emotionale Sicherheit garantiert oder dass du glaubst, nicht genug zu sein, wenn du es deinem Herzenspartner (und anderen) nicht recht machst. Vielleicht hast du erfahren müssen, wie schroff und beizeiten unangenehm Menschen werden können, wenn sie nicht ihren Willen bekommen, weil, Achtung: sie Angst bekommen, wenn sich ihnen jemand entzieht oder ihr Lebenskonzept infrage stellt. Die Krux an solchen Situationen ist nämlich immer, dass man ein anderes, vielleicht besseres oder schlechteres Licht auf die Person zurückwirft, wenn man Nein sagt. Traut man sich, zu sich und seinen Bedürfnissen zu stehen, bleibt den Menschen meist nichts anderes mehr übrig, als

- sich zu fügen,
- solange Tamtam zu machen, bis du so viel (von ihrer) Angst intus hast, dass du dich umentscheidest (gern durch Androhungen von Trennungen, oft nur reine Bluffs)
- sich von dir WIRKLICH zu verabschieden (wozu man einige Kraft braucht, weshalb nur wenige es tun).

Die meisten - unreflektierten - Menschen geben dir noch (ihre) Schuldgefühle, (ihre) Scham und (ihre) Verantwortung dafür, dass du dein Leben nicht nach ihrem Konzept und ihren Werten leben möchtest. Sie verstehen nicht, dass man auch anders leben kann, als sie es seit Jahren tun. Sie, nein wir alle, lernen unsere Lebenswelten durch unsere Ahnen und Erfahrungen, die wir im Laufe unserer Jahre machen dürfen. Diese entscheiden wiederum, wie wir denken, fühlen und handeln. Haben wir nicht gelernt, uns durchzusetzen, unsere Grenzen anzusprechen und andere aufzufordern, sie zu wahren, tun wir es auch nicht. Aber das ist nichts Irreversibles. Wir können jederzeit und immer alles, was wir bisher gelernt haben, ansehen und ändern. Doch den ersten Schritt müssen wir machen. Niemand kann für uns diese Schritte gehen. Handeln müssen wir.

Erlauben wir anderen, dass unsere Selbstwirksamkeit weiterhin so eingeschränkt bleibt, ändert sich nichts. Haben wir zu viel Angst vor den Reaktionen unserer Lieben, Freunde, Familie, Kollegen oder Kunden, bekommen wir genau das: Angst (statt Vertrauen und Freude) - Reaktionen (statt Aktionen) - andere (statt uns). Die unangenehmen Gefühle der Anderen lassen dich wissen, was es in dir zu überwinden gilt. Dabei darf man nicht vergessen, dass du noch eigene Gefühle hast: Wut (auf dich und andere), Traurigkeit (wegen deiner Überforderung und anderen), Scham (weil du glaubst, falsch zu sein), Schuld (weil du glaubst, etwas Falsches zu machen, wenn du…). Die Angst davor, zu werden, was wir werden sollen, sich in seiner ganzen Größe zu zeigen und stehen zu bleiben, auch wenn uns jemand (emotional oder verbal) angreift, statt die Flucht zu ergreifen (durch Isolation, Stille, Dulden etc.), haben wir alle. Wie wir damit umgehen aber, entscheiden erneut wir. Selbstabgrenzung ist damit ein Thema, das nicht nur Bindungsängstlichen Bauchschmerzen bereitet.

Es bedarf etwas mehr Selbstliebe und Ruhe, sich seiner Entwicklungspotenziale bewusst zu werden. Immerhin muss man sich dazu eingestehen, dass man welche hat, man nicht perfekt ist und bislang zu freundlich oder zuvorkommend, rücksichtsvoll oder konfliktscheu war. Dann kommt gleich der nächste Schwung: Man wirft sich vor, man hätte seine Zeit verschwendet oder lange, lange Zeit einen riesigen Fehler gemacht. Hätte…hätte…Fahrradkette.

In jedem Fall muss man sich vor sich selber offenbaren und mit Akzeptanz und Gnade trauen, anzusehen - ganz ohne Verurteilungen und Kleinmachen. Man braucht in solchen ehrlichen Momenten auch nur einen Gedanken: *Nie wäre man dort angekommen, wo man heute ist, wenn man nicht X getan/gelassen/geduldet/unterbunden hätte.* Das war dein Weg. Der Sinn ist es, ihn zu verlassen oder erhabener zu gehen. Der Sinn ist es, einen anderen Weg zu gehen oder gar zu ebnen. Aber der bisherige Weg war deine unbewusste oder bewusste Entscheidung. Und weil kein Mensch die Vergangenheit ändern kann, bleibt einem nur, sie so zu akzeptieren, wie sie ist - mit sich und seinen Handlungen mittendrin.

Selbstvorwürfe und Kritik, Angst und Wut, Traurigkeit und Schuld bringen nichts, wenn man die Lektion dahinter nicht verstehen möchte. Die Lektion ist zum Glück leicht: X löst das Gefühl aus; also ist X des Messers Klinge, vor der wir unsere Angst verlieren müssen. Unsere Gefühle können und wollen uns nicht mehr zeigen, als dass wir welche haben und JETZT anfangen dürfen, sie wahrzunehmen und zu respektieren, statt noch einmal auf ihnen herumzuspringen oder anderen zu erlauben, das für uns zu tun. Damit eben andere Schuld sind, nicht wir.

Sich zu lieben und zu ehren, funktioniert schneller, als man denkt. Ich habe es ausprobiert und mache es täglich, weil mir nichts anderes übrigbleibt, als mich zu lieben, so wie ich bin. Mit aller Angst und den Millionen Abfallprodukten meiner Vergangenheit. Irgendwo liegt immer etwas Müll herum, wenn wir es nicht wagen, aufzuräumen.

Wie man mit der Angst anderer umgeht

„Wer nie in Banden war,
weiß nichts von Freiheit."

Jakob Boßhart

Liebe könnte so schön sein. Wäre da nicht die Angst anderer Menschen, meistens die, deren Liebe und Zuwendung, Gunst und Anerkennung wir am meisten brauchen oder uns wünschen. Es sind oft genau die Personen, die sich selbst nicht zeigen, so wie sie sind, oder zutrauen, in ihre wahre Größe zu kommen, die noch größere Angst haben, dass sie oder du verletzt werden, sie dich verletzen könnten oder du sie. Es sind Menschen, mit denen du dich (bewusst oder unbewusst) identifizierst, die dir leidtun, die Ähnliches durchmachen, wie du einst oder noch immer, denen du helfen möchtest. Es sind auch oft Menschen, die eher klagen, aber selbst nur wenig WIRKLICH-Eigenes tun, die wollen, dass du handelst, damit sie nicht handeln müssen, weil sie voller Angst sind und (noch) nicht bereit für das, was du vorhast. Oder es sind oft Menschen, die dich warten lassen, ihr Leid mit dir teilen wollen, aber übersehen, dass sie deine Lebenszeit verschwenden - weil sie dich von deinem Leben abhalten.

Damit sind es Menschen, die dir Sorgen bereiten, dich nachts wachhalten oder die ständig in deinem Kopf sind; Menschen, die nicht aussprechen, was in ihnen vor sich geht oder die dich bewusst im Trüben fischen lassen; Menschen, die dich so wollen, wie du nicht bist, damit sie sich wohler fühlen und sich keine Gedanken machen müssen. Menschen, die dich mögen, aber nicht zu ihren Gefühlen stehen; Menschen, deren Angst du fühlen kannst, weshalb du extra vorsichtig bist, um sie nicht zu verletzen (damit sie dich weiterhin mögen). Menschen, die dich nicht so, wie du WIRKLICH bist, wollen *können*, weil sie deine Andersartigkeit, deine Individualität mit ihrem Lebenskonzept nicht in Einklang bringen können (sonst bräuchten sie vielleicht ein anderes, würden sich schuldig fühlen oder selbst infrage stellen). Aber am häufigsten sind es die Menschen, die entweder mehr Angst als Liebe in sich tragen. Oder sie entscheiden sich eher für ihre Angst, als für ihre Liebe zu dir - weil es leichter ist.

Die Schwierigkeit bei Beziehungen mit Bindungsängstlichen ist offen gestanden die, dass auch du dich zwischen deiner Angst und seiner Angst sowie deinen Bedürfnissen und seinen entscheiden musst. Es ist leicht, sich aus Angst vor Zurückweisung in seinen zu verzetteln oder seine Angst ernster zu nehmen als deine. In einer gesunden und harmonischen Beziehung würde man zudem immer auch auf den anderen Rücksicht nehmen. Ich möchte dennoch an dieser Stelle sagen: Deine Energie gehört dir. Die Bedürfnisse anderer und die Angst, die wir fühlen, wenn wir sie nicht befriedigen, verschwindet automatisch, wenn man sich für sich entschieden hat. Schweigen und Nichts-Tun aber bringen niemanden irgendwohin, außer dorthin, wo man schon ist. Handle - probehalber - oder schaue jemanden, der es kann, dabei zu.

Hat man einmal beschlossen, dass der einzige Weg der ist, seinen Wert zu erkennen und seinem Leben zuliebe zu handeln, geht vieles mit Leichtigkeit. Die Menschen, die einen WIRKLICH lieben, werden bleiben. Sie werden erkennen, dass ihre eigene Angst, dich zu verlieren, größer ist, als ihre Angst vor deiner Größe oder vor sich. Wer dich aber straft, weil du deinen Interessen und Gefühlen folgst, der ist nicht bereit für sich selbst - und damit auch nicht für dich.

Reicht es nicht, dass du lange Zeit nicht bereit für dich warst? Hattest du nicht schon erkannt, dass es nun Zeit ist, aufzubrechen? Was muss geschehen, dass du dich von der Angst anderer löst? Wäre es nicht wunderbar, wenn wir alle auch mit kurzzeitigen Trennungen oder Kritik leben lernen würden? Immerhin könnten wir dann alle Menschen so sein lassen, wie sie sind. Denn wir wissen nur dann um ihren Wert und darum, dass wir gleichwertig sind.

Niemand aber ist wichtiger. Niemandes Meinung ist „richtiger" oder „falscher". Wir sind alle gleich. Wichtig. Wertvoll. Auf der Suche. Beizeiten unsicher. Und dann wieder mutig. Orientiere dich lieber nicht an Menschen, die meinen, es sei das Beste für dich, zu einem billigen Imitat von ihnen zu werden, nur weil sie Angst haben, von der sie noch nicht wissen, wie sie mit ihr umgehen sollen. Nimm deine Intuition und freue dich darauf, dass es Menschen geben wird, die aus heiterem Himmel auf dich zukommen, um dir zu helfen. Die, die dich verstehen und bereit sind für deinen Weg. Das sind meist die, von denen du es nie erwartest hättest. Das sind die Loyalen und die Gönner. Die Einzigen, die wir brauchen, wenn wir aus unserem Leben das machen wollen, was wir WIRKLICH wollen.

Schließlich ist es auch eine Frage des Respekts dir gegenüber: Verweigert dir dein Herzenspartner den Respekt gegenüber deinen Bedürfnissen oder hält dich bewusst davon ab, sie dir zu erfüllen, und du nickst das nur ab, dann respektierst du dich selbst nicht. Bedenke: Du entscheidest, wie, mit wem und mit was du deine Lebenszeit verbringst. Viele Frauen mit bindungsängstlichen Partnern (aber auch bindungsängstliche Partner selbst) glauben vermeintlich, dass sie etwas falsch machen würden, wenn sie auf ihr Bauchgefühl oder ihre Bedürfnisse hören. Bedürfnisse zu haben, ist heute ungern gesehen.

Jeder Regen birgt einen Segen. Das bedeutet auch, dass es in deiner jetzigen Situation eine Lektion gibt, die du noch nicht erkannt hast. Ich weiß aus meiner Praxis, dass an diesem Punkt viele Klientinnen wutentbrannt rufen: „Aber er verletzt mich! Und ich soll schuld sein?“ Beim Segen in deiner Beziehung geht es aber nicht um Schuld in dir, sondern um deine Verantwortung dir gegenüber. Wenn du mit einem Mann zusammen bist, der dich verletzt und du es ihm erlaubst, dann wäre die Umkehrung deines Vorwurfs dieser: „Aber ich verletze mich! Und er soll schuld sein?“ Nicht die Schuld, sondern die Verantwortung für dich liegt bei dir.

Natürlich möchtest du, dass er den Schmerz, den er dir zufügt, wiedergutmacht. Doch es ist nicht gesagt, dass er das tun wird. Die Wahrscheinlichkeit ist sogar groß, dass er es nicht tun wird. Wem du erlaubst, dich zu verletzen, liegt aber bei dir. In der Liebe und im Krieg soll ja angeblich alles erlaubt sein. Aber das stimmt so nicht. Es ist nicht okay, wenn du in der Hoffnung auf Liebe und einer Beziehung mehr als nur kleinere Schnittwunden, sondern jahrelang eiternde Schürfwunden, riesige und schmerzhafte Blutergüsse, gebrochene Knochen und Verbrennungen dritten Grades davonträgst. Manchmal heiligt der Zweck die Mittel einfach nicht genug. Liebe bringt zwar auch Schmerzen und unangenehme Lektionen mit sich, heißt also nicht nur, dass alles rosig und wunderschön ist. Aber Liebe heißt auch nicht Leid. Sonst bräuchten wir ja kein eigenes Wort für Liebe und könnten gleich Leid sagen. Darum frage ich dich: Kannst du ausmachen, welche Lektionen dir dein Herzenspartner vermitteln möchte? Woran er, genauso wie du, scheitert? Erkennst du, welches Thema euch beide begleitet und an euch nagt? In den Antworten findest du deinen Segen.

Er liebt mich, er liebt mich nicht

„Güte in den Worten erzeugt Vertrauen.
Güte im Denken erzeugt Tiefe.
Güte beim Verschenken erzeugt Liebe.“

Laotse

Absichtlich habe ich dieses Kapitel ans Ende des Buches gestellt. Denn Frauen wie du fragen sich oft - anhand des Verhaltens ihres Herzenspartners - ob er sie liebt. Ausgehend von dem Gefühl, dass er sie nicht lieben würde, weil sie *sich nicht geliebt fühlen*. Das ist das Essentielle: Sie fühlen nicht, dass sie geliebt werden. Das zeigt vor allem, dass sie Geliebtwerden anders erfahren haben, als sie gerade wahrnehmen. Sie nehmen einen Unterschied im Umgang und im Spüren wahr. Es kommt ihnen merkwürdig vor, schürt ihre Unsicherheit und macht nicht selten Angst. Nichtsdestotrotz ist deine Wahrnehmung eben nur deine Wahrnehmung. Es kann trotz des Gefühls, dass er dich nicht lieben würde, so sein, dass er dich durchaus liebt. Ich möchte keine Grundsatzdiskussion á la „Männer lieben so, Frauen eben anders“ führen. In der Wahrnehmung und Gewohnheit, wie liebevolle Zuwendung *wirklich* aussieht (und auszusehen *hat*), liegt ein wichtiger Schlüssel.

Versuchen wir, das, was wir Liebe und Geliebtwerden nennen, zu definieren, kommen wir aber schnell ins Grübeln. Denn nur selten sind wir uns dessen bewusst: Für viele Frauen war es stets selbstverständlich, was und wie Liebe ist, und nie musste es hinterfragt werden. Dass andere Menschen eine andere Form der Zuwendung kennen- und lieben gelernt haben, ist genauso schwer nachvollziehbar, wie die Art der Zuwendung, die andere ausleben und geben. Die Frage müsste also nicht lauten: *Liebt er mich?* Sie müsste eher heißen: *Liebt er anders als ich? Und wenn ja, wie sieht seine Liebe aus? Ist sie kälter oder wärmer als meine? Ist sie empfindsam oder hart? Ist sie distanziert oder nah?* Und hier schließt sich eine weitere Frage an: Kann ich diese Art der Liebe lieben lernen?

Beziehungsängstlichen wird oft vorgeworfen, ihre Art, zu lieben, sei per se falsch. Dabei geht man von einer Wahrnehmung, einer vertrauten Liebe, aus. Menschen mit dieser Bewertung nehmen ihre Erfahrungen als Basis, ihre Gefühle und Definitionen. An deiner Wahrnehmung ist nichts aussetzen. Ich möchte vielmehr darauf hinweisen, dass es keine *eine Art* zu lieben gibt. Denn wer sollte diese definieren können?

Für jeden hat Liebe eine andere Bedeutung. Wir wuchsen alle unterschiedlich auf. Alles, was wir für uns entscheiden können, ist, ob wir mit der anderen Art der Liebe umgehen lernen können und wollen. Sich das zu beantworten, befähigt zumindest zu einer Entscheidung, hinter der man stehen kann. Man kann gleichfalls in Gesprächen darauf hinweisen und zielt nicht selbstverständlich darauf ab, der Herzenspartner müsse sich ändern. Plötzlich wären alle Vorwürfe dahin. Es würde sich ein respektvoller Raum öffnen, der Austausch ermöglicht und Akzeptanz bietet. Dein Herzenspartner könnte sonst ebenso sagen, dass ihm deine Art zu lieben missfällt und du dich ändern müsstest.

Die Lösung lautet natürlich nicht, dass sich einer von euch ändert oder ihr euch trennen müsst. Die bessere Variante ist, dass ihr euch beide in eurer Art, zu lieben, akzeptiert und annähert. Dazu ist es wichtig für den jeweils anderen, zu wissen, wie der Einzelne Liebe und Geliebtwerden definiert:

- Was enthält sie?

- Was enthält sie nicht?
- Wann ist Liebe keine Liebe mehr?
- Wann verletzt sie?
- Wie fühlt es sich für euch beide an, wenn ihr geliebt werdet?
- Welche Handlungen lassen euch dieses Gefühl verspüren?
- Und vor allem: welche nicht?

Erneut kommen wir auf offene und ehrliche Gespräche zurück. Erneut gehen wir weg von Trennungen und Minderwertigkeitsgefühlen. Wir rudern einmal mehr zu Gemeinsamkeiten und Zusammengehörigkeitsgefühlen hin, statt sich in Vorwürfen und Verletzungen zu verstricken. Die meisten Ratgeber aber raten dazu, sich von uns Beziehungsängstlichen zu trennen. Wir könnten uns angeblich nicht ändern. Das ist nicht nur einfältig, sondern auch unwahr.

Nichtsdestotrotz birgt Beziehungsangst einige Herausforderungen, die man weder mit viel Leid bewältigen noch auf Teufel heraus ertragen muss. Man darf sich immer und ständig trennen. Wer sich in der Beziehung mit dem Partner nicht mehr fühlen oder wiederfinden, akzeptiert fühlen oder geliebt sehen kann, der sollte und darf natürlich über eine Trennung nachdenken.

TEIL III

Wie Liebe trotz Angst gelingen kann

Beziehungsstatus: Es ist schwierig!

„Wärst Du genauso verletzend wie andere vor Dir, hätte ich nicht solche Angst.“

Damaris Wiesner

„Haben wir vor, uns beiden gut zu tun?” Lautet seine oder deine Antwort „Ja, aber nur, wenn du...“, wird es immer schwierig bleiben. Deshalb muss die Antwort von euch beiden ein bedingungsloses Ja sein (oder ein bedauerliches, aber akzeptables Nein). Ich möchte dich in diesem Kapitel darauf vorbereiten, was es für dich bedeutet, bei ihm zu bleiben und unterstützend, aber abwartend, zu sein, während er sich der Überwindung seiner Angst widmet.

Viele glauben, dass das Einverständnis, an seiner Angst zu arbeiten, um die Beziehung gegenseitig wohltuend zu empfinden, von Jetzt auf Gleich umgesetzt werden könne. Dem ist nicht so. Natürlich gibt es Hartgesottene, die „mal eben so“ die Vergangenheit hinter sich lassen, aber die Angst würde in vielen Fällen nur an anderer Stelle wieder auftauchen, zum Beispiel im Beruf oder sich auf die Gesundheit auswirken, in dem der Körper abfängt, was der Geist nicht bewältigen kann. Es bedarf Zeit, um alte Glaubensmuster aufzulösen und in gesunde und vertrauensvolle umzuwandeln. Oft braucht es sogar professionelle Unterstützung auf beiden Seiten, die den Prozess begleitet. Aber Frauen, die sich entschließen, zu bleiben und geduldig zu warten, nehmen eine nicht geringe Verantwortung an und auf sich. Auch wenn diese nicht heißt, dass der Herzenspartner alles dürfe und sie auch leiden müssten, so wird es in den ersten Wochen und vielleicht Monaten immer wieder zu

Rückfällen und Herausforderungen im Beziehungsleben kommen. Sei es, dass sich alte Ängste und alte Verhaltensmuster wiederholen oder lediglich Gedanken- und Gefühlsmuster zeigen, die er gegen sich richtet und die zwangsläufig zu Distanz führen können: Es geht bei der Bearbeitung und Überwindung von Beziehungsängsten nicht darum, sie wegzumachen, sondern in Vertrauen umzuwandeln. Es ist also nötig, ja sogar bedeutend und gut, wenn sie sich zeigen. Nur dann kann dein Herzenspartner sie bewusst erkennen und im Moment des Auftauchens annehmen und sich dagegen entscheiden.

Du wirst nicht immer anwesend sein, wenn das geschieht. Dementsprechend ist es wahrscheinlich, dass auch aus dem Nichts, in Zeiten kurzer Distanz, ein Fegefeuer über dich herzieht oder dich seine Angst eiskalt erwischt. Es könnte sich erneut wie Kontrollverlust anfühlen. Darauf solltest du dich einstellen. Es ist wichtig, dann ruhig zu bleiben und dieses Urplötzliche so anzunehmen, wie du auch jede andere Herausforderung in deinem Leben bewältigen würdest. Sie ist jetzt da und kann genauso schnell wieder gehen, wie sie gekommen ist, wenn du ruhig und besonnen mit ihr umgehst. Doch wenn du bei jeder dieser Situationen in die Luft gehst oder mit eigener starker Angst reagierst und entsprechend Zweifel äußerst, nimmst du nicht nur dir den Mut, dass es zwischen euch gelingen könnte, sondern auch ihm. Das würde wenig hilfreich sein, denn sein Umlernprozess würde stets unterbrochen werden. Aber gelernt werden soll doch, dass er Vertrauen haben darf und geschenkt bekommt, dass Nähe auch ohne Distanz und Distanz auch mit Nähe sein darf. Viele Verhaltensmuster müssen umgestülpt werden und viele von denen wirst du nicht einmal bewusst benennen können, noch wird er sich all seinen Mustern wahrhaftig bewusst sein.

Auch ihm jeden gut gemeinten, aber dennoch misslichen Versuch mit „Jetzt bist du schon wieder so!" zu tadeln oder aber ambivalente Äußerungen anzuheften, ist schädlich. Ambivalente Äußerungen sind zum Beispiel, wenn du eigentlich wütend bist und man es dir ansieht, aber du ihm weismachst, dass alles okay sei, um ihn nicht zu verunsichern. Es ist besser ihm gegenüber ehrlich deine Gefühle auszudrücken, auch wenn du befürchtest, ihn damit zu verletzen. Übe dich in gewaltfreier Kommunikation.

Klage ihn nicht an und reibe ihm nicht jeden Fehler unter die Nase. Das bedeutet nicht, dass du dich ihm und allem fügen musst. Es bedeutet vielmehr, dass du weiterhin so handelst, wie es ausgemacht wurde (und auch von ihm abgesegnet wurde). Versuche es weniger mit Worten. Erwarte oder fordere keine Erklärungen oder Rechtfertigungen, sondern handle entsprechend deiner Wünsche. Bitte ihn viel eher, dir zu sagen, was in ihm vor sich geht. Aber erwarte nicht, dass er alle Gefühle und Gedanken mit dir teilt. Er ist noch immer ein eigener Mensch und du ebenso. Es ist in Ordnung, wenn beide ihre Privat- und Intimsphäre aufrechterhalten möchten.

Wenn es für dich zu herausfordernd wird, suche das ehrliche Gespräch und teile ihm mit, wie es dir in seinem Prozess geht. Das ist ohnehin immer erlaubt.

Liebe ist bedingungslos. Beziehungen sind es nicht. Den Unterschied zu kennen, markiert auch dein tägliches Bewusstsein sowie deine Definitionen von Liebe und Beziehung, Assoziationen zu diesen Konzepten und folglich Handlungen. Wenn du dich in einer Beziehung wohler fühlst, muss das nicht zwingend Lieben bedeuten. Lieben wiederum bedeutet nicht zwingend, in Beziehung zu sein. Bindung heißt nicht für jeden Beziehung. Und wie er das sieht, steht auf einem noch einmal ganz anderen Blatt. Sich in diesen Unterschieden zu akzeptieren und stets daran zu erinnern, dass man eventuell andere Auffassungen hat, macht Konflikte leichter.

Zu guter Letzt: Nicht alles ist ein Signal für Angst vor einer Beziehung mit dir oder der Liebe im Allgemeinen.

Checkliste: Was du tun kannst

- Das Wichtige zuerst: Was du denkst, ist das, was DU denkst. Es hat nichts mit dem zu tun, was er denkt oder tut. Was er tut, hat nichts mit dir zu tun. Es liegt nicht an dir, sondern an ihm und seinen Werten. Tue dir den Gefallen und kreiere keine Interpretationen wie „Er liebt mich nicht!“. Wenn du dich in Interpretationen verfängst, beziehst du dich aber auf das, was er sagt und tut, nicht auf das, was du über dich denkst und was du tust. Zu wissen, was man über sich denkt, ist wichtig, weil wir uns so abgrenzen können - auch von der Angst anderer.
- Atme und bleibe ruhig, gleich, wie überwältigend die Situation erscheint. Es wird dich noch mehr von deinem Ziel wegbringen, wenn du ihn anbrüllst oder in Tränen aufgelöst vor ihm stehst, ihm Vorwürfe machst oder Ultimaten stellst. Es schürt seine Angst und Wut auf das, was er glaubt, nicht zu können. Es engt ihn ein und gibt ihm das Gefühl, dass er für dein Leid verantwortlich sei. Doch zwischen euch steht nicht er oder deine fruchtlosen Mühen, sondern ein Gefühl, dass er erlernt hat. Es kommt von früher. Niemand ist Marty McFly und kann zurück in die Vergangenheit reisen.
- Akzeptiere also, dass die Situation so ist, wie sie ist.
- Erlaube dir und ihm die Akzeptanz und Schwere der Situation.
- Überlege dir genau, was du kannst und was nicht, was du bereit bist, zu tun und vor allem, was nicht. Es ist in Ordnung, dass du Grenzen hast. So soll es sein. Das steht ihm wie dir zu. Es ist in Ordnung, dass du in dem, was du „durchstehen“ kannst, begrenzt bist. Ihm steht das ebenso wie dir zu.

- Erkenne, wann dein Bedürfnis, zu bekommen und gewollt, geliebt und respektiert zu werden, so, wie du bist, in dir und aus dir schreit. Nimm deine Grenzen wahr, vor allem, wann sie überschritten werden.
- Akzeptiere, dass du nicht nur gewaltfrei sprichst, sondern auch nur ein Mensch bist, der Gefühle hat. Solltest du Vorwürfe aussprechen, zum Beispiel aus Wut oder eigener Angst, dann nur, weil deine Bedürfnisse nicht erfüllt werden. Das hat in dem Moment aber nichts mit ihm als Mensch zu tun, sondern mit dem, was du dir wünschst - für dich.
- Bleibe bei dir, in deiner Kraft, in deiner Energie.
- In deiner Energie zu bleiben, bedeutet, dass du dich jederzeit spürst, statt dich in seinen Bedürfnissen, Gefühlen (besonders Angst, Wut, Trauer und Anliegen (Werten)) zu verrennen.
- Ermutige ihn dazu, Bedingungen, die er an eine für ihn funktionierende Beziehung und an für ihn wohltuende Liebe stellt, zu äußern.
- Überprüfe anhand seiner Worte, ob du diese Bedingungen in Übereinstimmung mit deinen Werten (siehe auch Übung Wert-e-Voll) erfüllen kannst, ohne, dass du leiden würdest.
- Äußere deine Bedingungen, die du an eine funktionierende Beziehung und wohltuende Liebe stellst.
- Versucht dabei, ruhig zu bleiben und die Bedingungen des Anderen anzuhören, statt als Angriff zu verstehen.
- Das Ziel ist nicht, es ihm rechtzumachen.
- Das Ziel ist nicht, dass du um jeden Preis eine liebevolle Beziehung mit ihm „bekommst".
- Das Ziel ist nicht, dass eine liebevolle Beziehung (s)einen Preis hat.

- Das Ziel ist nicht, dass eine liebevolle Beziehung (d)einen Preis hat.
- Das Ziel ist, dass ihr euch beide und gegenseitig einig seid, euch gut zu tun.
- Überprüfe, ob deine Bedürfnisse in Übereinstimmung mit seinen sind und ob eure Werte sich ähneln.
- Ein weiteres Ziel könnte sein, dass ihr beide! aus dieser Situation lernen könnt. Dafür könnt ihr euch offen und ehrlich miteinander unterhalten, was ihr bislang in einer Beziehung nicht umsetzen konntet, wo ihr Blockaden und Barrieren in euch (und dem Anderen) fandet, die Liebe und Beziehung schwerer oder gar unmöglich machten. Ihr könnt euch offen und ehrlich eingestehen, welche Ängste ihr habt, woran und an wen sie euch erinnern.
- Das Ziel ist aber nicht, dass ihr beide besser werdet, als es ein anderer in eurer Vergangenheit war.
- Das Ziel ist nicht, dass ihr beieinander wiedergutmachen „müsst“, um nicht genauso „schlecht“ zu sein, wie es ein anderer in eurer Vergangenheit war.
- Erlaube ihm sein Tempo. Das Ziel ist es nicht, den Partner schuldig zu sprechen, wenn er etwas nicht ad hoc umsetzen kann und ein wenig mehr Zeit benötigt, um sicherer zu werden.
- Setze dir selbst ein Zeitfenster, in dem er auf dich und deine Bedürfnisse zukommt. Das könnte bedeuteten, dass du einfach nur zusiehst, was er bereit ist, in beispielsweise vier Wochen, für euch! (nicht für dich) zu tun. Handelt er für euch und eure Beziehung, wird er sich auch innerlich darauf eingestimmt haben, weil er eine Beziehung mit dir will. Handelt er jedoch nur für sich oder gegen eine Trennung bzw. handelt er zu wenig oder gar nicht,

kannst du sicher sein, dass er kein Interesse an eurer Beziehung hat.

- Gehe in diesem Fall in dich und überprüfe, was du noch tun könntest, um ihm Vertrauen entgegenzubringen (und seines zu stärken). Stellst du jedoch fest, dass du keine Optionen, Hoffnung oder Kraft mehr hast, dann setze dich damit auseinander, dass du innerlich abgeschlossen hast oder abschließen kannst.
- Konzentriere dich in allem, was du tust und nicht tust, sagst und nicht sagst, darauf, dein Leid und euer gemeinsames Leid zu reduzieren. Sei für ihn da, wenn es *euch beiden* hilft. Aber halte den Fokus auf euch, nicht exklusiv auf ihn.
- Gewähre dir zuerst Zufriedenheit: Erkläre ihm, wieso du beispielsweise nicht stets verfügbar bist, nicht sein kannst und nicht sein möchtest. Sage ihm beispielsweise, dass er auch er es nicht ist und das vollkommen okay ist. Oder erkläre ihm, wieso du mehr Nähe möchtest und fordere diese auch ein. Aber beachte, dass Erklärungen keine Vorwürfe beinhalten, sondern deine Gefühle widerspiegeln.
- Vergib ihm. (Erkenne, dass ihm etwas widerfahren ist, was er nicht beeinflussen konnte, er aber gern anders gehabt hätte. Erkenne, dass es ihn verletzte. Lass ihm seinen Schmerz. Ihn wegzureden, so wie man es bei Kinder macht: „Du brauchst doch keine Angst haben!“, bringt gar nichts.)
- Gib ihm nicht die Schuld an dem, was ihm widerfahren ist. Auch dann nicht, wenn er die verletzenden Verhaltensweisen seiner „Angreifer“ bei dir wiederholt (vom Opfer zum Täter-Konstrukt).
- Vergib dir.

Checkliste: Was er tun kann

- Er darf sich zuallererst von allen Vorwürfen und inneren Stimmen verabschieden. Die Angst vor Beziehungen sagt wenig über seine Liebesfähigkeit oder Beziehungstauglichkeit aus. Es handelt sich vielmehr um die Ergebnisse misslicher Erfahrungen. Vielleicht waren es die Eltern, die ihm zu wenig Liebe gaben oder aber stets überrumpelten und in seinem Erwachsenwerden unterbrachen. Es können auch schlechte Beziehungserfahrungen sein, die unverarbeitet sind. So hinterließen Frauen, die sehr emotional abhängig sind oder nach etwas Bestimmten suchten (z. B. Geld, Status, einen Vater für ihr Kind usw. als anderes Extrem) natürlich Spuren auf seiner ohnehin schon ängstlichen Seele. Je negativer die Beziehungen wahrgenommen wurden, desto größer ist seine Angst. Sie versucht ihn nur vor weiteren und ähnlichen Verletzungen zu beschützen. Daher ist es ratsam, sich mit seiner Vergangenheit und momentaner Gefühlslage „abzufinden", indem man sie a) akzeptiert und b) vorhält, dass alle Menschen schon einmal negative Beziehungserfahrungen gemacht haben. Am wichtigsten ist es jedoch, dass er sich neues Glück erlaubt.
- Ein neuer Mensch, ein neuer Anfang. Auch wenn er glaubt zu wissen, dass alles wieder so würde, wie es schon eh und je war, so darf er sich eingestehen, dass jeder neue Mensch, den er kennenlernt, anders ist als alle anderen zuvor. Er darf sich fragen, ob er reale „Beweise" hat, dass du *genauso* bist oder ihn *genauso* verletzen oder ausnutzen würdest.
- Damit ist er einen Schritt näher an die Hauptvorwürfe gegenüber der Person, die ihn

wirklich verletzt hat, gekommen. Wiederkehrende Muster bei Partnern zu erkennen, kann kleine Wunder bewirken. Denn landen wir immer wieder bei ähnlichen Menschen, ist der Kern meistens in dem, was wir am schädlichsten fanden, zu finden. Wirft er dir zum Beispiel vor, dass du zu viel Nähe benötigst, klammerst, unbewusst manipulierst oder zur Befriedigung deiner Bedürfnisse zwingen willst („ihn zu sehr willst und brauchst"), könnte es an einer Person seiner Vergangenheit liegen, die von ihm Liebe, Zuwendung, Anerkennung, Aufmerksamkeit, Zeit und Raum verlangte oder gar erzwang. Diese Person wird ihm sehr sicher nicht dasselbe geschenkt haben. Oder die Person hat zu viel geliebt, weil gebraucht. Wer erlebt hat, dass er zu sehr gebraucht wird (nicht aus Liebe, sondern aus Mangel, fehlender Selbstverantwortung oder gar Selbstsucht), aber zu wenig seiner selbst wegen geliebt wurde, der reagiert häufig misstrauisch auf „Liebe". Er wird den Unterschied zwischen Liebe und Brauchen sicher gut kennen oder sich daran erinnern können, dass er ihn als Kind oder in einer wichtigen Beziehung sehr viel besser kannte als der andere Part. Doch die Wiederholung dieser Beziehungsmuster redete ihm ein, dass alle Frauen so wären und es folglich entweder an seinen Bedürfnissen oder an ihren läge. Als müsste er sich entscheiden zwischen sich selbst und jemanden anderen.

- Er darf sich für sich entscheiden. Er darf sich auch dann für seine Zufriedenheit entscheiden, wenn du dir dein Leben anders vorstellst und dich eine Trennung verletzen würde. Du darfst für dich dasselbe tun, auch wenn es ihn verletzen würde. Liebe bedeutet nicht die Abwesenheit von Schmerz.

- Er darf sich allerdings auch eingestehen, dass er nicht fehlerfrei ist, nicht perfekt, nicht das Beste, was der Welt je geschehen ist, um es einmal mit etwas Humor zu sagen. Wir sind alle nur Menschen und ein Jeder hat seine Ecken und Kanten. Die an sich selbst zu kennen und sich trotzdem zu lieben, macht es so vielen Ängstlichen schwer, sich freien Mutes in eine Beziehung zu begeben - aus Angst, dass der Andere erkennt, dass man „nicht nur toll" ist. Das ist in Ordnung. Ihr zwei könnt gemeinsam zu Abend essen und Kommunikationsspiele rund um schwierige Themen etablieren. Dazu wählt ihr ein Thema, zum Beispiel „Was ich heute Blödes getan habe" oder „Was ich schon immer einmal von dir wissen wollte" oder „Wofür ich heute besonders dankbar war" und lasst den Anderen solange frei und unbekümmert sprechen, wie er möchte. Sinn dieses Kommunikationsspiels ist es, dass ihr euch besser kennenlernt und näherkommt, mental und seelisch. Wenn er das Gefühl hat, dass er sich dir öffnen kann, ohne dass du wiederum Angst bekommst, wird es ihm leichter fallen, über Gefühle zu sprechen. Umgekehrt ist es natürlich genauso: Solltest du bei ihm aktuell weniger im Mittelpunkt stehen, gewährt dir diese Kommunikationsübung den Raum, der dir zusteht.
- Seine vorherrschende Angst (vor Nähe, Trennung, dich verletzen, Selbstverlust, durchschaut oder bloßgestellt zu werden, vor Übergriffigkeit und Manipulation, zu versagen usw.) zu erkennen, ist ein wichtiger Schritt und guter Anfang für alles, was zwischen euch Wundervolles geschehen darf.
- Dies gelingt besonders gut, wenn er sich mit dem, was er am wenigsten gern tut oder erträgt, auseinandersetzt. Fällt es ihm beispielsweise schwer, Leerzeiten zu ertragen und schürt die

Distanz seine Angst, ist es wahrscheinlich die Angst vor Trennung und dem Versagen (nicht gut genug zu sein), die auf ihm lastet. Ist es mühsam, positive Gefühle aufrechtzuerhalten oder mit dir in Verbindung zu bleiben (durch regelmäßige Treffen und Kontakte), liegt es an der Angst vor Selbstverlust (dem Verlust für ihn wichtiger und erfüllender Werte). Ist die Angst, dich zu verletzen oder die, dass du eventuell nicht gut genug für ihn sein würdest, präsent, trifft die Angst davor, sich zu trennen und dich dadurch zu verletzen auf seine Schuld.

- Es ist ratsam, wahrzunehmen und zu akzeptieren, dass all diese Ängste bereits vor dir präsent waren. Ob sie durch dich besonders stark getriggert werden oder erneut auftauchen, spielt dabei keine Rolle. Dein Herzenspartner darf sich beruhigt zurücklehnen und herausstellen, an wen ihn seine Angst erinnert. Viele Bindungsängstliche wissen diese Frage schnell zu beantworten.
- Jeder Bindungsstil, der ängstlich, unsicher oder vermeidend ist, kann wieder sicher werden. Es gibt einen Weg in erfüllende und liebevolle, vertrauenswürdige und vertrauensvolle Beziehungen. Diesen Weg muss er gehen wollen. Das ist für viele Bindungsängstliche eine schwierige Frage, weil sie um die vermeintlichen Konsequenzen wissen. Doch diese sind eben Stimmen der Angst, nicht Stimmen der Realität. Sie repräsentieren Pessimismus, nicht Realismus und keineswegs Optimismus. Man benötigt aber wenigstens Realismus und einen Schuss Optimismus. Dein Herzenspartner muss nicht gleich zum Beziehungsoptimisten werden. Aber er sollte für sich entscheiden, ob er die Vergangenheit hinter sich lassen möchte oder nicht. Er sollte

beschließen, ob er die liebevolle Beziehung, die er schon immer haben wollte, aufschieben möchte oder nicht. Er sollte entscheiden, ob er eine erfüllende Bindung möchte oder nicht.

- Er darf sich dagegen entscheiden, wenn er seine Angst oder aber die Vorteile seiner Entscheidung ernster nimmt.
- Sollte er sich dafür entscheiden, können die nächsten Punkte hilfreich sein:
- Ihr könnt separat oder gemeinsam Bedingungen aufstellen. Natürlich kann Liebe nicht geregelt werden, aber eine Beziehung durchaus. Jedenfalls die Bedingungen, die ich meine, sind welche, die ihr beide verhandelt. Es geht nicht um die Durchsetzung seiner oder deiner Belange. Es ist eine Art Kompromissvereinbarung, die Regeln und Grundlagen für das, was okay ist und das, was nicht okay ist, legt. Sie müssen klar und nicht schwammig benannt werden. Das könnte so aussehen: „Ich wünsche mir, dass wir vier Mal die Woche Zeit miteinander verbringen, davon mindestens zwei Abende und Nächte.“ Er könnte darauf antworten: „Einverstanden, aber ich wünsche mir, dass ich den Freitagabend mit meinen Freunden verbringen kann.“ Du könntest antworten: „Einverstanden, aber dafür gehört der gesamte Samstag uns beiden.“ Ist einer nicht einverstanden, muss das genauso klar benannt werden: „Veto.“ oder „Darüber würde ich gern noch einmal reden.“ oder „Es bereitet mir Mühe, wenn... Deshalb ist es mir lieb, wenn...“ Diese „Verhandlungen“ sollten zwingend gewaltfrei sein. Sagt euch beide offen und ehrlich, welche Gefühle es in euch auslöst, wenn der Andere etwas tut, nicht tut, verlangt usw. Beendet eure Vetos damit, einen Gegenwunsch zu äußern, zum Beispiel so: „Es tut mir weh, wenn du dich tagelang

nicht meldest. Es gibt mir das Gefühl, dass ich dir nichts bedeute und das macht mir Angst. Ich fühle mich dann vernachlässigt und werde unfassbar traurig. Ich wünsche mir, dass du dich wenigstens zwischendrin meldest und mir sagst, dass du heute keine Zeit hast, dir aber dann und dann Zeit nehmen wirst. Nicht erst morgen oder übermorgen, sondern zum Beispiel abends kurz für zehn Minuten Telefonat. Geht das, bitte?" Gewaltfreie Kommunikation endet immer mit dieser Frage: „Geht das, bitte?" oder auch mit „Ist das möglich?", „Ist das für dich in Ordnung?"

- Ihr könnt zudem ein Stopp-Zeichen vereinbaren, um dem Anderen zu signalisieren, dass er Grenzen überschreitet. Jeder hat sein eigenes Stopp-Zeichen. Benutzt es ein Partner, darf sich der andere aus Respekt vor dem Partner Einhalt gebieten. Doch diese Zeichen dürfen nicht inflationär benutzt werden. Sie sind Notfalllösungen, wenn alles hart auf hart kommt, bevor Hilflosigkeit, Wut oder Trauer einsetzt.
- Er darf lernen, dass kein Mensch auf dieser Welt „da" ist, um wiedergutzumachen, was jemand in seiner Vergangenheit verursacht hat. (Das gilt natürlich für beide Seiten.) Zu verstehen, dass er diese früheren Ereignisse entsprechend aus Selbstschutz interpretierte, ist wichtig (z. B. „Du liebst mich in Wahrheit gar nicht!", „Du willst mich nur, wenn ich so bin, wie du mich willst, aber nicht, wenn ich so bin, wie ich wirklich bin!", „Ich muss immer für dich da sein, aber du bist nie für mich da!", „Ich will dich nicht lieben, wenn X der Preis dafür ist, den ich zahlen muss.", „Du kennst mich gar nicht!", „Es geht immer nur um dich, aber nie stehe ich im Mittelpunkt!"). Wenn er seine früheren Interpretationen und heutigen Glaubensmuster erst

einmal erkannt hat, kann er seine Herausforderungen mit eurer Beziehung leichter erkennen. Diese Glaubensmuster wiederholen sich in Auseinandersetzungen oder stillen Kämpfen, wenn er im Kopf mit dir diskutiert und wütend ist, dich aber offen nicht darauf anspricht.

- Er darf sich damit auseinandersetzen und freien Herzens eingestehen, dass jemand anderes ihm wehgetan hat. Eine Person tat etwas, tat etwas nicht, verlangte etwas oder ließ ihm keinen Raum. Sogar zu viel Raum zu lassen, ohne Halt, Lob und Unterstützung von einer Person, ist schädlich, wenn wir Beziehungen lernen. Er darf die Traurigkeit herauslassen, kanalisieren, zum Beispiel durch Sport oder Ähnliches, die Vergangenheit beweinen und sich selbst Mitgefühl spenden.
- Er hat jetzt die Möglichkeit, sich einen für sich wirksamen Weg zu suchen, um mit seiner Vergangenheit heute, morgen und in der Zukunft umgehen zu können. Das heißt nicht, das Geschehene zu bagatellisieren oder zu verdrängen, sondern zu wissen, dass sie niemand mehr ändern kann. Die Dinge anzunehmen, die wir nicht ändern können, aber uns dennoch Zufriedenheit zu erlauben, ist auch ohne Bindungsängste ein wichtiges Instrument der Psychohygiene.
- Hat er sich seinen berechtigten Schmerz eingestanden, darf er ihn so lange und intensiv fühlen, wie er es braucht, um zu heilen. Er darf sich die Zeit nehmen, die er braucht, um aufzuarbeiten und loszulassen. Geduld ist eine Tugend, die er pflegen sollte. Dafür kann er sich in jedem Fall Unterstützung suchen, z. B. bei einem Therapeuten oder anderweitig Fachkundigen, einem guten Freund oder Familienmitglied, dem er vertraut.

- Er darf sich eingestehen, dass er Schlechtes in der Liebe nie verdient hatte und auch heute nicht hat, so wie es niemand verdient. Jede Form der Bestrafung (sich und dich bestrafen), Beschuldigung (sich und dich beschuldigen) oder Distanz (dich und sich vernachlässigen) sollte erkannt und klar benannt werden.
- Er darf lernen, all seine Gefühle mit Ruhe und Bedacht zu äußern. Fühlt er sich eingeengt, beschränkt, vernachlässigt, überfordert oder überstimuliert durch Nähe[xxvii], darf er das auch ausdrücken. Die Angst davor, als „Schwächling" dazustehen oder abgelehnt zu werden, kann nur weichen, wenn er sieht, dass auf Offenheit und Ehrlichkeit keine Strafe folgt. Folgt sie doch, darf er beruhigt sein und bleiben. Er darf sich sagen: „Ich darf Gefühle haben. Niemand hat das Recht, mir meine Gefühle abzusprechen - erst recht, wenn es einigen Menschen missfällt, dass ich ihre Art oder ihre Taten herausfordernd empfinde."
- *Wer war er? Wer ist er? Wer will er sein?* Jeder stellt sich im Leben diese oder ähnliche Fragen und möchte die Antworten darauf finden. Er darf seine eigenen Antworten dazu haben, die von niemandem beeinflusst werden. (Dasselbe gilt natürlich auch für dich.)
- *Wie heilt er?* Alle Menschen wissen mehr oder minder, wie ihr Geist, Körper und ihre Seele „funktionieren", wodurch oder womit die Ebenen kommunizieren. Einige bekommen starke Bauchschmerzen oder Fieberattacken, wenn sie glauben, für erwiderte Liebe „leisten (zu) müssen". Andere wiederum verfallen in Panik oder werden lethargisch. Zu wissen, wie das eigene Körper-Geist-Seele-System kommuniziert, ist sehr wertvoll, um seine Intuition zu schulen. Viele

Bindungsängstliche nehmen entweder ihre Bauchgefühle als Intuition oder aber verwechseln Intuition mit Angst. Die Stimme der Intuition aber ist nie vom Verstand abgeschnitten; sie darf durchaus vom Geist „unterrichtet" oder „korrigiert" werden. Angst hingegen überfällt den gesamten Körper bzw. lässt einen Menschen den Rest seines Körpers nicht mehr wahrnehmen. Angst drängt zu einer Handlung bzw. Nicht-Handlung. Intuition aber schenkt einen Impuls (nicht Drang oder Zwang), einen Geistesblitz, eine Idee oder einen Gedanken, ein Gefühl oder eine Weisheit, die sich nur schwer erklären lassen. Angst aber argumentiert mit Worten und lähmt mit Schmerzen oder unangenehmen Gefühlen, die wiederum nur aus Gedanken entstehen und durch Gedanken verstärkt werden. Er kann bei genauerer Schulung seiner Intuition lernen, wann sie ihm ein Stopp-Zeichen gibt, weil etwas seine Grenzen überschreitet und wann es „nur" die Stimme der Angst ist.

- Ist es die Stimme der Angst, kann er mit ihr ins Gespräch gehen. Das klingt für viele esoterisch und dumm, aber wir sind nicht unsere Gefühle. Das Ego hat als einzige Aufgabe, das, was wir glauben, zu sein, zu beschützen oder zu gewähren. Wenn wir jedoch eine andere Stimme dazu holen, zum Beispiel die der Freude oder die der Überraschung, kann sich die Stimme der Angst wandeln. Die Arbeit mit dem inneren Team lässt sich gut nutzen, um verschiedene Anteile in sich sprechen zu lassen. Sie wird am besten mit einem fachkundigen Berater, Therapeuten oder Coach durchgeführt. In der Psychologie wird auch eine ähnlich aufgebaute, sogenannte Transaktionsanalyse durchgeführt, in der man nicht personas oder Stimmen sprechen lässt, sondern das Kind-Ich, Eltern-Ich und Erwachsenen-Ich.

- So kann er identifizieren, ob seine Angst kindlich ist (sein inneres Kind - das Kind, das damals dieselbe Angst empfand), wie ein Elternteil agiert (die Angst, die ihm seine Eltern einflößten oder aber Autoritäten und autoritäre Partnerinnen seiner Vergangenheit) oder ob seine Angst erwachsener Natur ist (das, was er als Erwachsener aus seinen Erfahrungen schlussfolgerte, z. B. „Es ist besser, wenn ich mich mit dir auf keine Beziehung einlasse.“ oder „Ich bezweifle, dass wir gut zueinanderpassen.“ oder „Ich bin noch nicht bereit für etwas Neues.“)
- *Wer hindert(e) wen daran, was zu tun und zu sein?* ist ebenfalls eine sehr wichtige Frage, deren Antwort von großer Bedeutung ist. Er sollte sie finden, um sein Muster zu erkennen. Zum Beispiel: Wenn der Vater aus Angst oder Selbstsucht seine Mutter daran hinderte, für ihren Sohn da zu sein und ihn (mehr) zu lieben als ihren Ehemann, könnte der Sohn später erhebliche Herausforderungen mit der Glaubwürdigkeit von Liebe, mit heimlichen Beziehungen und mit schutzwürdigen Frauen haben. Er könnte erleben, dass es stets autoritäre Männer gibt, die ihm den Weg zu Erfolg in allen Lebensbereichen vermiesen oder erschweren, dass Frauen sich für „größere“ oder „lautere“ Männer entscheiden und gegen seine leise Art usw. Oder er könnte bei Angst und dem Gefühl, vernachlässigt zu werden, die Art und Weise seines Vaters imitieren und sich selbstsüchtig geben. Oder er befürchtet, selbst, wie sein Vater zu werden und entschließt, lieber keine Beziehung zu führen, um niemanden zu verletzen - weder seine Partnerin noch eventuelle Kinder.

- Gleichzeitig können wir uns daran erinnern, was wir damals gern getan oder gesagt hätten, aber nicht konnten oder trauten. *Was hätte er gern gesagt oder getan?* (Stimmt das zufällig mit dem, was er jetzt tut, nicht tut, sagt, nicht sagt oder im Stillen denkt und sich erträumt, überein?)
- Er darf (und sollte) seine Zeit mit nährenden und wohltuenden Beziehungen, Menschen, Aktivitäten verbringen, um mehr Sicherheit in seinem Leben zu schaffen - vor allem auch emotional. Wir lernen nicht nur in romantischen Beziehungen, sondern auch in beruflichen, freundschaftlichen und sozialen. Je zufriedenstellender sein Leben abseits der Beziehung ist, desto wohler wird er sich fühlen.
- Aron rät außerdem dazu, dass man entsprechend seines Bindungsstils an seinen Herausforderungen arbeitet. Ist man der ängstlich-vermeinende Typus, müsse man an seiner Kontaktfreudigkeit arbeiten, mehr unter Menschen gehen, ohne eine Ablehnung schon im Vorfeld zu vermuten oder gar zu unterstellen. Gehört man zum ängstlich-ambivalenten Typ, müsse man Vertrauensarbeit gegenüber anderen und sich selbst üben, indem man nicht im Vornherein Ausnutzung oder Trennung vermute. Vielmehr darf man darauf bauen, dass man weder stets Zuwendung bräuchte noch, dass andere einem diese verweigern würden, wenn Distanz statt Nähe *im Moment* herrsche. Gehört man dem gleichgültig-vermeidenden Bindungstyp an, dürfe man sich eingestehen, dass man sich aus Schutz isoliert hätte. Man dürfe ihn infrage stellen und sich erlauben, dem Lieben und Geliebtwerden zu öffnen. Das sei nötig, um den Eindruck zu entschärfen, dass Liebe wehtäte. Sich den vielen anderen und schönen Erfahrungen zu verwehren, müsste entgegengewirkt werden, so Aron[xxviii].

- Für mich am entscheidendsten ist aber, dass er sein Arbeitsmodell bezüglich Beziehungen, Liebe und Angst erkennt. Das bedeutet im Detail, dass ein Jeder eine eigene Art und Weise hat, auf Ereignisse im Leben zu reagieren. Zu diesen Ereignissen gehört auch eine potenzielle Liebesbeziehung zu einem (neuen) Menschen. Die wiederum bringt bestimmte Anforderungen mit, weil es für zwei Menschen schön und wohltuend sein soll. Doch sowohl die Intensität von Liebe und Beziehung als auch die nötige Anpassung seines Lebens bringt Herausforderungen mit sich, nicht nur für Beziehungsängstliche. Es sind schon ganz andere Menschen an Liebe und Bindungen gescheitert. Das liegt immer am sogenannten Arbeitsmodell des Menschen. Reagiert jemand zum Beispiel auf Forderungen (ob legitime oder zu viele) mit Rückzug, weil mit Angst, oder mit „noch mehr leisten" und „sich gegen die eigenen Bedürfnisse dem anderen fügen", dann ist sein Arbeitsmodell gleich Trennung. Entweder derjenige trennt sich von sich (wie im letzten Beispiel) oder aber er trennt sich von dir (wie im obigen Beispiel). Flucht als Arbeitsmodell ist sehr verbreitet. Viele flüchten sich zum Beispiel in Alkohol, Sport, Essen oder Tabak, zu Freunden oder in die Arbeit. Das Ausmaß macht jedoch die Musik: Jeder benötigt seine Freiräume und Rückzugsorte, aber nicht jeder nutzt sie extrem. Ein anderes Arbeitsmodell kann Nähe sein: wenn sich jemand zurückzieht und man aufgrund von Selbstzweifeln oder Ängsten (vor Einsamkeit, Versagen, Trennung) zu klammern beginnt, erst recht demjenigen nahe sein möchte, obwohl er signalisiert hat, dass der Partner Raum für sich benötigt. Es gibt die verschiedensten Ausmaße bei Arbeitsmodellen, aber das wohl bekannteste ist die

Geschichte von Frauen, die schwanger werden oder es vortäuschen, um den Mann zu „halten“, ihn aus Angst vor dem Alleinsein und vor Trennung zur Heirat bewegen oder alles Erdenkliche und Unmenschliche über sich ergehen lassen. Auch Männer haben ähnliche Arbeitsmodelle in das Bewusstsein der Menschen gebracht: Nehmen nur Männer, die gutes Geld verdienen und durch ihr Geld Nähe zu Frauen herstellen. Welches Arbeitsmodell dein Herzenspartner hat und welches du, ist deshalb wichtig zu wissen, weil du die Signale so richtig deuten kannst. Auf der anderen Seite erlaubt dir das Wissen darüber auch Akzeptanz seines Modells. Schlussendlich ist es für ihn ein Aspekt seines Selbstverständnisses und seiner Selbsterkenntnis. Denn hat er sein Modell durchschaut, kann er bewusst dagegen steuern.

Erinnerung an dich: Dein Stoßgebet

„Jeder Mensch sucht nach Halt.
Dabei liegt der einzige Halt im Loslassen.“

Hape Kerkeling

Ich höre JETZT auf, mir Gedanken darüber zu machen, was Männer wollen.
Ich höre JETZT auf, mir Gedanken darüber zu machen, was Männer brauchen.
Ich höre JETZT auf, mir Gedanken darüber zu machen, was ich tun muss, damit mich Männer wollen.
Ich höre JETZT auf, mir Gedanken darüber zu machen, was ich tun soll, damit mich Männer lieben.
Ich höre JETZT auf, mir Gedanken darüber zu machen, wie ich sein soll, damit mich Männer respektieren.
Ich höre JETZT auf, mir Gedanken darüber zu machen, wie ich sein soll, damit ich von Menschen geliebt und geachtet werde.
Ich höre JETZT auf, mir Gedanken über die Bedürfnisse von Menschen zu machen.
Ich höre JETZT auf, mir Gedanken über die Gefühle von Menschen zu machen.
Ich höre JETZT auf, mich für Liebe und Ankerkennung zu verstellen.
Ich fange JETZT an, mich so zu lieben, wie ich bin.
Ich fange JETZT an, mich so zu akzeptieren, wie ich bin.
Ich liebe und akzeptiere mich genau so, wie ich bin.
Ich liebe und akzeptiere mich genau so, wie ich bin.
Ich liebe und akzeptiere mich genau so, wie ich bin.

Erinnerung für ihn: Sein Stoßgebet

„Mit dem Vertrauen ist es wie mit der Medizin. Es zählt die richtige Dosis, nicht zu viel und nicht zu wenig.“

Thom Renzie

Ich höre JETZT auf, mir Gedanken darüber zu machen, was Frauen wollen.
Ich höre JETZT auf, mir Gedanken darüber zu machen, was Frauen brauchen.
Ich höre JETZT auf, mir Gedanken darüber zu machen, was ich tun muss, damit mich Frauen wollen.
Ich höre JETZT auf, mir Gedanken darüber zu machen, was ich tun soll, damit mich Frauen lieben.
Ich höre JETZT auf, mir Gedanken darüber zu machen, wie ich sein soll, damit mich Frauen respektieren.
Ich höre JETZT auf, mir Gedanken darüber zu machen, wie ich sein soll, damit ich von Menschen geliebt und geachtet werde.
Ich höre JETZT auf, mir Gedanken über die Bedürfnisse von Menschen zu machen.
Ich höre JETZT auf, mir Gedanken über die Gefühle von Menschen zu machen.
Ich höre JETZT auf, mich für Liebe und Ankerkennung zu verstellen.
Ich fange JETZT an, mich so zu lieben, wie ich bin.
Ich fange JETZT an, mich so zu akzeptieren, wie ich bin.
Ich liebe und akzeptiere mich genau so, wie ich bin.
Ich liebe und akzeptiere mich genau so, wie ich bin.
Ich liebe und akzeptiere mich genau so, wie ich bin.

FACEBOOK-GRUPPE

WIR FREUEN UNS, DICH BEI UNS WILLKOMMEN ZU HEIßEN:

https://www.facebook.com/groups/bindungsangst/

Literaturverzeichnis

Aron, Dr. Elaine N. 2015. *Hochsensibilität in der Liebe: Wie Ihre Empfindsamkeit die Partnerschaft bereichern kann.* 6. Auflage. München: mvgverlag.

Brown, Brené. 2010. *Die Gaben der Unvollkommenheit.* 6. Auflage 2017. Bielefeld: J. Kamphausen Mediengruppe GmbH.

—. 2017. *Verletzlichkeit macht stark. Wie wir unsere Schutzmechanismen aufgeben und innerlich reich werden.* 1. Auflage. München: Wilhelm Goldmann Verlag.

Carter, Steven, und Julia Sokol. 1998. *So nah und doch so fern: Beziehungsangst und ihre Folgen.* FISCHER Taschenbuch.

Der Spiegel. 1988. „Traummänner sind rare Trüffel: Die Verwirrung nach dem Bestseller „Wenn Frauen zu sehr lieben“.“ 28. 03: 227-234.

Greenberg, Dr. Elinor. 2017. *Narcissistic Love Patterns: The Recycler Will my narcissistic ex come back to me again?* 17. 05. Zugriff am 14. 11 2017. https://www.psychologytoday.com/blog/understanding-narcissism/201705/narcissistic-love-patterns-the-recycler.

Kast, Verena. 2007. *Vom Sinn der Angst.* 7. AUflage. Freiburg im Breisgau: HERDER spektrum.

Lindau, Veit. 2013. *Heirate dich selbst: Wie radikale Selbstliebe unser Leben revolutioniert.* Kailash.

Menzel, Janett. 2017. *Über die Kunst, allein zu sein: Wie man Einsamkeit und Angst vor dem Alleinsein überwindet und sich nebenbei neu lieben lernt.* 2017: Independently published.

—. 2017. *Heimliche Liebe.* 1. Auflage. Berlin: Independently published.

Meyer, Hermann. 2009. *Jeder bekommt den Partner, den er verdient - ob er will oder nicht.* München: Goldmann Verlag.

Norwood, Robin. 1991. *http://www.spiegel.de/spiegel/print/d-13529241.html.* Reinbek bei Hamburg: Rowohlt Taschenbuch Verlag.

Nuber, Ursula. 2014. *Wer bin ich ohne dich? Warum Frauen depressiv werden - und wie sie zu sich selbst finden.* Frankfurt am Main: Campus Verlag.

Pairfam. 2012. „„„The German Family Panel (pairfam).“ Neue Ergebnisse der Studie Beziehungen und Familienleben in Deutschland 2012.“ Zugriff am 24. Mai 2017. http://www .pairfam.de/fileadmin/user_upload/r edakteur/publis/Forschung/Informationsbroschu ere_2012.pdf.

Rosenberg, M. B. 2010. *Gewaltfreie Kommunikation: Eine Sprache des Lebens.* Paderborn: Junfermann Verlag.

Schafler, Katherine. 2017. *How to Change Your Life in One Second Flat: The 4 critical questions we're all unconsciously asking each other near constantly.* 07. 11. Zugriff am 14. 11 2017. https://www.thriveglobal.com/stories/16020-4-questions-we-unconsciously-ask-near-constantly.

Schmale-Riedel, Almut. 2016. *Der unbewusste Lebensplan: Das Skript in der Transaktionsanalyse. Typische Muster und therapeutische Strategien.* München: Kösel-Verlag.

Spezzano, Chuck. 1996. *Das Buch der Erkenntnis auf dem Weg nach innen.* Petersberg: Verlag Via Nova.

Willems, Herbert. 2008. *Lehr(er)buch Soziologie: Für die pädagogischen und soziologischen Studiengänge.* Bd. 2. Wiesbaden: VS Verlag für Sozialwissenschaften.

Endnoten

[i](Pairfam, 2012)
[ii](Carter & Sokol, 1998)
[iii](Kast, 2007)
[iv](Carter & Sokol, 1998)
[v](Willems, 2008)
[vi](Schafler, 2017)
[vii](Willems, 2008)
[viii](Carter & Sokol, 1998)
[ix](Kast, 2007)
[x](Carter & Sokol, 1998)
[xi](Carter & Sokol, 1998)
[xii](Kast, 2007)
[xiii](Kast, 2007)
[xiv](Aron, 2015)
[xv](Aron, 2015)
[xvi](Greenberg, 2017)
[xvii](Aron, 2015)
[xviii](Aron, 2015)
[xix](Aron, 2015)
[xx](Aron, 2015)
[xxi](Carter & Sokol, 1998)
[xxii](Norwood, 1991)
[xxiii](Der Spiegel, 1988)
[xxiv](Spezzano, 1996)
[xxv](Rosenberg, 2010)
[xxvi](Meyer, 2009)
[xxvii](Aron, 2015)
[xxviii](Aron, 2015)

Printed in Poland
by Amazon Fulfillment
Poland Sp. z o.o., Wrocław